Badener Neujahrsblätter 2001

Badener Neujahrsblätter 2001

76. Jahrgang

Herausgeber:
Literarische Gesellschaft Baden
Vereinigung für Heimatkunde des Bezirks Baden

hier + jetzt
Verlag für Kultur und Geschichte, Baden

Frauengeschichten

«Dagegen lasse man alles zu Hause, was Sorgen und Verdruss macht» — 10
Ursula Huber

Bilder der Weiblichkeit — 24
Heidi Pechlaner

Auf der Hochzeitsreise gestand er ihr seine Schulden — 37
Astrid Baldinger

Von der «wahrhaft unglücklich Verführten» zur «reuigen Verbrecherin» — 51
Flavia Restaino Strickler

«Marie oder Minna!» – oder wie aus der Dienstmagd die Dienstbotin wurde — 65
Silvia Siegenthaler

«Geben ist seliger als Nehmen» — 73
Barbara Baldinger Hartmann

Sittlichkeit, Redlichkeit, Religion: Das Marienheim Baden — 85
Barbara Baldinger Hartmann

Caroline Birnstengel – von der Dienstbotin zur Nachlassverwalterin — 91
Silvia Siegenthaler

Hausfrau, Gastgeberin und Wohltäterin — 98
Sarah Brian

Zwischen Spule und Kochtopf — 114
Katja Bianchi

Stadt und Region

Die Sektion Lägern des SAC – eine Gründung von BBC-Ingenieuren — 128
Rudolf Meier

Gipsgrube Oberehrendingen – ein Naturparadies mit Vergangenheit — 141
Rolf Meier

Banken in Baden — 147
Andreas Steigmeier

Leute von heute in Fabriken von gestern — 162
Feli Schindler

Johanniverein — 173
August Guido Holstein

Zur Restaurierung der Alten Kirche in Wohlenschwil — 179
Jürg Andrea Bossardt

Kultur	Stiftung Alte Kirche Wohlenschwil **Die Kirche wieder ins Dorf gebracht** Hans Oldani	185
	Kinder- und Jugendtheater Turgi Doris Janser	189
	Aus der Tätigkeit der Vereinigung für Heimatkunde Hans Bolliger	193
	Zwei neue Dauerausstellungen im Historischen Museum Baden Barbara Welter	196
Nachrufe	**Robert Obrist** 1904–1999	206
	Alfred Stutz 1923–1999	209
	Paul Boner «Tschumpeler» 1922–1999	212
	Uli Münzel 1914–2000	215
	Willy Hans Rösch 1924–2000	219
Chronik Juli 1999 bis Juni 2000	Politik: **Baden im Umbau**	222
	Wirtschaft: **Erfolgreicher Start ins 2000**	227
	Kultur: **Baden baut**	231
	Wetter: **War dies das Wetter der Zukunft?**	238
	Autorinnen und Autoren	244

Frauengeschichten in Baden
Editorial

« Wenn ich Sie bitten darf, so berufen Sie sich nicht auf Beispiele aus Büchern. Die Männer sind uns gegenüber immer im Vorteil gewesen, indem sie die Geschichte von ihrem Standpunkt aus erzählen konnten. »
Jane Austen: Die Liebe der Anne Eliot oder Überzeugungskunst. Zürich 1996 (Originalausgabe 1818).

Wie überall, so haben auch in Baden Frauen aller Schichten und Milieus dazu beigetragen, dass dieser Ort eine prosperierende Kleinstadt mit internationaler Ausstrahlung geworden ist. Wie überall, haben diese Frauen meist im Stillen und hinter den Kulissen gewirkt. Selbst wenn sie zu einflussreichen Kreisen gehörten und des Schreibens mächtig waren, gebot ihnen die Erziehung, die eigene Geschichte nur ganz bescheiden zu erzählen.

Auch im Stadtbild fehlen Hinweise auf Stätten, wo Frauen wirkten, während Denkmäler und Tafeln die Leistungen von Männern auf Schritt und Tritt dokumentieren. Seit einigen Jahren wirken Frauenstadtrundgänge dieser Ungleichheit entgegen, indem sie Tätigkeitsfelder und Lebensumstände von Frauen erkunden und bezeichnen. Im Kanton Aargau hat der Verein «Querblicke. Frauengeschichte im Kanton Aargau» 1998 erstmals einen Frauenstadtrundgang in Aarau lanciert, nun folgt in Baden ein Rundgang, der im Mai 2001 startet. Vertiefte Einblicke in dieses Projekt bieten die hier versammelten Aufsätze der beteiligten Historikerinnen.

Als Schwerpunkt für den ersten Badener Frauenstadtrundgang bieten sich die Bäder- und Industriegeschichte aufs Beste an. In den Lebensgeschichten von Arbeiterinnen, Dienstbotinnen, Fabrikantengattinnen, Hoteliersfrauen und weiblichen Kurgästen manifestieren sich die Auswirkungen eines bürgerlichen Frauenleitbildes, das im 19. Jahrhundert für Frauen aller Schichten verbindlich wurde – und bis heute nachwirkt ... Vor diesem Hintergrund werden berührende Gemeinsamkeiten, aber auch brisante Unterschiede im Leben von Badener Frauen ersichtlich. Und die Qualitäten und Ambivalenzen spezifischer Konstellationen werden fassbarer: Zu erwähnen sind hier etwa die partnerschaftliche Führung eines Hotels, bei der der Ehemann ebenso viel versteht vom Haushalten wie die Frau von den Finanzen, oder der innige Austausch zwischen der Hausangestellten Caroline Birnstengel und ihrem Arbeitgeber, dem Dichter Edmund Dorer.

Zu den Unterschieden gehört die Tatsache, dass Frauen der Mittel- und Oberschicht grundsätzlich die Möglichkeit hatten, ihre Sicht der Dinge zu beschreiben, während Arbeiterinnen und Dienstbotinnen kaum zu Wort kamen. Um deren Lebensumstände und Lebensgefühl zu erkunden, müssen schriftliche Quellen kritisch gegen den Strich gelesen werden, die oft abschätzig und voller Vorurteile über die betroffenen Frauen sprechen. Ähnlich verhält es sich mit bildlichen Quellen: Eröffnen die Fotoalben von Frauen des Grossbürgertums faszinierende Einblicke in ihre Rollenvielfalt, muss man sich für Bilder von Frauen der Unterschicht oft mit anonymen Darstellungen begnügen. Umso erfreulicher ist es, wenn zum Beispiel im Stadtarchiv Baden Dokumente ausfindig gemacht werden können, die einer Dienstbotin ein eigenes Gesicht, eine eigene Sprache verleihen. Solche Funde regen dazu an, die Lebensgeschichten von Badener Frauen weiter zu erkunden und neue Themenfelder zu erschliessen.

Das Sichtbarmachen von Frauengeschichten schärft auch den Blick für Männerbereiche. In der diesjährigen Ausgabe der Badener Neujahrsblätter fallen Beiträge zur Sektion Lägern des SAC und zu den Banken in Baden auf. Doch nicht nur geschlechtergetrennte, auch gemeinschaftlich gestaltete Lebensbereiche rücken ins Blickfeld: der Beitrag von heutigen Umnutzungen gestriger Fabriken zeugt von dieser erfreulichen Tendenz.

Ein grosser Dank geht an die zahlreichen Gönner, allen voran die Stadt Baden und die Gemeinde Wettingen, die es ermöglicht haben, Badener Frauen- und Männergeschichten ans Licht zu holen.

Silvia Siegenthaler, Barbara Welter, Bruno Meier, Andreas Steigmeier

«Dagegen lasse man alles zu Hause, was Sorgen und Verdruss macht»

Kuraufenthalte bürgerlicher Frauen im 19. Jahrhundert

Ursula Huber

Nach Baden zur Kur kam man zu allen Zeiten aus verschiedenen Gründen. Die einen versprachen sich von den Bädern Heilung ihrer Gebrechen, die anderen suchten eher Erholung und Vergnügen. Im 19. Jahrhundert kamen viele bürgerliche Frauen regelmässig nach Baden zur Kur, auch wenn sie nicht ernsthaft an einer Krankheit litten. Sie kamen als Mütter mit ihren Kindern, als Gattinnen oder Witwen, sie kamen als junge Frauen in Begleitung von Freundinnen, Verwandten oder Bekannten.

Die Kur war für die vermögenderen Schichten der Gesellschaft die Vorläuferin des heutigen Urlaubs; man suchte Abstand vom Alltag, bewegte sich aber räumlich noch nicht so weit fort wie in heutigen Zeiten. Für die Zürcherinnen war lange Zeit schon Baden genügend weit entfernt, um die gesuchte Distanz von den häuslichen Sorgen zu haben, auch wenn mit der 1847 eröffneten Eisenbahnlinie der Kurort nur noch knappe vierzig Minuten Reisezeit entfernt war.

Zur Frage, was die Frauen während ihrer Kur den ganzen Tag taten, liegen nur vereinzelt private Quellen vor, und sie stammen ausschliesslich von bürgerlichen Frauen gesetzteren Alters. So sind zum Beispiel von Betsy Meyer-Ulrich, der Mutter des Schriftstellers Conrad Ferdinand Meyer, Briefe erhalten, die sie während der Kuren in Baden ihrer Tochter geschrieben hat. Nanny Escher, eine allein stehende Dame aus dem Zürcher Patriziat, hat in späteren Jahren Erinnerungen an ihre früheren Aufenthalte in Baden niedergeschrieben. Indirekte Aussagen über die Aktivitäten und das Verhalten der Frauen lassen sich aus den Schriften über die Dichterin Luise Egloff, aus den Fremdenführern und den Fremdenlisten herauslesen. Als weitere Quellen sollen ein Roman von Anna Rothpletz-von Meiss und eine Novelle von Gottfried Keller dienen, und als Ergänzung werden zwei Spottgedichte eines gewissen Dr. Langenschwarz beigezogen.

Die Quellen stammen aus der Zeit zwischen 1830 und dem frühen 20. Jahrhundert. Sie ergeben kein repräsentatives Bild für alle soziale Schichten, ermöglichen aber Einblicke in die Kuraufenthalte von Frauen der Mittel- und Oberschicht. Die

Ein Stich des bekannten Künstlers Franz Hegi, um 1820, zeigt eine Zürcher Reisegruppe, die in Baden eintrifft. Wahrscheinlich auf dem Weg zur Kur, führen die Damen und Herren allerlei Hausrat und sogar ein lebendiges Schwein mit. (Sammlung Historisches Museum Baden)

literarischen Quellen beziehen sich überdies nicht alle auf Baden; sie werden in Bezug auf ihre allgemeingültigeren Aussagen berücksichtigt.

Die Fremdenlisten

Ab 1848 erschienen täglich Fremdenlisten.[1] Sie zeigten an, welche Gäste in welchem Hotel neu logierten. So konnten sich die Kurgäste immer darüber informieren, wer alles auch noch in Baden weilte, eventuell Bekannte ausfindig machen oder sich davon überzeugen, in den richtigen Kreisen zu verkehren. Aus diesen Listen lässt sich einiges herauslesen, auch wenn sie nur unvollständig sind und Ungenauigkeiten enthalten. Aus ihnen ist ersichtlich, wie lange Gäste blieben, woher sie kamen, ob sie allein erschienen waren, und manchmal wird bei den männlichen Gästen auch der Beruf angegeben. Am 1. August 1866 zum Beispiel sind auf der Fremdenliste 582 Gäste namentlich eingetragen, 337 Frauen und 245 Männer. Die Frauen reisten oft ohne Ehemann in die Kur – und umgekehrt. Unter den in der Liste aufgeführten Kurgästen befinden sich lediglich 48 Ehepaare, mehr als zwei Drittel der Frauen reisten also ohne männliche Begleitung; Frauen mit einer Tochter sind deren 15 eingetragen, Frauen mit Familie 8. Aus den angegebenen Herkunftsorten lässt sich schliessen, dass hie und da Frauen aus demselben Ort im gleichen Hotel übernachteten; wahrscheinlich fuhren Bekannte oder Freundinnen gemeinsam in die Kur. In die vornehmeren Hotels kamen die Frauen zum Teil auch mit dem Gesinde; im «Stadhof» waren es 8 von 22 (in 7 Fällen war hier auch der Gatte dabei), im «Schiff» 6 von 23 (4 mit Gatte) und im «Ochsen» 3 von 30 (alle ohne Gatten). In die weniger vornehmen Hotels kamen die Kurgäste allein. Sie machten aus gesundheitlichen Gründen eine Kur und konnten sich die Begleitung durch ein Familienmitglied nicht leisten.

Es scheint, dass sich bürgerliche Frauen in einer Kur einen gewissen Freiraum schaffen konnten: Es war ihnen möglich, allein zu reisen und die Zeit ohne Ehemann zu verbringen. Das wurde in einigen Schriften über die Badekur unter gewissen Umständen auch ausdrücklich empfohlen. Bei Gabriel Rüsch heisst es: «Dagegen lasse man alles zu Hause, was Sorgen und Verdruss macht ...: So der Mann sein zänkisches Weib und seine anstrengenden Berufsgeschäfte, die Frau ihren mürrischen Mann und die beschwerlichen Kinder.»[2]

Die Briefe der Betsy Meyer-Ulrich

Betsy Meyer-Ulrich lebte in Zürich und wurde mit 38 Jahren Witwe. Sie zog eine Tochter und einen Sohn auf und kümmerte sich zudem um einen Pflegling, einen geistig behinderten Mann namens Antonin Mallet. Betsy Meyer-Ulrich ging während mehrerer Jahre regelmässig zwei Mal pro Jahr für ein bis zwei Wochen nach

Baden. Sie logierte im Hotel «Schiff» und wurde von dessen Besitzern, der Familie des Stadtrats Brunner, als alte Bekannte jeweils persönlich begrüsst. Sie nutzte die Kur als Zeit der Erholung. So schrieb sie zum Beispiel 1851: «Die Trennung von dir abgerechnet, liebes Kind, war ich übrigens diesmal ganz besonders gern hier, namentlich wegen der tiefen Stille, in die ich mich versenken konnte: Keine Besuche, keine überflüssigen Gespräche, in die man gerade mit vertrauten Freundinnen so leicht gerät – kurz, eine wahre Sabats-Ruhe, die mich durch und durch erquickt hat. Wie gestärkt werde ich nun die abgelegten Bürden wieder auf meine Schultern nehmen und sie tragen, solange der will, welcher mir dieselben aus weiser Liebe auferlegt hat.»[3]

Ihr Pflegling Mallet leidet an verschiedenen gesundheitlichen Schwächen, er hat Rheumatismus im linken Arm und immer wieder Bauchkrämpfe; diese Leiden sollen durch das Baden gelindert werden. Bei den Aufenthalten in Baden ist neben dem Pflegling Mallet und dessen Diener meist eine Freundin namens Frau Vögeli mit dabei, die auch immer wieder mit nicht genauer erklärten gesundheitlichen Komplikationen kämpft. Betsy Meyer-Ulrich nimmt ihrerseits Bäder, um ihre Gesundheit zu stärken. Sie spricht von Kopfschmerzen und Rheumatismus, die es zu bekämpfen gilt. Der Hauptzweck ihrer Kur ist aber trotzdem in erster Linie, Abstand von den Sorgen gewinnen zu können: Eine ihrer Hauptsorgen ist ihr Sohn Conrad, der psychisch labil ist und sich nicht nach ihren bürgerlichen Vorstellungen entwickelt.

Betsy Meyer-Ulrich macht während ihres ganzen Lebens immer wieder Kuren, und zwar vor allem zur psychischen Erholung: Der frühe Tod ihres Bruders, die Geburt ihres Sohnes Conrad, der Tod ihres Vaters und ihres Ehemannes setzen ihr seelisch so zu, dass sie jeweils für längere Zeit zur Kur fährt. Die Kur ist für sie eine «Auszeit», während derer sie sich nach ihren Depressionen zu stärken versucht.

Betsy Meyer-Ulrich erwähnt im ersten Zitat, dass sie keine Besuche hatte; das ist aber durchaus nicht immer so. Aus einem anderen Aufenthalt in Baden schreibt sie: «Wir bekommen Besuche über Besuche – daher die flüchtige Schrift –»[4] Sie beschäftigt sich daneben mit Spaziergängen, mit Kirchen- und Kaffeehausbesuchen, mit dem Schreiben von Briefen und mit Handarbeiten; sie liest, strickt, sucht Laubblätter für ihre Tochter (die diese später presst und abzeichnet) und verschickt Spanischbrötchen en masse. An Abendunterhaltungen im grösseren Kreis scheint sie nicht teilzunehmen. Sie muss nachts hin und wieder Mallet pflegen, der Krämpfe hat und nicht schlafen kann. Sie führt in Baden das unauffällige, zurückgezogene Leben einer bürgerlichen Witwe mit tadellosem Leumund und beschränkt sich auf den Kreis ihrer Freundinnen und Bekannten. Die Bekanntschaften mit Badener Leuten aus dem Umkreis der Hoteliersfamilien werden über Jahre hinaus gepflegt und erhalten.

Betsy Meyer-Ulrich hat eine streng pietistische und asketische Lebensanschauung; das äussert sich zum Beispiel im folgenden Briefausschnitt, den sie kurz vor einer Heimreise an ihre Tochter schreibt: «Wir freuen uns unbändig, zumal es uns vor lauter Herrlichkeiten bald in Baden verleidet wäre. Den Hauptmagneten abgerechnet, freue ich mich namentlich auf zwei Dinge: 1. auf mein Bett und 2. auf unser frugales Mittagessen – werden mir doch vor lauter Güte die hiesigen so zuwider, dass ich bald mit Vergnügen eine ‹Hungerkur› machen würde.»[5] Das Wohlleben in der Kur in Baden wird ihr zuwider, das Essen ist ihr zu üppig. Sie sehnt sich zudem immer nach ihrem «Hauptmagneten», nach ihrer Tochter.

Das Heimweh ist durchgehendes Thema aller nach Hause gesandten Briefe, auch wenn der Kuraufenthalt nur sieben Tage dauert. Betsy Meyer-Ulrich schreibt vom ersten Tag an ihrer Tochter, wie sehr sie sie vermisse. Einmal besucht ihre Tochter sie in Baden. Das ist aber keine einfache Sache, da es gilt, die Hinreise und die Rückreise zu organisieren. Die Tochter soll nämlich nicht allein reisen, sondern sich eine angemessene, das heisst weibliche Begleitung suchen. Die Mutter ist dagegen, dass die Tochter allein die öffentliche Kutsche benutzt. Als angemessene Begleitung wird eine gemeinsame Freundin angesehen. Da das nicht klappt, muss die Tochter trotzdem allein kommen, was der Mutter Anlass zu folgender expliziter Ermahnung gibt: «Setz dich herzhaft ins Coupé und halte dich an den Conducteur, wenn dir etwas Unangenehmes zustossen sollte.»[6]

Für Frauen war also schon die Reise von Zürich nach Baden in einer Kutsche ein Abenteuer, das mit Mut in Angriff genommen werden musste. Es ist gut möglich, dass in diesem Fall bei Betsy Meyer-Ulrich der fürsorgliche Mutterinstinkt besonders stark wirkte, aber es wird trotzdem ersichtlich, dass eine solche Reise für bürgerliche Frauen nichts Alltägliches war.

Erinnerungen der Nanny Escher
Nanny Escher stammte aus dem Zürcher Patriziat und lebte von 1855 bis 1932. Sie war schon als Kind mit ihrer Tante in Baden, und sie ging auch in späteren Jahren immer wieder dorthin zur Kur. Ihre frühesten Erinnerungen sind diejenigen an frisch duftende Spanischbrötchen und an Spielzeugläden in der Stadt; ihre Tante pflegte in Baden einen Strohhut zu tragen, den ihr die Putzmacherin eigens für den Kuraufenthalt gefertigt hatte und den sie in Zürich niemals getragen hätte. Nanny Escher logierte in ihrer Kindheit mit ihrer Tante im «Stadhof». Später wurde das Grand-Hotel bevorzugt, über das sie sich folgendermassen äusserte: «...das Grand-Hotel der 1880er Jahre, wo sich eine elegante Gesellschaft in der hohen

Der schalkhafte Blick der älteren Dame und das Lächeln einer jüngeren Besucherin im Park vor dem Kurhaus scheinen die Beobachtung zu bestätigen, dass Frauen der Mittel- und Oberschicht während ihrer Kur in Baden eine Bewegungsfreiheit genossen, die ihnen im Alltag zu Hause nicht gegeben waren. (Nachdruck einer Zeichnung, signiert Meyer-Cassel, 1898, Sammlung Historisches Museum Baden)

Halle in babylonischem Sprachgewirr unterhielt. Mit ihrer Mutter war [sie] damals dort gewesen; denn der ‹Stadhof› hatte inzwischen seinen Rang eingebüsst ... Sie liess die Gäste vor ihrem geistigen Auge Revue passieren: die vornehme Neuenburgerin, deren dominierendes Wesen und übertriebene Schlichtheit in der Kleidung verrieten, dass sie in frommen Kreisen eine Rolle zu spielen gewöhnt war, und die Waadtländerin im schwarzen Samtkleid, die Frömmigkeit geschickt mit mondänen Allüren zu verbinden verstand.»[7] Nanny Escher verkehrt in vornehmsten Kreisen; die pietistische Grundhaltung, die dort vorherrscht, hält die Angehörigen dieser Schicht nicht davon ab, ihre Herkunft klar zu machen: Frömmigkeit und Mondänität sind keine unvereinbaren Gegensätze; Bescheidenheit und dominantes Auftreten werden gleichzeitig gepflegt.

Nanny Escher äussert sich in ihren Erinnerungen nicht darüber, ob sie irgendwelche Leiden hatte, die sie in Baden kurieren musste. Es ist anzunehmen, dass sie vor allem zur Erholung nach Baden fuhr. Der Kurort wurde ihr denn auch vor allem als Ort der Erinnerung an den «Frühling ihres Lebens» wichtig: «Sie hatte mehr gescherzt als anderswo und bitterlicher geweint. Der Frühling mit seinen Gewitterstürmen war über sie dahingebraust.»[8]

Aus ihren Erinnerungen lässt sich herauslesen, dass sie in Baden in jungen Jahren durch ihre Mutter einen jungen Mann kennen gelernt hatte, der ein entfernter Verwandter war. Sie hatte während des Kuraufenthaltes die Möglichkeit, ihn näher kennen zu lernen und mit ihm allein Spaziergänge in der Umgebung zu machen. Das waren aussergewöhnliche Freiheiten für eine vornehme junge Dame: «Nun lernte sie die Bäderstadt in ihrem Glanze kennen. Nach dem Frühstück, das auf der gedeckten Galerie mit dem Blick auf die Limmat serviert wurde, holten die beiden Grauen, Herr und Hund, sie zur Morgenwanderung ab. Immer wieder galt es, neue Wege zu gehen ... gemeinsame Interessen und Sympathie ketteten sie immer fester aneinander. Nachmittags fuhr man in die Umgebung hinaus, an den Rhein oder an die Reuss. Überall war es schön.»[9] Die Nachmittagsausflüge wurden in Begleitung anderer Kurgäste gemacht, verloren aber scheinbar dadurch nicht an Reiz. Diese Beinahe-Liebesgeschichte hatte keine Folgen, lässt Baden aber als Ort unbeschwerten Glückes erscheinen.

Über diese einzelne Quelle hinaus lässt sich sagen, dass Badeorte immer auch als «Heiratsmärkte» funktionierten. Hier gab es die Gelegenheit, in gelockertem Rahmen andere Leute aus der gleichen Gesellschaftsschicht kennen zu lernen. Man logierte im gleichen Hotel, begegnete sich auf Spaziergängen, machte gemeinsame Ausflüge, unterhielt sich bei den Abendgesellschaften und tanzte auf Bällen. In der Literatur hat Gottfried Keller diese Konstellation mit einiger Ironie beschrieben. In seiner Novelle «Der Landvogt von Greifensee» von 1877, die kurz vor der helvetischen Revolution angesiedelt ist und historische Quellen interpretiert, führt der Hochstapler Kapitän Grimmel seine Tochter Wendelgard nach Baden «auf den Markt».[10] Nachdem er erkannt hat, dass Salomon Landolt, der Landvogt von Greifensee, seine Tochter attraktiv findet, hofft er, sie in Baden an einen noch vermögenderen und einflussreicheren Mann vergeben zu können. In Baden angelangt, verliert er sich jedoch in Trinkgelagen, worauf Wendelgard ihr Geschick in die eigene Hand nimmt. Sie nimmt einen vornehmen, geheimnisvollen Herrn für sich ein, der sich nach Irrungen und Verwirrungen als rechtschaffener Zürcher Bürger und Freund Salomon Landolts erweist, was aber einer glücklichen Eheschliessung nicht entgegensteht.

«Die Leiden und Freuden einer Badereise»

In ihrem Roman «Die Leiden und Freuden einer Badereise» aus dem Jahr 1830 schildert die Schweizer Schriftstellerin Anna Rothpletz-von Meiss, wie eine Gräfin mit ihrem Sohn und ihrer jungen Kammerjungfer einen Kuraufenthalt in Bad Pfäfers verleben. Die Kammerjungfer und der Sohn der Gräfin, die sich schon lange lieben, finden sich während dieses Aufenthaltes und erlangen das Einverständnis der Gräfin zur Heirat. Und zwar, weil sich die Kammerjungfer als eine Nichte der Gräfin herausstellt. Die Gräfin macht einen «Erholungsurlaub», sie muss keine Krankheit kurieren; ihr Sohn und die Kammerzofe sind ebenfalls gesund – ausser dass sie anfänglich unter Liebeskummer leiden. Einzig der vornehme Herr, der sich später als lange verschollener Bruder der Gräfin entpuppt, kurt seine altersbedingten Leiden aus, und eine junge Frau befindet sich im Bad, um ihre von Gram geschwächte Gesundheit zu pflegen.

Man erfährt in diesem Roman einiges über die Aktivitäten der «vornehmen» Leute während einer Kur; tagsüber werden Spaziergänge gemacht, die während der Kur gemachten Bekanntschaften gepflegt und Ausflüge mit der Kutsche unternommen. Über die Abendunterhaltungen schreibt Rothpletz: «An einem unfreundlichen, regnerischen Abende ... hatte sich so ziemlich die ganze Gesellschaft ... in dem Speisesaale vereinigt ... Wie bey allen Zusammenkünften dieser Art, wurden zuerst diejenigen zur Unterhaltung der Übrigen aufgefordert, bey denen man einige musikalische Kenntnisse voraus setzte; denn es ist nun ein Mal angenommene Sitte, mit solcher Anerkennung einzelner Talente dieselben ehren zu wollen, mag sich immerhin die grössere Anzahl der Anwesenden dabey herzlich langweilen.»[11]

Rothpletz beschreibt hier, wie verschiedene Frauen die Unterhaltung des Abends bestreiten; sie singen und spielen auf Instrumenten vor. Das Beherrschen eines Instrumentes – meistens des Klaviers – und das Singen waren Eigenschaften, die von gebildeten bürgerlichen Frauen verlangt wurden; ihre Vorträge waren, wie auch Rothpletz betont, fester Bestandteil des Abendprogramms in vornehmeren Kreisen. Dass dabei nicht immer alle Zuhörerinnen und Zuhörer auf ihre Kosten kamen, wurde in Kauf genommen. Es ist typisch für Rothpletz, solche «unromantischen» realistischen Details zu erwähnen.

Später am Abend folgten gesellschaftliche Spiele und Unterhaltungen. Rothpletz schreibt: «Mehrere gesellschaftliche Spiele wurden vorgenommen ... Von den Spielen ermüdet, überliess man sich späterhin einer ungeregelten Unterhaltung; man stand auf, mischte sich unter einander, stellte sich in Gruppen zusammen und schwatzte über Wissenschaftliches und Unwissenschaftliches, wie es das Gespräch mit sich ergab.»[12] Es sei nebenbei vermerkt, dass die vermeintliche Kammerjungfer in einer dieser Unterhaltungen durch ihre Kenntnisse in Geschichte und Literatur glänzt, was ihr missbilligende Urteile ihrer Geschlechtsgenossinnen einbringt: Sie wird als «hoch gebildete Mamsell» verspottet. Wissenschaftliche Bildung war für Frauen im 19. Jahrhundert verpönt.

Auch wenn Rothpletz viele romantisierende Elemente in ihren Roman aufgenommen hat, so sind ihre Schilderungen der Gesellschaft und des Kurverlaufs als realistisch zu betrachten: Sie kannte Bad Pfäfers und war als bürgerliche Witwe vertraut mit dem gesellschaftlichen Milieu, über das sie schrieb. Es war ihr ausdrückliches Anliegen, «zur Belehrung des weiblichen Publikums» zu schreiben, und sie wählte Schauplätze und Themen, die den Leserinnen Wiedererkennungseffekte ermöglichten.

Die blinde Dichterin Luise Egloff
Als reale «Vorspielerin» ist Luise Egloff (1802–1834), die blinde Wirtstochter des «Stadhofes» überliefert. Zur Unterhaltung der Gäste spielte sie Klavier und Gitarre, später trug sie eigene Gedichte vor. Ermutigt wurde sie dazu vom deutschen Dichter Friedrich von Matthisson, der in Baden weilte. Er urteilte wohlmeinend über sie: «Mehrere Lieder, die sie harmonisch und anmuthig vortrug, zeichnen sich durch tiefes Gefühl, religiösen Sinn und besonders durch wohltönende und richtige Versifikation vorteilhaft aus.»[13]

Matthisson unterrichtete Luise Egloff 17-jährig im Dichten; ab ihrem 23. Lebensjahr erhielt sie zudem Gesangs- und Instrumentalunterricht, gefördert von dem zugereisten Musiker und Komponisten Daniel Elster. Ihr Vortragen verschaffte Egloff eine gewisse Bekanntheit, wobei sie selber, wie Zeitgenossen es beschrieben, idealerweise bescheiden blieb. Diese Bescheidenheit war aber eher ihrer Erziehung und der Konvention zuzuschreiben, an Selbstvertrauen scheint es ihr nicht unbedingt gefehlt zu haben. Ihr Schwager, der Literat und Politiker

Die Dichterin Luise Egloff in einer Darstellung im Profil, um 1822. Die geschlossenen Augen weisen auf ihre Blindheit hin. Abgedruckt wurde der Stich von A. Zschokke in Edward Dorers Gesamtausgabe von Egloffs Werk.

Die Briefeschreiberin Betsy Meyer-Ulrich in einer Zeichnung von M. P. Deschwanden, 1841. (Zentralbibliothek Zürich)

Edward Dorer, schrieb: «So rührend sie ihre Dichtungen vorzutragen wusste, so sicher sie war, einen guten Eindruck nicht zu verfehlen, so hätte sie dennoch stets vorgezogen, desshalb unangesprochen zu bleiben.»[14]

Luise Egloffs Gedichte wurden als «schlicht» bezeichnet, sie galt als «Naturdichterin». Das war zu jener Zeit Mode – retour à la nature – und sollte zudem ausdrücken, dass die Gedichte aus innerer Notwendigkeit und nicht aus einem für Frauen negativ gewerteten Ehrgeiz heraus entstanden. Zudem schloss der Begriff auch ein, dass sie keine «grosse» Dichtkunst verfasste. Ihre Gedichte blieben thematisch zum grössten Teil dem engen privaten Rahmen verbunden; sie schrieb Ehrengedichte an ihre Eltern, über die Blindenanstalt in Zürich, die Wohltäter der Badarmen und Trostgedichte an Bekannte, die Todesfälle in ihrem Kreis zu betrauern hatten. Soweit überliefert, trug Luise Egloff ihre Dichtungen denn auch nur in einem kleinen Kreis vertrauter Personen vor. Wie es sich für ein bescheidenes weibliches Wesen geziemte, konnte sie nur mit Mühe dazu bewogen werden, ihre Werke zu veröffentlichen. Nach ihrem frühen Tod im Jahre 1834 gab ihr Schwager ihr Gesamtwerk heraus, was für jene Zeit nicht selbstverständlich war.

«Die Weiber und die Badereisen»

> «Man müsse, so sprach sie, die Moden jetzt theilen,
> Sonst würde man leicht mit dem Pöbel vermengt.
> Die Weiber, die müssten jetzt Bäder bereisen,
> Wer das nicht begriffe, der wäre verstockt;
> Man könnte jetzt gar nicht gebildet mehr heissen,
> Wenn man nicht drei Monden im Wasser gehockt.»[15]

So lässt Maximilian Schwarzenbach in seinem 1835 erschienenen Spottgedicht «Die Weiber und die Badereisen» die Gattin des Pächters Peter Sebastian Hans Ludewig Schreiber sprechen; diese will ihren Ehemann dazu überreden, mit ihr zusammen eine Badekur in Pfäfers zu machen. Es gelingt ihr auch, ihren Gatten zu überreden, da dieser, wie er von sich selber schreibt, ein Pantoffelheld ist und den Tränen und dem Flehen seiner Gattin nichts entgegenzusetzen hat. Frau Schreiber leidet ebenso wenig wie ihr Gatte an irgendwelchen Krankheiten, sondern will nur zur Kur, weil das Mode ist. Das Kuren wird in dem Spottgedicht als Vorwand für ein galantes Leben dargestellt, das Leiden der Kurgäste ist eingebildet:

> «Und wenn man auch noch so gesund sich befände,
> So würde die Krankheit nur blos affectirt –

Die Ärzte, die böten recht gerne die Hände
So lange man Geld aus dem Beutel verliert.
Auch wär' es so süsse, sich leidend zu stellen,
Und dann sich bedauern zu lassen im Bad,
Da kämen so recht die galanten Gesellen, –
Und dies wär' das Allerpikanteste g'rad.»[16]

Das Spottgedicht von Langenschwarz zielt auf verschiedene Aspekte der Kur. Sie wird als Modeerscheinung dargestellt, der affektierte und kerngesunde bürgerliche Ehefrauen nachfolgen wollen; eine Verbesserung des Gesundheitszustandes sei gar nicht Zweck einer Kur und könne durch sie auch gar nicht erreicht werden. Ihr einziger Effekt sei, dass der Geldbeutel beträchtlich leichter werde. Langenschwarz lässt seinen «Helden» denn auch recht leiden während der Kur: Die Reise in der Kutsche ist unbequem, die Gattin schmollt, das Badewasser ist zu heiss, die Trinkkur verursacht Übelkeit, das Spazierengehen ist eine Qual, kurz: Es gilt für den Ehemann, die Kur zu erleiden, bis es seiner Gattin nach zwei Monaten doch etwas langweilig wird und sie die Heimreise anordnet. Auf die Pikanterien am Schluss des obigen Zitates geht Langenschwarz nicht näher ein.

Als Antwort auf «Die Weiber und die Badereisen» gibt Langenschwarz 1836 «Die Männer und die Badereisen» heraus. Darin schildert die Frau Amtmännin Hitzig, wie es ihr während einer Badereise mit ihrem Gatten ergangen ist: Die Motive aus dem ersten Spottgedicht werden darin zum Teil wieder verwendet, nur sind die Rollen vertauscht. Diesmal will der Mann unbedingt in die Kur, während seine Frau vernünftig bleibt:

«Nie konnt' ich im Leben die Bäder recht leiden,
Das hatt' ich ihm öfter als Braut schon bemerkt;
Ich dachte, man könne sie füglich vermeiden, …
Doch Er war von jeher der Meinung gewesen,
Der Mode zu huldigen sey ein Gesetz.»[17]

Die Spottgedichte sind in einer Tradition des bürgerlichen Geschlechterkampfes zu sehen, in dem die Ehe als geschlechterspezifisches Martyrium dargestellt wird. Die Männer sind die Opfer von schmollenden und herrschsüchtigen Ehefrauen. Umgekehrt haben die Frauen unter tyrannischen und unsensiblen Ehemännern zu leiden. Die beiden Gedicht enden übrigens mit der Versöhnung der Ehepaare; im ersten Fall gibt die Frau ihr Schmollen auf, im zweiten Fall bittet der Ehemann seine Frau um Verzeihung für sein ungebührliches Verhalten. Die Gedichte geben keine Antwort darauf, wie Kurgäste konkret die Tage verbrachten, sie sprechen nur ganz ausdrücklich das aus, was unfreiwillige Gäste zu erleiden hatten.

«Illustrirter Fremden-Führer für die Stadt und Bäder zu Baden in der Schweiz»

Im Verlauf des 19. Jahrhunderts änderten und erweiterten sich die Möglichkeiten für die vermögenderen Gäste, sich zu vergnügen. Der Bahnhof Baden wurde 1847 eröffnet: Die Eisenbahn brachte einen grösseren Aktionsradius, mit ihr kam man schneller und bequemer vorwärts als mit der Kutsche. Im «Illustrirten Fremden-Führer» von Fricker[18] werden mögliche Ausflüge in die Umgebung vorgestellt: Man konnte auf die Rigi, an den Rheinfall oder nach Interlaken per Zug, auch die Besichtigung des Gotthardtunnels wurde vorgeschlagen. Die Ansprüche der bürgerlichen Kurgäste wuchsen. Entsprechend entstand 1865 in Baden ein Kurverein, der sich um eine professionellere Organisation der Saison bemühte. 1875 wurde ein Kurhaus eröffnet [das heutige Stadtcasino, Verf.] und ein Park erstellt. Das Kurhaus bot eine Infrastruktur, die es mit vornehmen städtischen Verhältnissen aufnehmen konnte, und enthielt neben einem grossen Saal im oberen Stock ein Café, eine Restauration, Billard, ein Lesezimmer und zwei Damensalons, in denen sich die Damen ohne männliche Begleitung treffen konnten. Das Lesezimmer und das Billard waren dagegen Herrendomäne; es gab also bis zu einem bestimmten Grad eine geschlechtsspezifische Raumaufteilung. Weitere Unterhaltungsmöglichkeiten waren das eigene Kurorchester, das zweimal täglich an verschiedenen Örtlichkeiten Konzerte gab; ausserdem spielte eine fest angestellte Theatergruppe nachmittags im Sommer Theater und zwei Mal pro Woche abends im 1833 entstandenen ersten Stadttheater der Schweiz zur Unterhaltung des Publikums. Die Aufführungen hatten kein allzu hohes Niveau, meist wurden Komödien gespielt. Durchreisende kleine Zirkusse, Schaubuden, Kasperlitheater und Seiltänzer ergänzten die Unterhaltungsmöglichkeiten.

Es wurde den Kurgästen ausdrücklich empfohlen, sich möglichst gut zu unterhalten, vom angestrengten Studieren wurde abgeraten. Fricker schreibt: «Zum Gelingen einer Badekur gehört vor allem auch Freisein von Sorgen, Frohsinn und heiteres Gemüth. Hiezu tragen bei: die Luftveränderung, die Entfernung von häuslichen Geschäften, das milde Klima der Bäder, empfundene Besserung, die neue Gesellschaft, die vielen Zerstreuungen und Genüsse …»[19] In Anbetracht der Tatsache, dass die zur Kur weilenden Frauen oft ohne männliche Begleitung unterwegs waren, verfügten sie in diesem Umfeld vielfältiger Vergnügungen über eine Bewegungsfreiheit, die sich sonst für eine bürgerliche Frau absolut nicht geziemte.

Anmerkungen

[1] Aufbewahrt in der Stadtbibliothek Baden.
[2] Rüsch, Gabriel: Anleitung zu dem richtigen Gebrauche der Bade- und Trinkkuren überhaupt, mit besonderer Betrachtung der schweizerischen Mineralwasser und Badeanstalten. Ebnat 1825, 297.
[3] Schifferli, Dagmar; Klaas Meilier, Brigitta (Hg.): Betsy Meyer-Ulrich «... das ganze Herz deiner Mutter». Briefe an Betsy und Conrad Ferdinand Meyer. Zürich 1998, 108.
[4] Ebenda, 126.
[5] Ebenda, 50.
[6] Ebenda, 62.
[7] Badener Neujahrsblätter 52 (1977), 91–93; Uli Münzel entnahm den Text einem Feuilleton der Neuen Zürcher Zeitung unbekannten Datums, wohl Mitte der 1920er-Jahre.
[8] Ebenda, 93.
[9] Ebenda.
[10] Keller, Gottfried: Der Landvogt von Greifensee. Stuttgart 1989 (Reclam).
[11] Von der Verfasserin der «Bilder des Lebens» und der «Pauline Selbach»: Die Leiden und Freuden einer Badereise. Zürich 1830.
[12] Ebenda, 157.
[13] Dorer, Edward: Luise Egloff, die blinde Naturdichterin. Zum Besten der Badarmen herausgegeben. Aarau 1843, XVIII.
[14] Ebenda, XII.
[15] Dr. Langenschwarz, Maxim.: Die Weiber und die Badereisen. St. Gallen 1835.
[16] Ebenda, 5.
[17] Ders.: Die Männer und die Badereisen. St. Gallen 1836.
[18] Fricker, Bartholomäus: Illustrirter Fremden-Führer für die Stadt und Bäder zu Baden in der Schweiz, Baden, wahrscheinlich 1874.
[19] Fricker, 3.

Bilder der Weiblichkeit

Frauenkrankheiten aus der Sicht von Badener Ärzten im 19. Jahrhundert

Heidi Pechlaner

Die ärztlichen Vorschriften, die im 19. Jahrhundert für die Behandlung von Frauenkrankheiten aufgestellt wurden, illustrieren die Frau als krankes oder krankheitsanfälliges Wesen aus der Sicht der Mediziner. Im Rahmen der bürgerlichen Geschlechterideologie wurde die Frau der ökonomisch gut gestellten Klassen als schonungsbedürftig, schwach und hilflos beschrieben. In den Schriften von Badener Ärzten über die Thermalkuren werden drei Themenschwerpunkte erörtert. Als Erstes stehen die von ihnen aufgestellten Verhaltensregeln für die Patientinnen im Vordergrund, in einem zweiten Teil wird die Beschreibung der Hysterie durch die Badener Ärzte behandelt, und der letzte Teil befasst sich mit ärztlichen Sichtweisen von Sterilität und Onanie.

Die bearbeiteten Quellen sind von einzelnen Badener Ärzten publizierte populärmedizinische Abhandlungen des 19. Jahrhunderts (1830–1873). Diese medizinischen Schriften sind in einem erweiterten Kontext zu sehen und deshalb aus heutiger Sicht in einem kritischen Licht zu betrachten. Sie dienten den Autoren nicht ausschliesslich zur Erörterung von medizinischen Indikationen der Thermalkuren in Baden, sondern ebenfalls zu Werbezwecken und zur Verbreitung von medizinisch-moralischen Grundsätzen. Das Ende des 19. Jahrhunderts stand im Zeichen der Verwissenschaftlichung des Denkens und der Medikalisierung des Körpers. So erstaunt es nicht, dass in den bearbeiteten Abhandlungen neben Beschreibungen der Landschaft, des kulturellen Angebotes und allgemein historischen Zusammenhängen die Auswertungen der aktuellsten chemischen Wasseranalysen immer mehr Gewicht erhielten. Die wissenschaftliche Ein- und Wertschätzung des Wassers und seines Nutzens für den Körper in den Händen eines vertrauten Arztes erlebte zu dieser Zeit einen Höhepunkt.

1. «Es ist nötig, einen Arzt zu konsultieren und die Diät einzuhalten»

Der Badener Arzt Dr. Conrad Meyer-Ahrens stellt in seinem Buch von 1860 über «die Heilquellen und Kurorte der Schweiz» genaue Regeln auf, wie sich der Kurgast zu verhalten habe, damit die Kur gelingen könne. Seine erste Hauptregel beinhaltet, dass sich die Kurgäste von ihrem alltäglichen Leben distanzieren müssten und sich für die schöne Umgebung von Baden begeistern sollten.

«Eine zweite Hauptregel ist, dass man nie ohne Arzt berathen zu haben, eine Kur unternehmen soll. Jeder, der einige Bildung und Einsicht besitzt, weiss, wie sehr man sich durch unkundige Anwendung von Arzneimitteln [hier des Thermalwassers] schaden kann. ... Sowie der Kurgast am Kurorte angelangt ist, und sich daselbst eingerichtet hat, so bespreche er sich mit dem Kurarzte über die Einrichtung der Kur und hole dazu seinen Rath ein. ... Übrigens ist es Sache des Kurarztes, im speziellen Falle die Nötige Anleitung zur Einrichtung der Trinkkur zu geben. ... Die Dauer des Badens richtet sich, wie die Temperatur, nach dem Alter, der Individualität und der Eigentümlichkeit des Wassers und überdies nach der Temperatur selbst.» Ebenfalls die Anzahl der Bäder während einer Kur und die Entscheidung über eine Nachkur unterstanden der Kompetenz des Arztes: «Auch hier wird die nähere Bestimmung am besten dem Badearzt überlassen.»[1]

Regeln zum richtigen Gebrauch des Heilwassers sind Teil eines Aufklärungs- und Erziehungsprogramms, das sich in der zweiten Hälfte des 19. Jahrhunderts immer mehr in den ärztlichen Schriften der Badener Kurärzte manifestiert. Auch Anweisungen zu Sitte und Moral sind enthalten, wobei sich diese nicht selten auf das weibliche Geschlecht beziehen. Ein Beispiel dafür liefert die kurze Anleitung zum Gebrauch der Bäder von Dr. Andreas Wiederkehr und Dr. Anton Schmid um 1830:

«Wer sich dem sinnlichen Vergnügen überlassen will, der findet es hier in vollem Masse, theils in gesellschaftlichen Spaziergängen, oder Spazierfahrten, theils in Spiel, Musik, Theater, Tanz etc. bei diesem letzteren Punkt finden wir uns verpflichtet, Jedermann, und besonders das Schöne Geschlecht, gegen das, leider zur Mode gewordene wilde Langaustanzen zu warnen. Hierdurch wird der Körper zu sehr erhitzt, die Säfte nach der äusseren Oberfläche getrieben, die Lunge zu sehr gereizt, giebt häufig Anlass zu Katarrh, Husten, Lungenentzündung, krampfartigen Zufällen, Mutterkrämpfen und zu dem lästigen weissen Flusse. [medizinische Fachausdrücke siehe Glossar] ... Der Busen unserer Schönen ist meistens zu leicht bedeckt, bei mancher gar zu viel entblösst, als dass genannte Schädlichkeit nicht schnell üble Wirkung hervorbringen könnte. ... Leider ist in unseren Zeiten das wilde Langaustanzen in die Stelle des sanften, langsamen und angenehmen Walzers getreten. O ihr Schönen! ... Haltet euren Busen und Unterleib mächtig warm, und eure Leiden werden sich mildern.»[2]

Sehr deutlich wird hier die erzieherische Rolle des Arztes. Die Kranke oder der zur gesundheitlichen Selbstversorgung mündige Mensch wird zum passiven

25

Objekt, welches vom Arzt behandelt werden soll. Die Frauen werden angehalten, sich den Verhaltensregeln gemäss zu benehmen.[3]

Im 19. Jahrhundert wurde die Gesundheit zu einem selbstverständlichen Resultat einer geplanten Lebensweise im Bürgertum. Wer gesund bleiben wollte, musste sein Leben nach rationalen und individualistischen Regeln ordnen. Diese Lebensregeln bedeuten eine Wiederbelebung des antiken Programms der Diätetik, das schon Ende des 18. Jahrhunderts neues Interesse erfuhr und während der folgenden hundert Jahre zentrales Leitbild bleiben sollte.[4]

Der Badener Frauenarzt Dr. Moritz Wagner beschreibt 1873, wie er die Patientin beispielsweise eine Trinkkur machen lassen wird: «Die Zeit, zu welcher wir das Wasser trinken lassen, richtet sich nach dem Zweck, den wir dabei verfolgen. Wollen wir entleerend wirken, so geben wir es des Morgens nüchtern; ist die Wirkung nicht ausreichend, so geben wir das sogenannte künstliche Karlsbader Wasser. Bezwecken wir eine resolvirende oder alternierende Wirkung, so werden einige ½ Gläser im Laufe des Morgens, vielleicht auch einige Abends getrunken.»[5]

Seine Schrift richtete sich an andere Ärzte und an Frauen, welche eine Kur in Baden in Betracht zogen. Beeindruckend ist seine offene und klare Haltung bezüglich der Geschicklichkeit seiner Patientinnen. Seinem Kollegium erläutert er, welches Badespekulum bei ihm zur Anwendung kommt, wenn er das Ziel verfolgt, dass die Badeflüssigkeit direkt auf die Scheidenschleimhaut wirken soll. Er führt weiter aus:

«Die verschiedenen Formen von Drahtspekula haben zwar den Vorteil, eine weit grössere Schleimhautfläche der Bespühlung mit Thermalwasser bloss zu legen, doch ist die Mehrzahl der Frauen so ungeschickt, dass sie sich häufig damit mehr schaden als nützen ...» Ungeschickt waren die Frauen auch bei der Verwendung der damals sehr modernen Dusche. Dr. Wagner betonte, dass mit der heute kaum noch gebräuchlichen Vaginaldusche Vorsicht geboten sei, und beklagte sich: «und gerade bei der Vaginaldouche wird öfters gesündigt, dass Frauen ohne Vorwissen des Arztes jene Douche gebrauchen, weil sie dieser und jener Base geholfen hat.»[6] Eine gewisse Entmündigung der Behandlungsbedürftigen ist hier zu erkennen. Die Patientin hat nichts weiteres zu tun, als nach Baden zu reisen und sich in die Obhut eines Badearztes zu begeben, welcher ihr genauste Angaben über Verhaltensregeln bietet, sie dabei anleitet und sogar überwacht.

In allen ärztlichen Ratgebern des späten 19. Jahrhunderts findet sich an oberster Stelle der unbedingte Anspruch auf Gehorsam des Patienten, der sich den auf fachlicher Kompetenz beruhenden Anordnungen des Arztes zu unterwerfen habe. Immer genauere Anweisungen, Empfehlungen und Ratschläge von einer neuartigen Differenziertheit, die dem Patienten nicht den geringsten Spielraum für eige-

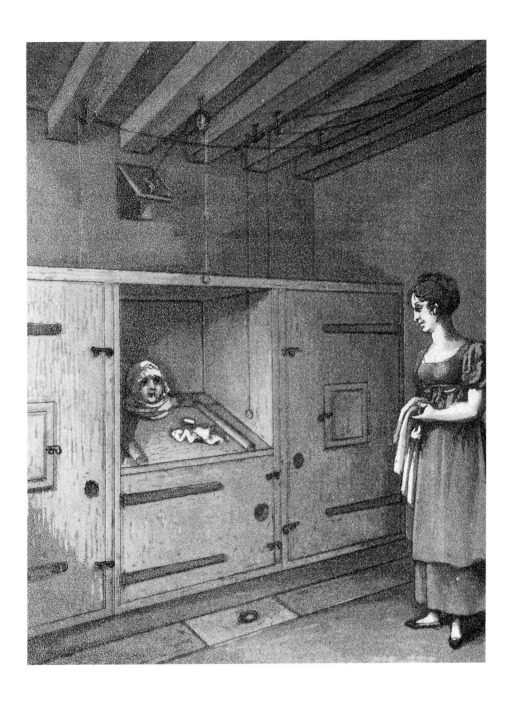

Dampfbad auf einem Aquatinta-Stich, 1827. Eine Angestellte wartet mit dem Badetuch auf die Klientin, deren Kopf aus dem mittleren Dampfbad ragt. Links und rechts befinden sich die Eingangstüren zu den Totalgas-Dampfbädern. (Sammlung Historisches Museum Baden)

nes Handeln liess, waren nach 1850 die Regel. «Um allen derartigen Wünschen und Fragen vorzubeugen, treffe der Arzt seine Anordnungen so bestimmt und deutlich, dass gar keine Missverständnisse entstehen und keine weiteren Fragen an ihn gerichtet werden können. Ob eine Arznei vor dem Essen, ob sie kalt oder warm, ob sie auch in der Nacht genommen werden muss; wie viel Grad ein Bad, ein Umschlag haben muss, wie er beschaffen sein soll; was zu essen erlaubt, was verboten ist etc. – alle diese Details ordne der Arzt aus eigenem Antriebe an.»[7]

Weitere Laienschelten, wie sie bei den Ärzten des 19. Jahrhunderts gegen Frauen üblich waren, seien es nun «alte Matronen», «abgelebte Hebammen», «eine alte Base oder Kinderfrau» oder sonstige «Weibsbilder», bleiben in den Badener Bäderschriften der zweiten Hälfte des 19. Jahrhunderts weitgehend aus. Das von den Ärzten in Anspruch genommene Terrain war traditionell weitgehend von Frauen besetzt. Ihnen kam die entscheidende Kompetenz in der Gesundheitspflege und Krankenheilung im Rahmen der Familie zu, und sie fühlten sich daher unter den Angehörigen am ehesten in der Lage, Arzneimittel und Behandlungsweise des Arztes einer kritischen Beurteilung zu unterziehen. Mit dem Erfolg in den medizinischen Wissenschaften konnte jedoch diese «weibliche Kompetenz» nicht mehr mithalten.[8]

2. «Und zudem zeigten sich ein Heer von hysterischen Symptomen»

Ein kurzer Hinweis über typische Nervenkrankheiten dieser Zeit ist bei Dr. Andeas Wiederkehrs und Dr. Anton Schmids «Anleitung über den Gebrauch der Heilbäder» von 1830 unter dem Titel «Hypochondrie» und «Hysterie» zu finden: «Der Mann ist hypochondrisch, die Dame hysterisch; dies sind die Ausdrücke, welche allgemein geworden sind, und die man, möchten wir sagen, in jeder Gesellschaft hört. Begriffe, was sie eigentlich seien, verbindet selten einer damit, der so spricht. Er hat seine Launen, er ist hypochondrisch, er laboriert an Eigensinn, er entzieht sich immer dem Vergnügen. Minder freigiebig ist man schon mit dem Ausdruck des Hysterischen. Ein Frauenzimmer muss schon von wirklichen Zufällen, als: Zuckungen, Krämpfen, Ohnmachten, befallen sein, ehe man von ihr sagt, sie sei hysterisch, obgleich der Franzose mit seinem Ausdruck: vapeurs, auch ein ganzes Heer von Launen der Damen mitbegriffen. ... Die Ursachen, die diese Schwäche hervorbringen, sind sitzende Lebensart, Freude am Müssiggange ohne Bewegung – lauter Ursachen, die dem Körper die Hälfte der Zirkulation versagen; niederschlagende Leidenschaften, Kopfarbeiten, Missbrauch der Venus, unterdrückte Ausschläge, Fussschweise, Geschwüre und Fontanellen, die Krankheitsstoffe, die sich auf die Unterleibsnerven werfen, Verhalten der Regeln bei Frauenzimmern.»[9]

Nicht nur zu wenig Bewegung sondern auch zu rege sexuelle Aktivität und Menstruationsstörungen können gemäss diesem Zitat Ursachen einer Hysterie sein. 30 Jahre später zeigt der Frauenarzt Dr. Moritz Wagner anhand von Fallbesprechungen Empfehlungen und Wirkungen seiner gynäkologischen Behandlungen mit dem Thermalwasser auf. 6 von 11 konkrete Fallbeispiele zeigen neben einer genitalen Veränderung der Frau auch hysterische Symptome. Stellvertretend ein Beispiel seiner Fallbesprechung:

«Fall 1: Patientin, die schon mehrmals geboren, datirt ihr Leiden seit der letzten Niederkunft. Beständiges Gefühl von Druck und Schwere im Becken, Drängen nach Unten, die Katamenien sind von heftigsten Koliken begleitet, die menstrualen Ausscheidungen haben sich immer mehr zu Menorrhagie gesteigert. Der behandelnde Arzt war während dieser Zeit genötigt 1, zuweilen 2 mal des Tages die manuelle Aufrichtung des Uterus vorzunehmen, um den Abfluss des Blutes zu erleichtern und die Schmerzen nur einigermassen erträglich zu machen. – Körperliche Bewegung war der raschen Ermüdung und der sich steigernden Schmerzen wegen beinahe unmöglich, daneben zeigte sich ein Heer von hysterischen Symptomen.» Nach seiner Behandlung der Patientin mit dem Wasser der Badener Thermalquelle schreibt er: «Die hysterischen Symptome hatten sich allmählich immer mehr verloren, und Patientin konnte vor ihrer Abreise ungestraft weitere Spaziergänge unternehmen ...»

Mit dem erfolgreichen Behandeln eines gynäkologischen Problems verschwanden, gemäss den Ausführungen von Dr. Wagner, auch die hysterischen Symptome der Patientin. Nicht selten endet eine seiner Fallbesprechungen auf folgende Art und Weise: «Nach einigen Wochen bestand absolut kein Ausfluss mehr, und die sehr launische leicht gereizte Stimmung der Patientin hatte einer fast ausgelassenen Heiterkeit Platz gemacht. ... In der Mehrzahl der Fälle nehmen nach kürzerem oder längerem Kurgebrauche die Quantität des Secretes bei chronischem Katarrh der Gebärmutter ab, der Appetit steigert sich, die gestörte Verdauung, Verstimmung des Gemühtes und die mannigfachen hysterischen Beschwerden verschwinden allmählig.»[10]

Sein Berufskollege Dr. Carl Diebold, der ungefähr zur selben Zeit in Baden praktizierte, zeichnete den direkten Verbindungsweg zwischen einer gynäkologischen Erkrankung und der Hysterie nach, indem er den vermehrten vaginalen Ausfluss als Ursache für Disharmonien im Nervensystem verantwortlich machte:

«Der weisse Fluss sondiert am meisten mit der Zeit der Geschlechtsreife und der Involutionsperiode, begleitet übrigens das Weib durch alle Phasen des Lebens. ‹Die Ernährung des Körpers›, sagt ein bewährter Schriftsteller der Erfahrung gemäss, ‹gerät durch dessen lange Andauer in Mitleidenschaft, die Verdauung wird gestört, Stockungen im Unterleib sind die Folgen, die dann wieder als neue Krankheitserscheinungen auftreten. Die Blutbereitung wird fehlerhaft und bedingt Bleichsucht; das Nervensystem wird mit in den Kreis der krankhaften Erscheinungen gezogen und ein, durch die auffallende Beweglichkeit in körperlicher und geistiger Beziehung und die widersprechendsten Affektionen der Nerven- und Gefässthätigkeit, charakterisiertes Leiden erzeugt, das auch der Laie unter dem Namen der Hysterie kennt.›»[11]

Uralte «Uterus-Theorien» beherrschten bis Mitte des 18. Jahrhunderts die Erklärungsversuche der Nervenkrankheiten bei Frauen. Anfang des 19. Jahrhunderts wurden dann die alten Theorien durch die These abgelöst, dass Nervenkrankheiten durch «Sympathien» ausgelöst würden. «Sympathische Signale» wurden beispielsweise durch das Blut oder andere Körperflüssigkeiten im Körper weitergeleitet und stellten Verbindungen zwischen den verschiedenen Organen her. Diese Theorie hat sich bis zum Ende des 19. Jahrhunderts weiterentwickelt zur «Reflexneurose». Es wurde behauptet, dass Nervenkrankheiten durch Krankheiten in peripheren Organen verursacht würden und auf dem Weg des Reflexes vom Rückenmark oder Sympathicus weitergeleitet würden. Als Beispiel wurde der Patellareflex aufgezeigt: Ein Klopfen an der Patellarsehne zieht automatisch die Oberschenkelmuskeln zusammen, welche dann eine Zuckung im Knie veranlassen. Solche Reflexe seien von der Gebärmutter über das Rückenmark zum Gehirn gelangt, um dort eine Hysterie zu bewirken.[12]

Diese Reflextheoretiker lieferten wissenschaftliche Voraussetzungen für die Annahme, dass das «Wesen der Frau» von ihren Unterleibsorganen beherrscht werde, oder, wie es ein französischer Arzt ausdrückte: «Die Frau ist ein Uterus mit Organen drum herum».[13] Dies bot eine moderne Version altertümlicher Beschreibungen der Frau, obwohl sie nicht mehr ein Geschöpf war, dessen Gebärmutter ein lebendes Tier innerhalb ihres Körpers darstellte. Die Reflexlehre gab diese anatomischen Vorstellungen auf und stützte sie stattdessen auf neue physiologische Argumente bezüglich der Nervenverbindung zwischen Gebärmutter und Gehirn. Das heisst aber zugleich, dass die Patientin im 19. Jahrhundert genauso von Prozessen in ihrem Unterleib beherrscht schien wie die Frau der Antike.[14]

3. Sterilität und Onanie

«An die krankhaft vermehrte Schleimsekretion der Genitalien reihen wir die mit derselben häufig wechselnden und in kausaler Beziehung ihr nahe stehenden ‹Menstruationsanomalien›, als häufige Störung der normalen periodischen Funktion des Gebärorgans, an. Die Gebärmutter als ein Organ, das in den Blütenjahren des Weibes zu so wichtigen Verrichtungen bestimmt und mit einer im höchsten

Romantischer Umschlag auf einer Orientierungsschrift über Baden und die hiesigen Badekuren, um 1900. Zu Werbezwecken war es üblich, die chemischen Bestandteile der Thermen hervorzuheben. Hier wird die Badener Therme mit «Chlornatriumhaltige Schwefel-Therme» bezeichnet. Um der medizinisch-wissenschaftlichen Kompetenz Nachdruck zu verleihen, publizierte das Städtische Kurkomité diese Schrift zusammen mit dem Ärztekollegium. Wurden Frauen in diesem Zusammenhang sonst meist als Kranke thematisiert, erscheint hier die Frau – ebenfalls zu Werbezwecken – als geheiltes oder gar heilsames Wesen. (Fotoarchiv Scherer, Baden)

Grade gefässreichen Struktur begabt ist, erkrankt häufig und bietet dann die verschiedensten krankhaften Abweichungen dar. Zu den Anomalien, gegen welche wir uns unter Umständen mit Vorteil der hiesigen Thermen bedienen, gehören: ‹fehlende Menstruation› ... Man beobachtet diesen verzögerten Eintritt besonders bei Mädchen von schlaffer Konstitution, laxem, schwammigem Körperbau und träger, torpider Natur, bei Anlage zu Skrofeln, Verschleimungen und atonischen Blutstockungen in den Unterleibs- und Beckeneingeweiden. Ebenso sind angeborene mangelnde Bildung und Entwicklung der Gebärmutter, Verengung und Verschliessung des Muttermundes und der Scheide, wenn auch nicht häufige, doch immer beachtenswerte ursächliche Momente der verzögerten Menstrualblutung.»[15]

Die Beschreibung des Mädchens, welches eine fehlende Menstruation aufweist, erinnert an ein Negativbild einer werdenden Frau. Die Intelligenz der bürgerlichen Gesellschaft im 19. Jahrhundert, also Pfarrer, Ökonomen, Ärzte und Lehrer, entwarf ein Idealbild der Frau, das ihr Haushalt und heimischen Herd als natürliches und einziges Tätigkeitsfeld vorschrieb. Sie war dazu bestimmt, Hausfrau, Gattin und «Mutter» zu sein. Es galt als naturgegeben und gehörte zu den Auflagen des bürgerlichen Milieus an die Ehefrau, eine gesunde Frucht zu tragen und für dieselbe zu sorgen. Wenn eine verheiratete Frau das angestrebte Ziel der Schwangerschaft nicht erreichte, galt sie als Versagerin in ihrer wichtigsten Lebensaufgabe.[16]

Die Bäder von Baden hatten seit jeher den Ruf, besonders heilsam gegen die weibliche Unfruchtbarkeit zu sein. Sterile Frauen mussten für eine Stunde einen Fuss in das Verenaloch[17] stecken. Gleichzeitig sollte während der Badezeit gebetet und den Armen Almosen gegeben werden.[18] Im 19. Jahrhundert hat dieser Ruf jedoch den wissenschaftlichen Untersuchungen des Thermalwassers Platz gemacht. Im Vorwort von Dr. Wagner heisst es dann auch: «Als ich einem unserer bekannten Gynäkologen den Entschluss mitteilte, mich in Baden zu etablieren, erwiderte er mir: Sie wissen, vor Zeiten erfreute sich Baden eines gewissen Rufes gegen Sterilität; ob überhaupt und unter welchen Bedingungen gynäkologische Fälle durch eine Kur in Baden etwas zu erwarten haben, darüber scheinen noch keine stricten Indikationen festgestellt zu sein.»[19] Er zeigt sich in den weiteren Ausführungen überzeugt, dass das Thermalwasser eine Wirkung gegen verschiedene Frauenleiden haben kann, die Kinderlosigkeit mit sich bringen. Vielleicht hat die eine oder andere Leserin in verzweifelter Situation sich nicht nur der wissenschaftlich beschriebenen Wirkung des Thermalwassers wegen nach Baden zur Kur begeben, sondern auch auf Grund des alten Mythos?

Unter den möglichen Ursachen der Unfruchtbarkeit wurde auch der «weisse Fluss verschiedenen Charakters» in Betracht gezogen. Der «scharfe, ätzende

Baderaum mit Kerzenbeleuchtung, vermutlich im Limmathof, um 1900. (Foto Zipser, Fotoarchiv Scherer, Baden)

Baderaum im Grand-Hotel, um 1933. Diese komfortabel und geschmackvoll eingerichteten Baderäume tragen den Ansprüchen der wohlhabenden Badegäste Rechnung: Luxus und Hygiene sind gleichermassen gewährleistet. Geselligkeit und Unterhaltung, welche für das Kurleben im weiteren Sinn von Bedeutung waren, galten für die eigentliche Kur nicht: Im Zuge bürgerlicher Moralvorstellungen wurde das Baden eine private, intime Sache. Es erstaunt daher nicht, dass kaum Darstellungen von badenden Kurgästen in derartigen Einzelbädern bekannt sind. (Fotoarchiv Scherer, Baden)

Fluss» töte die Samen.[20] Moral, Religion und Sexualität kommt hier zum Tragen, zumal der «weisse Fluss» auch durch Onanie entstehen konnte: «Besonders disponieren schwächliche und kachectische Individuen zu Gebärmutter-Katharrh. Als Ursachen gelten hauptsächlich häufige Hyperämieen und zwar Congestionen, wenn sie durch directe Reizung (Onanie, Mutterkränze) … und selbst durch häufige Entbindung herbeigeführt werden.»[21]

Der «weisse Fluss» wurde in der Bäderliteratur häufig beschrieben. Er diente den unterschiedlichsten Spekulationen über seine Ursache. Es wurde vermutet, dass ein Bad in den Thermalquellen ansteckend für den vermehrten vaginalen Ausfluss sein könnte. Andere Autoren sahen ihn als positive Nebenwirkung des Badens an, indem die patogenen Krankheitsstoffe ausgeschieden wurden. Gleichwohl wurde er auch als mögliches Symptom bei Onanie beschrieben.[22]

Dr. Wagner sieht sich dann auch genötigt, bei einer jungen Patientin allfällige Risikofaktoren abzuklären: «Ein Mädchen von circa 18 Jahren leidet schon längere Zeit an psychischer Verstimmung, zuweilen auch an Lethargie oder dann an excessiver Gereiztheit, sie ist sehr verschlossen gegen ihre Angehörigen. Diese, in der Vermuthung, dass die Symptome von einer Erkrankung des Geschlechtsapparates ausgehen, drangen auf eine Untersuchung. Sie ergab eine rosenartige Entzündung der Vulva, … ferner einen bedeutenden Fluor albus [weisser Fluss] und spitzwinklige Retroflexion. … Auf möglichst schonender Weise gestellte Fragen bekannte Patientin, dass sie sich häufig Reizungen der Vagina habe zu Schulden kommen lassen; es wäre dies wohl ein neuer Beweis jener, soviel ich mich erinnere, von Hildebrand (Volkmann'sche Monatshefte) aufgestellten Behauptung, dass Onanie eine nicht seltene Ursache der Retroflexion sei.» Nach der Behandlung mit dem Thermalwasser führt er weiter aus: «Vielleicht wird mancher College mir entgegenhalten: Cessante causa cessat effectus [um das Symptom bekämpfen zu können, muss die Ursache bekämpft werden]; es ist schwer nachzuweisen, ob allein dadurch die Heilung des Katarrhs eingetreten, denn bei anderen Fällen liess sich die günstige Wirkung der Therme entschieden nachweisen. Auch die psychische Verstimmung hatte sich wesentlich gebessert, was mich aber am meisten frappirte, war, dass die stets noch fortbestehende Retroflexion gar keine Symptome mehr machte.»[23]

Entweder hat das Unterlassen der Onanie oder die heilende Wirkung der Therme den «weissen Fluss» beseitigt. Die Anatomie der Gebärmutter hat sich jedoch nicht verändert. Dr. Wagner konnte die These von Hildebrand nicht bestätigen, zieht jedoch eine Heilung des vaginalen Ausflusses durch Verzicht auf Selbstbefriedigung in Betracht.

Konklusion

Die reichlich zitierten Quellen vermitteln eine Palette von Sichtweisen der damals praktizierenden Ärzte in Baden zu den ausgewählten Schwerpunkten. Die Beschreibung der Notwendigkeit einer Konsultation während einer Kur als Kredo für Gesundheit richtet sich nicht nur an Frauen, sondern auch an Männer. Beim Durchlesen der Quellen fällt jedoch auf, dass Frauen direkter und expliziter gemassregelt wurden.

Die ärztlichen Meinungen über die Hysterie der Frau spiegeln mehr oder weniger die damalige Lehrmeinung in der medizinischen Wissenschaft. Die Spekulationen über Sterilität und Onanie bei Frauen verdeutlichen beispielhaft, dass sogar die Medizinwissenschaft indirekt instrumentalisiert werden konnte, um moralische und religiöse Grundsätze zu untermauern.

Glossar

Congestionen:	Kongestion (lat. congerere, congestum anhäufen); ein arterieller Blutüberschuss, der auf eine Entzündungsreizung zurückzuführen ist. Vgl. Hyperämie.
Drahtspekula:	Spekulum; Spiegel; ein trichter- oder röhrenförmiges Instrument, das in die natürlichen Öffnungen des Körpers zur Untersuchung eingeführt wird. Die physikalischen und diagnostischen Instrumente des frühen 19. Jahrhunderts dienten unter anderem der Überwindung der Scheu vor körperlichen Berührungen der Patienten durch den Arzt (aus: Fischer-Homberger, Ester: Krankheit Frau. Bern 1979, 26).
Fluor albus:	Vaginaler Weissfluss.
Fontanellen:	Hier vermutlich als Bezeichnung für grosse Wunden am Körper gebraucht; Einbuchtungen.
Gebärmutter-Katarrh:	Vgl. Weisser Fluss.
Hyperämie:	Eine Steigerung der Durchblutung eines Organs. Blutüberfülle eines Organs.
Hypochondrie:	Krankhafte Neigung zur Selbstbeobachtung bezüglich möglicher Krankheiten.
Hysterie:	Ein heute durch verschiedenartige Gebrauchsweise uneinheitlicher Begriff; ursprünglich für psychogene Verhaltensweisen gebraucht. Eine alte Definition: Krankheitseinheit für demonstrativ theatralisches Verhalten.
Involutionsperiode:	Involutio uteri; Die Rückbildung der Gebärmutter nach der Geburt.
Katamenien:	(gr. katamenia = das Allmonatliche) Menstruation.
Kachexie:	Kachexia (gr. kakos = schlecht; hexis = Befinden); Auszehrung, Kräfteverfall, schlechter Ernährungszustand.
Menorrhagie:	Eine zu lange dauernde, verlängerte Regelblutung.
Mutterkränze:	Ein Ring zur Haltung der Gebärmutter.
Muttermund:	(lat. orificium uteri externum oder internum) Mündung oder Öffnung der Gebärmutter.
Onanie:	Sexuelle Selbstbefriedigung bei beiden Geschlechtern.

Retroflexion:	Ein Abknicken des Gebärmutterkörpers gegen den Zervix (= Halskanal der Gebärmutter).
Skrofeln:	Skrofulose; ein historischer Begriff der früher mit der Anlage zu Tuberkulose in Zusammenhang gebracht wurde. Nach heutiger Auffassung handelt es sich um eine nur noch seltene Haut- und Lymphknotenerkrankung im Kindesalter auf allergischer Basis.
Uterus:	Gebärmutter.
Vulva:	Äussere weibliche Geschlechtsteile.
Weisser Fluss:	Ein Überbegriff von Krankheiten mit vermehrtem Ausfluss aus der Scheide.

Anmerkungen

[1] Meyer-Ahrens, Conrad. Die Heilquellen und Kurorte der Schweiz. Erster Teil. Zürich 1860, 2, 6, 16, 20, 22.

[2] Wiederkehr, Andreas; Schmid, Anton: Kurze Anleitung über den Gebrauch der Heilbäder zu Baden. Baden 1830, 8f. Vgl. Meyer-Ahrens, 9.

[3] Rudolf, Brigitte: «Der Kopf muss frei, das Gemüt fröhlich seyn, wenn die Cur gelingen soll». Bürgerliche Lebenskultur in den Schweizer Kur- und Heilbädern in der ersten Hälfte des 19. Jahrhunderts. Unveröffentlichte Lizentiatsarbeit, Universität Zürich, 1989, 23–29.

[4] Schipperges, Heinrich: Wege zu neuer Heilkunst. Heidelberg 1978, 59.

[5] Wagner, Moritz: Die Behandlung der Frauenkrankheiten durch die Thermen zu Baden. Baden 1873, 8. Vgl. Meyer-Ahrens, 17.

[6] Wagner, 12f. Vgl. Wiederkehr/Schmid, 70f.

[7] Wolff, Johann: Der praktische Arzt und sein Beruf. Vademecum für angehende Praktiker. Stuttgart 1896. Zit. aus: Labisch, Alfons; Spree, Reinhard (Hg.): Medizinische Deutungsmacht im sozialen Wandel. Bonn 1989, 66f.

[8] Frevert, Ute: Frauen und Ärzte im späten 18. und frühen 19. Jahrhundert – zur Sozialgeschichte eines Gewaltverhältnisses. In: Kuhn, A.; Rüsen, J. (Hg.): Frauen in der Geschichte II. Düsseldorf 1982, 177–210.

[9] Wiederkehr/Schmid, 47f.

[10] Wagner, 15f., 20, 23, 26f., 31.

[11] Diebold, Carl: Der Kurort Baden in der Schweiz. Winterthur 1861, 125f.

[12] Shorter, Edward: Medizinische Theorien weiblicher Nervenkrankheiten. In: Labisch/Spree (Hg.), 170ff.

[13] Shorter, 173.

[14] Shorter, 174.

[15] Diebold, 128f.

[16] Borkowsky, Maya: Krankheit Schwangerschaft? Schwangerschaft, Geburt und Wochenbett aus ärztlicher Sicht seit 1800. Zürich 1988, 23. Vgl. Joris, Elisabeth; Witzig, Heidi (Hg.): Frauengeschichte(n). Dokumente aus zwei Jahrhunderten zur Situation der Frauen in der Schweiz. Zürich, 3. Auflage 1991, 35f.

[17] Nach einer Sage war die heilige Verena eine fromme Magd aus Afrika, die im 3. Jahrhundert nach Christus lebte. Sie pflegte und badete die Armen und Kranken im Bad, das später Verenabad benannt wurde. Hess, David: Die Badenfahrt. Zürich 1818, 32.

[18] Baumgartner-Attiger, Christine Elisabeth: Anwendungsmöglichkeiten und Indikationen des Thermalwassers zu Baden im Aargau vom 15. Jahrhundert bis heute. Unveröffentlichte Dissertation, Universität Zürich, 1997, 51.

[19] Wagner, Seite V.

[20] Minnich, Johann Alois: Baden in der Schweiz und seine warmen Heilquellen in medizinischer, naturhistorischer und geschichtlicher Sicht. Baden 1845, 192f.

[21] Wagner, 18.

[22] Baumgartner-Attiger, 53–55.

[23] Wagner, 22f.

Auf der Hochzeitsreise gestand er ihr seine Schulden
Der Alltag von Badener Hoteliersfrauen im 19. Jahrhundert

Astrid Baldinger

Bei der bisher geleisteten Forschung zur Bädergeschichte fällt auf: Männer sind die handelnden Akteure in dieser Geschichtsschreibung. Sie sind die Architekten, die Bauherren des aufstrebenden Kurbetriebs, die Wissenschaftler. Es geschah jedoch gar nicht so selten, dass Ehefrauen nach dem Tod ihres Mannes den Hotelbetrieb während vieler Jahre allein weiterführten, bis ihre Söhne sich verheirateten oder volljährig wurden. So leitete Mathilde Borsinger-Müller das «Hotel Blume» von 1897 bis 1909. Ihre Schwiegermutter Josephine Borsinger-Heer stand dem Betrieb noch länger vor: Nach dem Tod ihres Mannes Carl Borsinger 1851 führte sie zwanzig Jahre lang das Hotelgeschäft bis zur Übergabe an das neuvermählte Paar Franz und Mathilde Borsinger 1871. Das Verzeichnis der Badehöfe von 1874 nennt Frau K. Küpfer als Eigentümerin des «Engels» und des «Schwanen» in Ennetbaden, zusammen waren dies 100 Betten. Zum Vergleich: Das «Hotel Blume» führte damals 80 Betten, der «Verenahof» 130. Immer wieder werden Frauen auch als Besitzerinnen von Badener Gasthöfen genannt. So stand 1874 eine Frau Humbel dem «Hotel Bahnhof» vor, und eine Frau Müller führte den «Wilden Mann» an der Oberen Gasse. Unter Weinwirtschaften aufgeführt ist eine Frau Frei als Besitzerin des «Degen» in der Oberen Halde, und der «Rote Bären» in der Weiten Gasse war in der Hand von Frau Dorer.[1] Die Aufgabe dieser Frauen war es, den Betrieb so lange zu führen, bis er an die nächste männliche Generation weitergegeben werden konnte. In dieser gesellschaftlich anerkannten Funktion als Bewahrerinnen der Geschäftstradition konnten sie eigenständig handeln. Mathilde Borsinger schrieb nach dem Tod ihres Mannes: «Das habe ich dem lb. toten Vater [ihrem Ehemann, Verf.] stille angelobt, die Traditionen seines Hauses hochzuhalten und in seinem Sinne und Geiste die Hinterlassenschaft zu verwalten.»[2]

Bürgerliches Rollenverständnis: Hausmutter statt Geschäftsfrau
Typisch für die Gesellschaftsvorstellungen des Bürgertums im 19. Jahrhundert ist, dass Frauen unter keinen Umständen im öffentlichen Leben eine Rolle spielen

sollten. Frauen wirkten im familiären Bereich, sie waren für das Private zuständig. Männer dagegen standen in der Öffentlichkeit, sie stellten ihre Zeit für Ehrenämter und Politik zur Verfügung. Der Ehemann galt als Oberhaupt und Ernährer der Familie. Diese Vorstellungen kontrastieren mit dem selbstständigen Auftreten der Hoteliersfrauen, ohne deren Mitarbeit in allen Bereichen beziehungsweise alleinige Führungsverantwortung ein Kurbetrieb nicht zu führen war. Die im Folgenden vorgestellten Hoteliersfrauen im Bäderquartier gehörten zur besseren Gesellschaftsschicht in Baden. Wie aber sah ihr Alltag aus? Aus welchen Kreisen kamen die Ehefrauen? Wie stark entsprach ihr Leben den Frauenleitbildern des Grossbürgertums?

Familienchroniken: Einblick in zwei Frauenleben

Zwei Chroniken, die im 19. Jahrhundert von Nanette Borsinger-Rohn und Mathilde Borsinger-Müller niedergeschrieben wurden, geben einen detailreichen Einblick in das Leben dieser Hoteliersfrauen.[3] Die beiden Überlieferungen decken einen Zeitraum von 1823 bis 1915 ab. Nanette Borsinger lebte von 1823 bis 1897. Sie heiratete Joseph Borsinger 1844. 1879 übergaben sie die Leitung des «Verenahofs» ihren Kindern. Mathilde Borsinger dagegen verehelichte sich 1871 mit Franz Borsinger, dem Neffen von Joseph Borsinger, und übernahm das «Hotel Blume» nach seinem Tod 1897 bis 1909. Damit können wir das Leben zweier Frauen aus zwei Generationen nachzeichnen. Allerdings ist eine quellenkritische Einschränkung gegeben: Da Typisches für die damalige Zeit anhand von lediglich zwei Überlieferungen aufgezeigt wird, ist es teilweise schwierig abzuschätzen, inwieweit sich die Angaben generalisieren lassen oder ob sie schlicht eine Familientradition und die dargestellten Persönlichkeiten widerspiegeln. Die beiden Chroniken sind zudem verschieden angelegt: Nanette Borsinger blickte als 72-Jährige 1895 auf ihr Leben zurück. Sie beschrieb sehr lebhaft und teilweise in genauer Erinnerung mancher Details die wichtigsten Stationen in ihrem Leben. Ganz anders angelegt ist das «Sylvesterbuch» der Mathilde Borsinger zur «Blume». Jeweils am Jahresende hielt sie Rückblick auf die vergangenen Monate. Damit entstand nicht eine Lebenserzählung, die aus späteren Jahren die Ereignisse auswählt und deutet, sondern ein «momentanes» Bild, das die Ereignisse zwischen 1880 und 1915 sehr knapp festhält.

Vom Bauern zum reichen Händler und Spekulanten: gesellschaftlicher Aufstieg der Eltern

Der Vater von Nanette Borsinger, Anton Rohn, stammte aus sehr einfachen Verhältnissen. Er war der Älteste von vierzehn Geschwistern. Seine Eltern besassen zwar einen Hof in Würenlos, dies genügte aber nicht, um die Familie zu ernähren.

Das um 1890 entstandene Bild von Franz Xaver Borsinger zur Blume und Mathilde Borsinger, geborene Müller, verdeutlicht die gesellschaftlichen Vorstellungen über die Stellung der Ehefrau. Obwohl sie im Hotel in allen Belangen involviert ist und die geschäftliche Verantwortung mit ihrem Mann teilt, stellt sie sich im «Sylvesterbuch» als «wackeres Hausmütterchen» dar, das dem Ehemann zur Seite sitzt. (Sammlung Historisches Museum Baden)

So trieben sie zusätzlich Handel. 1820 kaufte Anton Rohn in Baden ein Haus und heiratete im Januar 1821 Veronika Falk zum «Salmen». Zusammen mit einigen Angestellten führte das Ehepaar ein Tuchgeschäft. Der Haushalt wurde von einer Magd während 23 Jahren geführt. Die Mutter hatte dazu keine Zeit und sah ihre «Lieblingsbeschäftigung» in der Mitarbeit im Geschäft.

Anton Rohn brachte es zu Lebzeiten zu ansehnlichem Reichtum: Seiner Tochter Nanette schenkte er zur Hochzeit 2000 Franken Bargeld. Zum Vergleich: Während der ersten Saison im Verenahof nahm das Ehepaar 5612 Franken ein. Seit 1846 wohnten die Eltern von Nanette in der «Villa Kreuzliberg», dem Ruhesitz fürs Alter. In seinem Testament hatte Anton Rohn ein Vermögen von 300000 Franken zu verteilen. Jedes seiner vier Kinder erhielt zu Lebzeiten 50000 Franken. Vom Zinsertrag von 50000 Franken lebte er, und die restlichen 50000 beabsichtigte er zur Gründung einer Anstalt für verwahrloste Jugendliche im Klösterli Mariae Krönung einzusetzen.

Hochgearbeitet hatte sich auch der Vater von Mathilde Borsinger, Caspar Müller. Aus einer Bauern- und Müllersfamilie stammend, absolvierte er im Alter von 17 seine Wanderjahre und reiste während fünf Jahren in der Schweiz und in Frankreich umher. Nach Hause zurückgekehrt, war er für den Kauf und Verkauf im Geschäft des Vaters zuständig. Diese Tätigkeit führte ihn nach Baden, wo er die Bäckerstochter Emerentia Kellersberger kennen lernte. Sie stammte aus einer streng katholischen Familie, und ihr zuliebe konvertierte Caspar Müller. 1834 heirateten sie und bezogen die baufällige Mittlere Mühle in Baden, welche der Brautvater dem zukünftigen Schwiegersohn verkauft hatte. Doch die «engen Grenzen des kleinen Müllergeschäfts» genügten Caspar Müller nicht. Mit viel Glück trieb er spekulative Geschäfte. Er hatte in Baden einen guten Namen, er war geachtet von «Hoch und Niedrig» und Kommandant der städtischen Feuerwehr.

Wie vermögend Caspar Müller war, erahnen wir, als ein Gebäude in Flammen aufging, worin er seine Fruchtvorräte angehäuft hatte: Er verlor dabei 15000 Franken. Ein weiteres Spekulationsobjekt waren 1856 die gekauften umfangreichen Güter des Klosters Mariae Krönung. Caspar Müller ermöglichte seinen Söhnen eine gute Existenz: Er überliess ihnen die Mittlere Mühle in Baden und baute ihnen, um den Anforderungen der Zeit zu entsprechen, zudem eine moderne Grossmühle am Bodensee.

Ausbildung der Töchter: im Pensionat den letzten Schliff erhalten
Nach dem Ende der offiziellen Schulzeit war die Ausbildung von Nanette Borsinger-Rohn in den 1830er-Jahren nicht abgeschlossen. Üblich wäre für Mädchen der besseren Gesellschaftsschicht ein Aufenthalt in einer Pension im Welschland gewe-

sen. Ihr Vater allerdings hegte eine besondere Abneigung gegen die französische Schweiz und suchte nach einer anderen Lösung. Durch die Nachbarstochter Nanette Meyer wurden die Eltern auf eine von Klosterfrauen geführte Pension in Villingen, Deutschland, aufmerksam. Da kurz danach zwei Lehrerinnen aus Villingen 1838 in Baden eine Kur machten, nutzten die Eltern die Gelegenheit, diese kennen zu lernen. Die Entscheidung, Nanette in dieses Pensionat zu schicken, war schnell getroffen: Bereits auf der Heimreise wurden die Klosterfrauen von Nanette Borsinger und Caroline Oederlin, der Freundin Nanettes, begleitet. In Villingen hielten sich zu diesem Zeitpunkt weitere Mädchen aus Baden auf: Elise Meyer, Elise Falk und Nanette Meyer. Nach 18 Monaten kehrten alle fünf im Frühling 1839 nach Baden zurück.

Es scheint ein kleine, familiäre Pension gewesen zu sein, die zu dieser Zeit nicht mehr als die fünf Badenerinnen aufnahm. Wenig erzählt Nanette Borsinger vom Unterricht. Wir erfahren einzig, dass Deutsch und Französisch gelehrt und Ermahnungen fürs spätere Leben in den Unterricht eingestreut wurden. Die vermittelten Sprachkenntnisse muss man sich nicht allzu vertieft vorstellen. Die damals 16-jährige Nanette Borsinger hätte gern zusammen mit Caroline Oederlin ihre Französischkenntnisse im Welschland vertieft. Doch die Eltern erlaubten dies nicht. Die Tochter sollte zur nützlichen Arbeit in einem einfachen Haushalt angehalten werden und nicht Gepflogenheiten der besseren Gesellschaft annehmen. Nanette Borsinger meinte später dazu: «Wie mancher Tochter gefällt es weniger mehr zu Hause, wenn sie von der französischen Schweiz zurückkehrt, wo mehr gesellschaftliches Leben und weniger Arbeit, mehr Luxus und weniger einfache Sitten gepflogen werden.»

Somit war die schulische Ausbildung für Nanette mit 16 Jahren abgeschlossen. Sie wurde nun im Geschäft der Eltern eingespannt und schildert einen Alltag, der keine grosse Abwechslung bot: Um sechs Uhr morgens den Laden öffnen, frühstücken, den Laden und das Büro putzen. «Den ganzen Tag beschäftigte ich mich in dem einen oder anderen, wenn auch noch mit wenig Lust und Verständnis. Handarbeiten, wie Stricken, Nähen, Flicken durfte ich nicht. Der Vater fand, in einem solchen Geschäft werden durch solche kleinnutzigen Arbeiten die nützlichen, einträglichen vernachlässigt.» Damit verfolgte Anton Rohn um 1840 eine Erziehung, die fünfzig Jahre später, als Nanette ihre Memoiren niederschrieb, in der grossbürgerlichen Gesellschaft, zu der sie nun Zugang hatte, anders gehandhabt wurde. Handarbeiten, Malen und Musik waren Beschäftigungen der Frauen, und ein Aufenthalt in einem welschen Institut lehrte sie die Sitten der Guten Gesellschaft.

Der Vater übertrug Nanette verschiedene Tätigkeiten im Büro: «Bücher führen, z.T. Facturen einschreiben, dieselben nachrechnen, Waren zeichnen, Frachtbriefe einschreiben und unwichtige Briefe verfassen.» Nanette Borsinger liebte diese Arbeiten nicht und sah mit Sehnsucht der Rückkehr ihres Bruders entgegen, dessen Lehrzeit 1842 in Genf beendet war. Neben der Arbeit im Geschäft sah das Mädchen wenig Abwechslung: Die Mutter erlaubte ihr lediglich, nach Ladenschluss «mit Caroline Oederlin oder Elise Meyer eine Tour um die Kirche zu machen, natürlich ohne Hut und Shawl. Unsere Gespräche waren lose Erinnerungen aus dem Institutsleben und der Stadtneuigkeiten.»

Auch die 28 Jahre jüngere Mathilde Borsinger-Müller hatte 1867 mit 15 Jahren ihre Schulzeit beendet. Ihr bezahlte man zur abschliessenden Ausbildung einen Welschlandaufenthalt, um den letzten Schliff zu erhalten. Während eines Jahres hielt sie sich in einem familiär geführten Pensionat mit drei weiteren Zöglingen in Fribourg auf. Was genau sie lernte, ist nicht bekannt. Wichtig zu erwähnen war ihr einzig das «herzlich geführte Familienleben». Kaum war sie zurückgekehrt, starb die Mutter. Mathilde führte nun ihrem Vater den Haushalt.

Von der Verlobung zur Heirat: eine kurze Zeit des Kennenlernens

Welche Möglichkeiten hatten zwei junge Menschen im 19. Jahrhundert, um sich kennen zu lernen? Die zwei Chroniken zeigen, dass sich die Begegnungen zwischen Männern und Frauen in einem kontrollierten Rahmen abspielten.

So pflegte Joseph Borsinger ab 1842 einerseits den Kontakt zu Nanettes Bruder, andererseits ergab sich die Gelegenheit, einander zu begegnen, als im März 1844 die Verenahofquelle entdeckt wurde. Weil er die Quelle fassen lassen wollte, die Besitzer anderer Quellen jedoch einen Wasserverlust befürchteten, suchte Joseph Borsinger öfters Rat bei Nanettes Vater, der zu dieser Zeit im Stadtrat sass. Bei diesen Besuchen «wuchs das Interesse des einen am anderen», und am 15. August bat der 22-jährige Joseph Borsinger «um eine feierliche Unterredung» mit der 21-jährigen Nanette. «Das Resultat derselben war eine Verlobung.» Selbstkritisch und freimütig schildert Nanette später ihre Gedanken dabei: «Ich könnte mich nicht rühmen, dass viele ernsthafte Fragen für diesen so wichtigen Schritt mich beschäftigten. Herr Borsinger genoss den Ruf als den besten, frömmsten, solidesten Jüngling, also die beste Partie in Baden. Der schnelle Gedanke, dass alle meine Freundinnen diese gute Gelegenheit auch annehmen würden reifte meinen Entschluss ebenso schnell.» Dass sie die beste Partie Badens gemacht hatte, ist ein persönliches Urteil von Nanette Borsinger. Dennoch kann man die Borsingers zur besseren Gesellschaftsschicht Badens zählen: Joseph Borsinger wurde 1879 in den Stadtrat gewählt, sein Neffe Franz Borsinger hatte sich um 1870 bemüht, die Textilindustriellentochter Nina Kappeler zu heiraten. Allerdings verkehrten die Borsingers ab den 1890er-Jahren nicht in den grossbürgerlichen Kreisen der Browns und Boveris.

Zwei Titelseiten von Hotelprospekten des «Bad und Gasthofs zur Blume» um 1890 und 1900. Auf der ersten ist der Besitzer mit Initialen genannt: «F. X. Borsinger», also Franz Xaver Borsinger. Auf dem zweiten Prospekt ist die Besitzerin, die Witwe Mathilde Borsinger, nicht mit den Initialen ihres Vornamens genannt, sondern mit «Fr.» (Frau) angesprochen. Sie fügte nun ihren Allianznamen hinzu. (Fotoarchiv Scherer, Baden)

Mathilde Borsinger lernte ihren zukünftigen Mann nach dem Welschlandaufenthalt kennen. Zurückgekehrt nach Hause «lief mein Leben ohne grosse Abwechslung dahin.» Sie wird Mitglied des gemischten Kirchenchors, und hier begegnet sie Franz Borsinger. Mathilde ist 19-jährig, die Mutter ein Jahr zuvor gestorben, als sie den ersten Maskenball besuchen darf. Hier funkt es – wie später noch bei manch anderen Badenerinnen und Badenern – zwischen ihrem zukünftigen Mann und ihr: «Doch blieben mir aus dem Gesamtbilde dieses Ballabends nur zwei Augen in steter Erinnerung, die mir daheim bei jeder Beschäftigung hartnäckig folgten.» Die Brautwerbung schildert sie als eine kurze Zeit, in der man sich offenbar nicht häufig sah, zumindest nicht offiziell. Zu Ostern erhält sie «eine prachtvolle Blumenspende». Erst drei Wochen später, beim Ausflug des Kirchengesangsvereins auf die Habsburg, kann sie sich bei Franz Borsinger bedanken. Zusammen bewundern sie die Aussicht. «Wie wunderbar erschien mir die Welt», beschrieb sie ihre verliebten Gefühle. Bereits an Auffahrt, am 23. Mai, hält Franz Borsinger offiziell um ihre Hand an, dies allerdings in schriftlicher Form. Und eine Woche später, am 1. Juni, verloben sie sich. Die Eltern bestimmen den Hochzeitstag und setzen ihn auf den 9. Januar 1871 fest.

Was die vierzehntägige Hochzeitsreise von Joseph und Nanette Borsinger anbelangt, so führte sie die beiden 1845 nach München, der Kunstmetropole des damaligen Europas. Dort traf das frisch vermählte Paar Architekt Jeuch und Caroline Oederlin an, sie hatten acht Tage zuvor geheiratet. Jeuch hatte in München studiert und führte sie zu den Sehenswürdigkeiten. Über Villingen und Stuttgart reisten Nanette und Joseph Borsinger nach Baden zurück.

Mathilde Borsinger schildert im Sylvesterbuch ihre Hochzeit etwas ausführlicher: Die Zahl der geladenen Gäste war mit 52 Personen gross. Mit einem Extrazug fuhren alle nach Brugg und feierten im Hotel «Rotes Haus». Die Hochzeitsreise dauerte lange: Vier Wochen war das Paar unterwegs. Wie schon Nanette und Joseph Borsinger besichtigten auch Mathilde und Franz Borsinger zwanzig Jahre später die Kunstschätze in München. Sie fuhren dann aber weiter nach Augsburg, Stuttgart und Karlsruhe, um dann im zerstörten Strassburg nach Hause gerufen zu werden. Die Bourbaki-Armee war über die Schweizer Grenze getreten, und Franz Borsinger erwartete, als Hauptmann vom Militär aufgeboten zu werden.

Ins kalte Wasser geworfen: anstrengender Start als Hotelière
Für die Aufgabe, als Wirtin mit ihrem Ehemann ein Hotel zu führen, war Nanette Borsinger überhaupt nicht vorbereitet: «Ich war sehr unerfahren im Haushalt, denn im elterlichen Hause musste ich immer im Geschäft sein.» Es war die Schwiegermutter, die sie «mit Liebe, Güte und Nachsicht» einführte. So rät denn Nanette

Borsinger: «Euch ihre jungen Töchter möchte ich zurufen: Befleissigt Euch, auch die kleinste Arbeit einigemal selbst zu machen. Ihr werdet gewinnen an Erfahrung, im Arbeiten, im Denken, im richtigen Befehlen. Scheut Euch nicht, vor der Pensionszeit alles helfend mitzumachen, wo ihr noch unbefangen könnt. Wie wohl kommt es Euch, wenn Euer Mädchen einige Tage unwohl ist, dessen Arbeit selbständig zu bemeistern, mit Ruhe und Sicherheit!»

Ins kalte Wasser geworfen fühlte sich dreissig Jahre später auch Mathilde Borsinger. So streicht sie zwar in ihrer Biografie heraus, dass sie nach dem Tod der Mutter mit «Umsicht und Eifer den kleinen Haushalt [des Vaters, Verf.] leitete» und sich Kenntnisse anzueignen suchte, indem sie «Küblers Hauswesen» las und Abhandlungen über Gartenbau und Hühnerzucht studierte. Doch das war Theorie. Sie hatte im Grunde genommen keine Erfahrung, wie ein grosser Haushalt zu leiten war. Kurz nach den Flitterwochen übergab die Schwiegermutter ihr die «Schlüssel zum alleinigen Schalten und Walten als Hausfrau». Die ersten «zehn französischen Offiziere», die sich einquartierten, boten die erste Gelegenheit, sich für den Sommer «einzuüben». Als eigentlicher Lehrmeister entpuppte sich ihr Ehemann Franz. Er brachte seiner Frau das Wissen und Können einer «Hausmutter» bei! Das bedeutet aber, dass eine scharfe Trennung der Arbeitsbereiche, wie sie sonst postuliert wurde, im Hotelbereich nicht nützlich war. Sowohl der Mann als auch die Frau wussten genau Bescheid über die Finanzen oder die Haushaltsführung und konnten einander vertreten![4] Erstaunlich für jene Zeit ist dennoch: Beide Frauen stammten aus dem Gewerbe und hatten fast keine Haushaltserfahrung.

Alltag einer Hoteliersfrau: Angestellte führen, Gäste unterhalten, Finanzen regeln
Dass man sich in Baden während des ganzen Jahres zur Kur begab, war in der ersten Hälfte des 19. Jahrhunderts noch nicht üblich.[5] Die Saison für Hotelgäste war im Sommer; während des Winters gingen die Gastwirte einem anderen Verdienst nach. So erzählt Mathilde Borsinger von ihrem Schwiegervater Carl, dass er mit seiner neuvermählten Frau im Sommer 1841 das «Wirtschaftswesen» betrieb, im Winter aber sein gelerntes Handwerk in der Kerzenproduktion ausübte. «Zu seiner Zeit schämten sich die Gasthofbesitzer keineswegs, nebenbei auch schlichter Arbeiter zu sein. So schaffte Carls Vater als Leinenweber, Herr Nieriker im Limmathof als Küfer, Herr Jeuch, alt Sonnenwirt als Schreiner, Herr Meier-Attenhofer zum Raben übte sich sogar als Kunstmaler.» Vierzig Jahre später hatte sich dies geändert. Im aufstrebenden Kurbetrieb beherbergte man während des ganzen Jahres Gäste.

Wie man sich den Arbeitsalltag der Hoteliersfrauen vorzustellen hat, darüber geben die Chroniken nicht ausdrücklich Auskunft. Vor allem deshalb steht die

Arbeitswelt der Frauen in ihren Schilderungen nicht im Vordergrund, weil sie sich nicht mit geschäftlichen Erfolgen auszeichnen durften. Für Frauen anerkannte Werte bedeuteten, häusliches und familiäres Glück zu erreichen. Dies ist denn auch der Grundtenor in den Jahresrückblicken Mathilde Borsingers: Geburten, Krankheiten, Heiraten und Todesfälle stehen an erster Stelle. Kurz erwähnt wird der Geschäftsgang oder ein besonderes politisches Ereignis. So heisst es zum Beispiel 1894: «Freudiger Dank beseelt mich, denn neben einem einträglichen arbeitsreichen Geschäftsjahr habe ich nichts zu verzeichnen, das schmerzlich eingriff in unseren Familienkreis.»

Der Bericht Nanette Borsingers dagegen erschliesst zwischen den Zeilen eine grössere Vielfalt an Tätigkeiten. Die Anschaffungen für den neu gebauten «Verenahof» plante die Ehefrau mit tatkräftiger Unterstützung der Schwiegermutter. In Nanette Borsingers Zuständigkeitsbereich fiel die Haushaltsführung, das heisst das Organisieren des Essens, der Zimmerreinigung, der Wäsche, der Einteilung des Personals. Zugleich konnte sie ihre Kenntnisse aus dem Handelsgeschäft ihrer Eltern einbringen. Sehr wahrscheinlich war sie für die Warenbestellungen zuständig, denn sie schreibt, dass sie anfangs zwar Warenkenntnisse besass, aber noch von so vielem keine Ahnung hatte.

Ein anderer Arbeitsbereich einer Hotelière betraf den gesellschaftlichen Teil. Sich um das Wohl der Gäste zu kümmern, hiess auch, sie zu unterhalten. Einen speziellen Fall schildert Nanette Borsinger 1846: Kurz nach der Neueröffnung hatten sie im Juli nur einen einzigen Gast, einen reichen Bauern aus Zell. Ihm leistete sie beim Mittagessen jeweils Gesellschaft. Auch im Service übernahmen Frauen Pflichten. Nach dem Neubau des «Verenahofs» 1874 waren die drei Kinder – zwei Töchter und ein Sohn – selbstverständlich im Betrieb involviert. «Diesen drei Kindern war das ganze Geschäft überlassen», schildert Nanette Borsinger die Situation! So verrichtete die Tochter Anna Büroarbeit: «Auf dem Bureau arbeitete neben Eugen die gute Anna, sie war unablässig fleissig und bescheiden.» Hier wird deutlich: Frauen wie Männer verrichteten im Prinzip dieselbe Arbeit. Von ihrer 23-jährigen Tochter erzählt Nanette Borsinger: «Stephanie half getreulich mit und schaltete und waltete im Saal. Sie leitete mit Aufmerksamkeit für jedermann den Frühstückstisch. Bei der Table d'hôte [das Mittagessen, Verf.] ordnete sie mit feinem Takt die Bedienung, war aufmerksam für kleinere und grössere Wünsche der Gäste, und sie unterhielt sie, sie war ihrer Aufgabe gänzlich gewachsen.» Auch im Servicebereich verrichteten Männer wie Frauen dieselbe Arbeit. Denn als der jüngste Bruder Joseph aus seiner Lehrzeit zurückkehrte, übernahm er den Job der älteren Schwester Stephanie.

Auch Mathilde Borsinger beschreibt, wie wichtig die Töchter im Hotelbetrieb waren. Die Heirat der ältesten Tochter verlangte von ihrer Schwiegermutter «ein

Den Umbau des «Verenahofs» erlebte Nanette Borsinger-Rohn kurz nach ihrer Heirat. Die zwei Gasthöfe «Halber Mond» und «Löwen» wurden zu einem Haus umgebaut, dem hier abgebildeten «Verenahof» um 1870. Als Verlobungsgeschenk erhielt Nanette von Joseph Borsinger die Pläne des zukünftigen Hotels in verkleinertem Massstab. (Sammlung Historisches Museum Baden)

Opfer vom treuen Mutterherzen». «Unendlich schwer war diese Trennung, da die liebe Lina bis dahin als zunächststehende einzige Stütze der teuren Mutter galt.» Als Lina Borsinger heiratete und das Hotel Blume verliess, musste der Bruder Franz Borsinger seine Ausbildung in England abbrechen und nach Hause zurückkehren!

Die Ehefrauen wussten ganz genau Bescheid über die Rechnungsführung und den Geschäftserfolg. Nanette Borsinger nennt den exakten Betrag ihrer ersten Saison: Sie nahmen 5612 Franken ein. Ein gutes Jahr war 1849: Die Einnahmen betrugen Anfang November 14000 Franken. Schon vor ihrer Ehe wusste sie, was nach der ersten Saison als Hotelière auf sie zukam: Während ihrer Verlobungszeit schenkte ihr Joseph Borsinger «copierte Pläne ... verkleinerten Massstabs» des zukünftigen, ausgebauten «Verenahofs». Doch erst auf der Hochzeitsreise gestand er ihr, dass er wegen der Quellfassung 20000 Franken Schulden hatte.

Wie intensiv die Ehefrau in die Geschäftsführung involviert war, verdeutlicht der Nachruf zum unerwarteten Tod von Franz Borsinger, Hotelier der «Blume». «Er besprach mit seiner getreuen Gattin geschäftliche Dinge», seine Frau verliess ihn nur wenige Minuten, und als sie zurückkehrte war er bereits tot.[6] Mathilde Borsinger wusste genau Bescheid über die Finanzen. In ihren Rückblicken ist immer wieder die Rede von einem erfolgreichen oder weniger glücklichen Geschäftsjahr. Ihr Mann starb in einem schwierigen Moment: Er hatte den Einbau des ersten Personenlifts in Baden geplant, eine riesige Investition. Es lag nun an Mathilde, dies umzusetzen. Sie unterzeichnete den Vertrag mit der Firma Schindler, der 19-jährige Sohn Max hingegen beaufsichtigte die Ausführung. Mathilde Borsinger führte das Hotelgeschäft, obwohl sie sich in der Chronik nicht als Geschäftsfrau, sondern als «wackere Hausmutter» beschreibt. 1898 verkaufte sie die Landwirtschaft. Mathilde Borsinger führte Neuerungen ein: «Stillestehen heisst Rückwärtsgehen, solches will ich aber an der alten Blume nicht sündigen.» So liess sie 1908 eine Zentralheizung einbauen. Auch wenn sich Mathilde Borsinger immer wieder als Hausmutter bezeichnete, identifizierte sie sich mit ihrer Arbeit als Hotelleiterin. Die Übergabe des Hotels an ihren Sohn Max am 1. Februar 1909 stürzte die 57-Jährige in eine grosse persönliche Krise.

Familienleben mit Gästen: wenig Privatsphäre
Berufsleben und Privatsphäre wurden im Lauf des 19. Jahrhunderts immer mehr voneinander getrennt. Das Wohnzimmer als Raum für die Familie entstand, die Bediensteten waren nicht mehr im Familienkreis eingeschlossen. Nanette Borsinger schildert jene Situation in ihrem Elternhaus: «Dazumal genoss noch jeder Commis Pension beim Prinzipal.» Ein grossbürgerliches Familienleben getrennt von der Arbeitswelt war im Gastgewerbe nicht möglich. Die fehlende Privatsphäre

im gesamten Hotelbetrieb schildert eindrücklich Nanette Borsinger: «Als nun Joseph nach Hause kam, bemerkte ich, dass Wichtiges seinen Geist beschäftigte. Nach dem Mittagessen lud er mich zu einer kleinen Promenade in den Badgang ein, der Ort, wo so oft Fragen und Antworten zurechtgelegt wurden, und wo man hinging, wenn man ungestört reden wollte.»

Starben Eltern, Geschwister oder Kinder, so durften die Gäste nicht durch die Trauerstimmung der Wirtefamilie bedrückt werden. Nanette Borsinger beschreibt diese schwierige Situation 1853, nachdem in den vier vorangegangenen Jahren ihre Schwiegermutter gestorben, ein Kind geboren und drei Monate später ein Kind gestorben war und zudem erst vor kurzem ihr Neffe Franz Borsinger unerwartet verschieden war: «Wir erfreuten uns mit unseren vier lieben Kindern guter Gesundheit, und zwischen Angenehmen und Unangenehmen, wie es ein öffentliches Berufsleben mit sich bringt. Eine Verdriesslichkeit wird durch eine folgende vergessen, ohne dass ein Gast, ein Fremdling etwas davon ahnen durfte.» Eine unangenehme Situation muss auch eine Niederkunft ausgelöst haben. Nanette Borsinger erzählt von Franz Borsingers Geburt, dem Neffen ihres Mannes. Er «kam im alten Wachszimmer im Hinterhaus zur Welt. Das ganze Haus war mit Gästen besetzt, denn es war Mitte Juni. Die neue Mutter zog es vor, in einem ruhigen, unansehnlichen Winkelchen ihre Wochen zuzubringen.»

Prinzipiell war im Hotelbetrieb eine geschlechterspezifische Aufteilung der Arbeit nicht sinnvoll. Beide Partner mussten in der Lage sein, den anderen im Krankheitsfall zu vertreten oder im Todesfall sogar gänzlich zu ersetzen. Das bedeutete insbesondere, dass alles Finanzielle miteinander abgesprochen wurde. Ohne das Einverständnis der Ehefrau wurden keine grossen Investitionen getätigt. Dennoch waren es im 19. Jahrhundert die Männer, die den Ausbau des Hotelbetriebs vornahmen und damit auf die gesellschaftlichen Veränderungen des Kurbetriebs reagierten. Es war Joseph Borsinger, der den «Verenahof» 1846 vergrösserte. Auch Franz Borsinger, der Ehemann von Mathilde Borsinger-Müller, baute bereits nach seiner ersten Saison das Hotel «Blume» um, nachdem seine Mutter, Josephine Borsinger-Heer das Haus während zwanzig Jahren ohne grosse Veränderungen geführt hatte. Frauensache, so scheint es, war das Weiterführen des Status quo. Erst zu Beginn des 20. Jahrhunderts initiierte Mathilde Borsinger Veränderungen in der «Blume». Auch wenn sie ganz Geschäftsfrau war, so vermittelt sie in ihren Schilderungen von sich ein traditionelles Bild der damaligen Frau. Die Selbstdarstellung als «wackeres Hausmütterchen» hatte sie verinnerlicht.

Anmerkungen

[1] Fricker, Bartholomäus: Illustrierter Fremden-Führer für die Stadt und Bäder zu Baden in der Schweiz nebst Karte von der Umgebung, o.O. 1874, 36–37, 88–90.

[2] Alle zitierten Textstellen in diesem Artikel zur Familie Franz Xaver Borsinger und Mathilde Borsinger-Müller, Hotel Blume, stammen aus: Sylvesterbuch der Mathilde Borsinger-Müller. Familienchronik der Borsinger zur «Blume» in Baden, Basel 1997, Original im Historischen Museum Baden.

[3] Alle zitierten Textstellen zur Familie Joseph Borsinger und Nanette Borsinger-Rohn, Verenahof Baden, stammen aus: Chronik Nanette Borsinger, Typoskript Verena Füllemann und Historisches Museum Baden.

[4] Ein weiteres Beispiel: Mathilde Borsinger-Müller war mehrmals schwer krank. Nach der Geburt des zweiten Kindes litt sie an Kindbettfieber. Nach einer Frühgeburt war sie für sieben Monate so geschwächt, dass sie aufwändigste Pflege und Kuren brauchte. Sie schreibt dazu: «Er [Franz, Verf.] musste nicht nur die Mühen des Geschäftslebens allein und ungeteilt tragen, auch meine Pflege besorgte er mit hingebender Geduld.» Sylvesterbuch, 36.

[5] Noch 1849, so scheint es, wurde der Hotelbetrieb im Winter eingestellt. Die Schlussabrechnung erfolgte auf Martini, also Anfang November. Chronik Nanette Borsinger, 87.

[6] Zeitungsausschnitt mit Todesanzeige, loses Blatt im Original-Sylvesterbuch.

Von der «wahrhaft unglücklich Verführten» zur «reuigen Verbrecherin»
Josepha Kählin: Dienstmagd und Kindsmörderin

Flavia Restaino Strickler

Am 16. März 1815 fällt das Appellationsgericht des Kantons Aargau unter dem Vorsitz von Johann Baptist Jehle das Todesurteil über die Dienstmagd Josepha Kählin; sie ist des Kindsmords für schuldig befunden worden. Am Freitag, dem 14. April 1815, wird das Urteil in Baden vollstreckt.[1]

Zahlreiche Untersuchungen zum Phänomen der Kindestötung im 19. Jahrhundert kommen zum Schluss, dass die meisten der späteren Kindsmörderinnen Dienstmägde gewesen waren.[2] Der Beruf der Dienstmagd scheint Merkmale aufzuweisen, die die Kindestötung geradezu begünstigen. Welche Lebens- und Handlungsspielräume prägten das Dasein einer Dienstmagd? Inwiefern lief eine Dienstmagd eher als andere Frauen Gefahr, zur Kindsmörderin zu werden? Am Beispiel Josepha Kählins wird eine Antwort auf diese Fragen gesucht. Zuerst aber soll ihr Leben, soweit es sich aus den Akten des Staatsarchivs des Kantons Aargau rekonstruieren lässt, aufgerollt werden:[3]

Josepha Kählin stammt aus Einsiedeln. Sie ist 23 Jahre alt, ledig, katholisch und ohne Vermögen. Eineinhalb Jahre vor ihrer Verurteilung hat sie ihre Heimat «armutshalber» verlassen, um sich anderswo ihren Unterhalt zu verdienen. In Freiburg findet sie eine Stelle als Dienstmagd, wird jedoch im April 1814 «wegen unsittlichem Wandel und Verdacht wiederholter Entwendungen aus dem Kanton verwiesen». Danach hält sie sich, ebenfalls als Dienstmagd, für mehrere Monate in Basel und bei Burgfelden im Elsass auf. Nachdem sie merkt, dass sie schwanger ist, kehrt sie «unter Begleit einer fremden Weibsperson, die sie in Burgfelden unter dem Namen Straussmacherin kennen gelehrnt» hat, in die Schweiz zurück. Am 25. Oktober 1814 gebärt sie in Göslikon mit Hilfe der Ortshebamme und lässt das Kind dort «unter Angabe eines falschen Namens und als ehelich» taufen.

Vierzehn Tage nach der Geburt geht Josepha Kählin mit ihrem Kind «auf dem Bettel im Land herum». In Baden wird sie von der Polizei aufgegriffen und soll als Kantonsfremde aus dem Aargau ausgeschafft werden. Über Wettingen und Würenlos wird sie von Wache zu Wache geführt. Da aber bei ihrer Ankunft der Ammann von Würenlos gerade nicht zu Hause ist, händigt man ihr den Pass wieder aus und lässt sie laufen.

Bei Oetwil fährt Josepha Kählin über die Limmat und gelangt so nach Spreitenbach. Hier hält sie sich zwei Tage und Nächte auf und erhält «von guten Leüthen» Nahrung für sich und ihr Kind. «Während dieser Zeit habe sie überdacht, dass sie Schande halber nicht nach Hause gehen dörfe, und dort keine Unterstützung finden würde, dass sie ihres unehelichen Kindes wegen schwerlich Arbeit finden werde, auch nirgends betteln dörfe, und so weder sich noch ihr Kind von Kälte schützen, kleiden und erhalten könne». Diese trüben Gedanken hätten in ihr «den unglücklichen Vorsatz» geweckt, «das Kind wegzuschaffen und zu erseüffen».

«Mit diesem Vorsatz seye sie von Spreitenbach weg gegen die Limmath gegangen, und habe das Kind in einen auf dem Felde gefundenen Wassergraben geworfen, so fort, da dasselbe bey der Herausnahme noch Leben gezeigt, mit der Hand am Halse gewürgt, bis es die Zunge herausgestreckt, und endlich mit einem aufgegriffenen Feldstein so lange auf den Kopf geschlagen, bis es ganz tod gewesen sei. Nach vollendetem Mord habe sie das Kind näher gegen der Limmath zu in einen kleinen Grundhaufen verborgen, worauf sie voll Unruhe im Land herum gelaufen bis sie unterm 28ten Christmonat [Dezember] abhin in Baden angehalten worden sey».

Das Appellationsgericht hält in der Urteilsbegründung fest, dass die gerichtlich erhobenen Tatumstände in vollkommener Übereinstimmung mit den «freywilligen Eingeständnissen» von Josepha Kählin stünden. Das Kind sei am 16. Dezember an der von ihr angegebenen Stelle gefunden worden[4] und habe «nach ärztlichem Befinden Merkmale verübter Gewaltthat, nemlich die Zersplitterung des Hirnschädels, welche den Tod des Kindes schlechthin zur Folge haben musste», gezeigt. Das Gericht fällt das Urteil einstimmig: Josepha Kählin sei des Verbrechens des vorsätzlichen Kindermordes schuldig und werde nach § 115 des Kriminalstrafgesetzes zum Tode verurteilt; die Kosten für das Verfahren und die Gefangenschaft sowie jene für die Hinrichtung seien aus ihrem Nachlass zu bezahlen.

Am 18. März 1815 verfasst «der gerichtlich aufgestellte Vertheidiger» zuhanden des Kleinen Rates «im Namen der unglüklichen Petentin» ein Begnadigungsgesuch. Daraus sind weitere Einzelheiten zur Biografie Josepha Kählins und zu den Umständen der Kindestötung zu erfahren; teilweise widersprechen sie jedoch den in der Urteilsbegründung des Appellationsgerichts gemachten Angaben.

Josepha Kählin habe neun Jahre vorher, als sie also etwa 14 Jahre alt war, ihre «armen aber rechtschaffenen Eltern» verloren. Als mittellose Waise habe sie sich eine Stelle als Dienstmagd suchen müssen. In Freiburg im Uechtland sei sie bald «ein Opfer der Verführung» geworden. Erst in Basel habe sie ihre Schwanger-

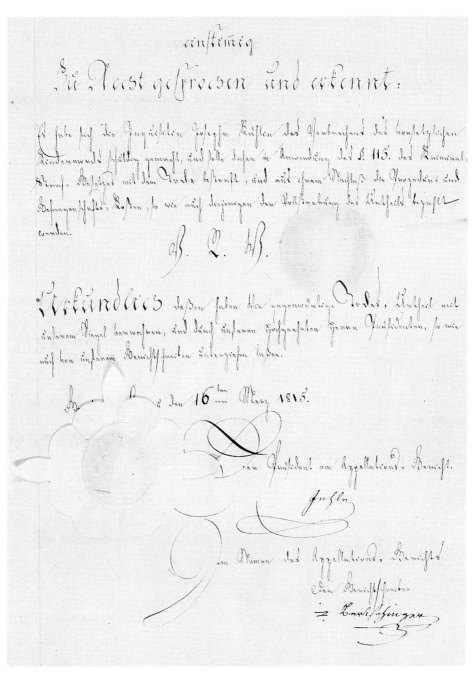

Nach ausführlicher Urteilsbegründung haben Präsident und Mitglieder des Appellationsgerichts «einstimmig zu Recht gesprochen und erkennt: Es habe sich die Inquisitin Josepha Kählin des Verbrechens des vorsetzlichen Kindermords schuldig gemacht, und solle daher in Anwendung des §. 115. des Kriminal-Straf-Gesetzes mit dem Tode bestraft, und aus ihrem Nachlass die Prozedur- und Gefangenschafts-Kosten, so wie auch diejenigen der Vollstrekung des Urtheils bezahlt werden».

schaft bemerkt; sie habe einen Ort für die Niederkunft gesucht und sei nach Göslikon gekommen. Hier habe sie im Stall von Martin Seiler ihr Kind geboren. Schon nach vierzehn Tagen, bevor sie sich von der Geburt erholt hatte, habe sie auch diesen Aufenthaltsort verlassen müssen. Sie habe nicht gewusst, wohin sie sich mit dem Kind wenden solle. In ihre Heimat zurückzukehren, habe sie nicht gewagt, da sie dort mit wenig oder keiner Unterstützung rechnen konnte; «sie wusste, dass sie dort anderthalb Stunde lang zur Schande auf der Kirchentreppe hätte stehen müssen, weil sie nicht ein Vermögen von acht Diken oder zwei Kronen besass, um diese öffentliche Ausstellung mit Geld abzukaufen». In der Gegend von Baden habe sie sich mit Betteln noch einige Tage durchgeschlagen, aber auch diese Möglichkeit sei ihr genommen worden. Die Polizei habe sie angehalten, und sie hätte über die Kantonsgrenze hinausgeschafft werden sollen. «Allein wegen der *zufälligen* Abwesenheit des Gemeindeammanns zu Würenlos wurde sie der Polizeiaufsicht entzogen.» In Spreitenbach habe sie zwei Nächte verbracht, und «hier – in der grössten Armuth – ohne ein einziges Hilfsmittel, sich und ihr Kind zu ernähren, – selbst mit wenigen Lumpen bedekt, von denen sie dem nakten Kind bey der anfangenden herben Witterung nichts mittheilen konnte, – fasste sie den widernatürlichen Vorsaz, ihr Kind zu morden, weil sie hofte (so äusserte sie sich gegen den unterzogenen Vertheidiger) dass es ihm besser sey; als wenn es am Leben bleibe».

Der Verfasser des Begnadigungsgesuchs betont eine wichtige, oft ausser Acht gelassene Tatsache: Ein abgelegtes Geständnis bietet keine Gewähr dafür, dass sich ein Tatbestand auch so abgespielt hat. Er unterstellt, dass Josepha Kählin möglicherweise mehr gestanden habe, als sie in Tat und Wahrheit begangen habe. «Sie vollbrachte den Mord mit Umständen, *welche* zwar von ihr angegeben, aber durch ärztliche und gerichtliche Untersuchungen *nicht gesezerforderlich erwahret* sind. Durch diess ihr Eingeständniss wird die Delinquentin des auf sie geklagten Verbrechens überwiesen erklärt: und sie soll dafür mit dem Tode bestraft werden.»

In der Folge versucht der Verteidiger, die kaltblütige Art und Weise, mit der Josepha Kählin das Kind getötet haben will (zuerst der Versuch, es zu ertränken, dann der, es zu erwürgen, und schliesslich das Totschlagen), so zu deuten, dass sie dabei gar nicht bei Sinnen gewesen sein *könne,* also nicht vorsätzlich gehandelt habe. Er weist nochmals auf die extreme Armut und die aussichtslose Situation hin, in der sich Josepha Kählin nach der Geburt des Kindes befunden habe. Dadurch und durch die «Rükerinnerung an den, der sie zuerst um ihre Unschuld betrog, der sie und ihren Säugling der Schande, dem äussersten Elend, und der Verzweiflung preis gab», sei sie «für jeden Eindruk natürlichen Gefühls abgestumpft» worden. In Anbetracht dieser Umstände könne «wahrlich … nicht behauptet werden, dass die Unglükliche *vor der That* in dem Zustand des vollkommenen freyen Willens sich befunden, und dass sie den direkten Vorsaz zum Mord ihres Kindes habe fassen können. Und wenn die Delinquentin den Mord so verübt hat, wie sie solchen angegeben; so kann unmöglich angenommen werden, dass sie *bey und während der That* ihrer Sinne und ihrer Vernunft mächtig gewesen sey. Ein wildes Thier mordet seine Jungen nicht: und ein Mensch – eine Muter sollte *bey vernünftigen Sinnen* ihr Kind auf eine drey- oder vierfache Weise morden können! … Sie hat ihr Verbrechen in einer verzweiflungsvollen Lage – in einem Zustand von Sinnesverwirrung begangen, in welcher sie ihrer widernatürlichen Handlung sich nicht bewusst war.» Dieses Begnadigungsgesuch wird am 22. März 1815 «zur Untersuchung und Bericht» an das Justizdepartement weitergeleitet.

Auch Pfarrer Josef Theodor Keller von Baden schreibt am 19. März 1815 einige wenige Zeilen über Josepha Kählin, die dort im Gefängnis sitzt. Er habe «gefunden und entdekt, dass sie eine wahrhaft unglücklich Verführte [ist], und von Armuth und Noth gedrungen diese That ausgeübt hat».

Am 22. März 1815 informiert der Kleine Rat das Bezirksamt Baden darüber, dass das Todesurteil über Josepha Kählin bereits ausgesprochen und dass ein Begnadigungsgesuch eingereicht worden sei. Das Schreiben enthält eine Ermahnung: «In Erwartung des Entscheids über diese Bite erfordert schon die Menschlichkeit, dass nicht nur keinerley Vorbereitung für Vollstrekung dieses Urtheils gemacht, sondern auch dass der Inhalt desselben vor der Kälin geheim gehalten werde: Ihr seyt beauftragt Euch in diesem Sinne zu benemmen und diese Unsere bestimmte und ernstliche Willensmeinung dem Gericht sowie den betreffenden Personen welche zu derselben Zutritt haben zu ihrem Verhalten bekannt zu machen.»

Der Bericht des Justizdepartements findet sich als Entwurf in den Akten des Regierungsrates. Der Verfasser hält zuerst fest, dass das Appellationsgericht aufgrund der Untersuchungsakten gar keine andere Wahl gehabt habe, als Josepha Kählin zum Tode zu verurteilen. Gleichzeitig bedauert er, dass während der Untersuchung der Gemütszustand der Verurteilten in den Tagen vor der Tat nicht besser ermittelt worden sei, etwa durch Befragen von Zeugen und anderen Personen, die sie gesehen hatten. Dies hätte nach Meinung des Verfassers zwar nicht die Richter, aber möglicherweise die Begnadigungsbehörde zu einer milderen Beurteilung des Verbrechens bewegen können.

Neben den bereits in der Verteidigung und der Begnadigungsbitte genannten Milderungsgründen steht für den Verfasser vor allem ein Umstand im Vordergrund, der die Schuld der Verurteilten mildere. Es sei ein von allen Kriminalrechtslehrern anerkannter Grundsatz, dass es nicht damit getan sei, dass der Richter die Verbrechen bestraft, sondern dass die Staatsgewalt auch «die heilige Pflicht auf sich habe, Verbrechen soviel möglich zu verhindern». In den Umständen, die Josepha Kählins Tat vorangegangen seien, finde man «einen traurigen Beweis der Nachlässigkeit mehrerer öffentlichen Behörden in Erfüllung dieser ebenbenannten Pflicht». Die Verbrecherin sei durch die Sorglosigkeit mehrerer Amtsstellen zu ihrem Verbrechen beinahe getrieben worden.

Der Tadel des Aargauer Justizdepartementes richtet sich zuerst gegen den Heimatkanton Josepha Kählins, den Kanton Schwyz. Als «20jährige Tochter» sei sie «in die weite Welt» geschickt worden, um sich ihren Lebensunterhalt zu verdienen. Kein Vormund habe sich um die Waise, keine Waisenbehörde um ihren Aufenthalt oder die Auswahl ihres Dienstortes gekümmert. Sie habe lediglich einen Heimatschein mit sich genommen. «Seit ihrer Entfernung von ihrem Vaterort, war uns ihr Aufenthalt unbewusst», habe der Bezirksrat von Einsiedeln an die Aargauer Kriminalkommission geschrieben. «Wäre es nicht ein Wunder gewesen, wenn bei solcher Sorglosigkeit die sich überlassene Waise nicht ein Opfer der Verführung, und sonach nicht eine liederliche Dirne geworden wäre?» fragt der unbekannte Verfasser.

Die weitere Kritik richtet sich gegen Freiburg. Nachdem Josepha Kählins «liederlicher Lebenswandel» und ihre kleinen Veruntreuungen der dortigen Polizeibehörde bekannt geworden seien, habe sich diese damit begnügt, ihr den Aufenthaltsschein für Freiburg zu entziehen und den Heimatschein auszuhändigen, mit dem sie dann habe weiterziehen können. Dies sei ein Fehler gewesen, denn «wie wohlthätig müsste es für diese unsittliche Person gewesen seyn, wenn ihre Sittenlosigkeit ihrer Amtsbehörde in Einsiedeln angezeigt worden wäre, wodurch sie unter Aufsicht gekommen wäre, statt dass ihr blos der Heimathschein wie ein Freybrief zu Fortsetzung ihres liederlichen Lebens an einem andern Orte behändigt worden ist».

Positiv bewertet wird dagegen die Anordnung des Badener Bezirksamtmannes, dass eine in seinem Bezirk sich aufhaltende «ledige, fremde Weibsperson mit einem neugebohrnen Kinde» an ihren Heimatort zu führen sei. Diese Anordnung sei zweckmässig und notwendig gewesen. Leider sei Josepha Kählin durch die zufällige und bedauerliche Abwesenheit des Gemeindeammanns von Würenlos erneut sich selbst überlassen worden und habe «in diesem unbeaufsichteten Zustand ... gedrückt von Mangel und Elend das Verbrechen» begangen.

Erstaunlicherweise betont der Verfasser zum Schluss, er sei nicht zur Gewissheit gelangt, dass Josepha Kählin die Tat mit besonderer Grausamkeit verübt habe. Das Verbrechen bestehe im Ertränken des Kindes. «Die fortgesetzten Handlungen zu Tödtung des Kindes, die freilich eine kannibalische Rohheit *ohne* Kenntnis des Intentes andeuten können, sind vielleicht aus wieder erwachten Mutter- und Humanitätsgefühlen entstanden. Sie tödtete das Kind, weil sie glaubte, dass es ihm so besser gehe. Wenn der Fuss des Spaziergängers ein Würmchen trifft, dass es hievon zappelt, so wird der humane Mann das dem Tode nahe Thierchen sogleich zerquetschen; der fühllose bekümmert sich nicht um die Zuckungen und wandelt weiters.» Trotz diesen Betrachtungen plädiert der Verfasser nicht für Gnade gegenüber Josepha Kählin: der Entscheid bleibe der Weisheit und Milde der zuständigen Herren überlassen.

Am 10. April 1815 erfolgt die Anordnung von «Bürgermeister und Rath des Kantons Aargau», dass das gegen Josepha Kählin von Einsiedeln gefällte Todesurteil «seinem ganzen Inhalte nach vollzogen und befolget werden solle». Der Vollziehungsbeschluss trägt die Unterschrift von Amtsbürgermeister Karl Friedrich Zimmermann. Am selben Tag wird dem Bezirksamt Baden mitgeteilt, der Kleine Rat habe zu seinem Bedauern keine Gründe gefunden, um dem Grossen Rat die Begnadigung Josepha Kählins vorzuschlagen. Die Verurteilte solle daher durch Geistliche auf den Tod vorbereitet werden; das Urteil sei am Freitag, dem 14. April 1815, zu vollstrecken.

Der Kriegsrat wird angewiesen, zu diesem Anlass «unter Commando eines tüchtigen Officiers, eine halbe Campf Militz» nach Baden zu beordern; das Polizeidepartement solle eine verstärkte Anzahl von Landjägern unter die Befehle des dortigen Bezirksamtmanns stellen. Diese Massnahmen würden zur Aufrechterhaltung von Ordnung und Anstand bei «dieser ernsten Handlung» ergriffen.

Philipp Bernhard Nieriker, Badener Bezirksamtmann, schreibt seinen vergleichsweise kurzen Bericht zuhanden des Kleinen Rats noch am Tag der Hinrichtung. Josepha Kählin sei das Urteil vormittags um halb zehn vor dem versammelten Bezirksgericht «auf dem Plaz bey der sogenanten ehemaligen Schloss Scheune» vorgelesen worden. «Mit der grössten Geistesgegenwart, und Fassung hörte sie dasselbe an, dankte nochmals der Hohen Obrigkeit für dies ihr gerechtes Urtheil, und bat zu allgemeiner Rührung mit lauter und vernehmlicher Stimme alle anwesenden, ihre Strafe, der sie nun billig, entschlossen, und getrost entgegengehe als wahrnendes Beyspiel sich in ihre Herzen zu prägen. Hierauf wurde die Delinquentin in die Hände des Scharfrichters übergeben, auch unter beständigem Gebett, und Trosteinsprechungen der Geistlichen gegen der Richtstatt geführt ... der Scharfrichter tratt zu ihr – und mit Schlag halb eilf Uhr war der Kopf dieser reuigen Verbrecherin glüklich und schnell vom Rumpf getrennt.»

Nun habe Stadtpfarrer Keller «zu allgemeiner Erbauung eine sehr schöne auf diesen Anlass passende Rede [gehalten], die allerdings geeignet war auf die Herzen aller anwesenden stärksten, und besten Eindruk zu machen. Nach Beendigung derselben, wurde der Körper der Delinquentin bey der St. Anna Kapelle, auf dem hiezu bestimmten Beerdigungs plaz begraben, und nun war diese Handlung mit der grössten Ordnung, und würdigem ernsten Umstand beendigt, und dem Willen und Befehl der Hohen Landes Obrigkeit die genauste Vollziehung geschaft.»[5]

Die junge Dienstmagd Josepha Kählin aus Einsiedeln endete also in Baden als Kindsmörderin auf dem Schafott. Kehren wir zur Eingangsfrage zurück: Weshalb scheinen Dienstmägde geradezu prädestiniert gewesen zu sein, eine Kindestötung zu begehen? Durch welche speziellen Lebensbedingungen zeichnete sich diese soziale Gruppe aus?

Der grösste Teil der Schweizer Bevölkerung lebte im frühen 19. Jahrhundert, trotz der sich durchsetzenden Industrie, noch immer von der Agrarwirtschaft; die Gesellschaft war entsprechend ländlich geprägt. Die meisten Menschen lebten sehr bescheiden, wenn nicht sogar in grosser Armut. Vor allem Töchter aus unteren sozialen Schichten waren, kaum erwachsen, gezwungen, sich ausserhalb der Familie einen Verdienst zu suchen. Die Aufnahme der ersten Dienststelle bedeutete für eine Frau, dass sie Elternhaus und Heimatort verliess, um bei fremden Leuten, an einem fremden Ort zu leben und zu arbeiten. Damit begann eine Zeit der Wanderschaft, denn ein häufiger Wechsel der Dienststelle war die Regel. Ein grosser Teil der ländlichen Jugend gehörte zu der zwischen den Dörfern wandernden Gruppe, die sich jährlich an Lichtmess, dem Termin für die Einstellung und Entlassung von Mägden und Knechten, neu in Bewegung setzte. Eine Dienstmagd machte sich auf diese Weise vertraut mit verschiedenen Arbeitsplätzen, Hofgrössen und Familienkonstellationen; diese Arbeitsmobilität enthielt nicht nur Elemente der Vagabondage, sondern ermöglichte einen gewissen Aufstieg als Magd, der abhängig war von Alter, körperlicher Kraft und Erfahrung.[6]

Ein entsprechend unstetes Dasein kennzeichnet auch den Lebenslauf von Josepha Kählin. Mit 22 Jahren war die gebürtige Einsiedlerin schon an mindestens drei Orten im Dienst gewesen. In der Regel bewegten sich Dienstmägde eher kleinräumig. Josepha Kählin jedoch legte erstaunlich grosse Distanzen zurück: Sie diente in Freiburg, das über 130 km von ihrem Heimatort Einsiedeln entfernt liegt, im davon weitere 95 km entfernten Basel, dann im Elsass, was wiederum eine Strecke von circa 50 km bedeutet, und kam schliesslich in den Kanton Aargau, wo es in der Nähe von Spreitenbach, also über 100 km von ihrer letzten Dienststelle entfernt, zur Kindestötung kam.

Infolge des regelmässigen Stellenwechsels war die soziale Situation einer Dienstmagd durch Fremdheit und Isolation geprägt. Eine Magd, die während eines oder zwei Jahre an einer Stelle diente, verfügte über kein soziales Netz und durfte im Falle einer ausserehelichen Schwangerschaft kaum auf Hilfe und Unterstützung hoffen. Dienstmägde konnten aufgrund ihrer mobilen Lebensweise am jeweiligen Aufenthaltsort keine engen Beziehungs- und Solidaritätsnetze knüpfen.

In einem Holzschnitt von 1835 ist am Abhang der Lägern der Richtplatz von Baden zu sehen. Die Darstellung zeigt eine Hinrichtung vor Zuschauern. Auch Josepha Kählin wurde mit grösster Wahrscheinlichkeit an dieser Stelle hingerichtet. (Holzschnitt aus dem Badener Kalender 1835, abgedruckt in Badener Neujahrsblätter 1943)

Die Beschäftigung als Dienstmagd war an den Ledigenstatus gebunden. Ehe und eigene Kinder waren nicht vereinbar mit der Tätigkeit im fremden Haus. Eine Heirat setzte eine gewisse finanzielle Absicherung und Unabhängigkeit voraus, die zu erlangen einer Magd erst nach vielen Dienstjahren gelang. Auswärtige Frauen, die in eine Aargauer Gemeinde einheirateten, mussten das so genannte Weibereinzugsgeld bezahlen. Es handelte sich um einen Betrag zwischen 20 und 100 Franken; die wohlhabenden Stadtgemeinden Aarau, Baden, Bremgarten, Brugg, Lenzburg, Rheinfelden, Aarburg und Zofingen forderten den Höchstbetrag. So genannte landesfremde Weibspersonen, das heisst Nichtaargauerinnen, hatten sich zusätzlich über den Besitz oder die Anwartschaft von mindestens 300 Franken auszuweisen. Was diese Summen für eine Dienstmagd bedeuteten, zeigt ihr Lohn: sie verdiente neben Kost und Logis etwa 50 Franken im Jahr.[7] Diese Ehehindernisse, die Angehörigen der unteren Schichten in den Weg gelegt und erst mit der Bundesverfassung von 1874 beseitigt wurden, erklären das hohe durchschnittliche Heiratsalter von Frauen und Männern, die ausserehelichen sexuellen Kontakte und die hohe Illegitimitätsrate der Kinder aus dieser sozialen Gruppe.

Die Ehe und die dafür erforderliche materielle Basis waren das klare Ziel einer Dienstmagd; während der Gesindezeit wurde auf die spätere Heirat hin gespart und nach einem Ehegatten Ausschau gehalten. Die Zeit als Dienstmagd war also eine Übergangsphase, die sehr viele Frauen durchliefen, bevor sie heirateten und einen eigenen Haushalt gründeten.

Da die Behörden in Fällen von Kindsmord kaum Interesse am jeweiligen Kindsvater zeigten, bleibt dessen Identität entweder gänzlich im Dunkeln oder aber sehr unbestimmt. Im Begnadigungsgesuch für Josepha Kählin ist die Rede von dem, «der sie zuerst um ihre Unschuld betrog, der sie und ihren Säugling der Schande, dem äussersten Elend, und der Verzweiflung preis gab». Die in der älteren Fachliteratur vertretene These, der Kindsmord sei «eine Folge der geschlechtlichen Ausbeutung der Unterschicht durch die Oberschicht»,[8] ist widerlegt. Schulte stellt aufgrund ihrer Untersuchung fest, dass die Väter jeweils aus derselben sozialen Schicht wie die Kindsmörderinnen stammten.[9] Viele Partner von Dienstmägden waren demnach Knechte, die sie am Arbeitsplatz kennen lernten. Sexuelle Beziehungen zwischen Mägden und Knechten wurden sehr schnell aufgenommen und waren gleichzeitig sehr flüchtiger Art. Wenn der gemeinsame Arbeitsplatz aufgegeben wurde, was wegen der mobilen Lebensweise des Dienstpersonals nach ein bis zwei Jahren der Fall war, brach auch der Kontakt zwischen dem Paar in der Regel ab. Trotzdem hegten wohl viele der Frauen durchaus die Hoffnung auf eine Heirat. Möglicherweise ging auch die Schwangerschaft von Josepha Kählin auf eine flüchtige Bekanntschaft zurück. Vielleicht hatte der Kindsvater ihr die Ehe

In einem Aquarell von Heinrich Meyer, um 1794, ist hinter dem Landvogteischloss die St.-Anna-Kapelle zu sehen. Dort wurde Josepha Kählin nach ihrer Hinrichtung «auf dem hiezu bestimmten Beerdigungsplaz» begraben. Die idyllisierende Darstellung mit den stilisierten Figuren im Vordergrund verweist in keiner Weise auf Schattenseiten des städtischen Lebens oder tragische Schicksale, gelangten doch Blätter wie diese als Zierstücke in den Verkauf. (Sammlung Laube, Staatsarchiv Aargau)

versprochen, sich dann aber der Verantwortung entzogen. Darüber kann jedoch nur spekuliert werden.[10]

Der übliche regelmässige Dienststellenwechsel bot eine gute Möglichkeit, eine Schwangerschaft weiterhin geheim zu halten. Die neue Umgebung kannte die Frau nur im schwangeren Zustand und ging vielleicht davon aus, es handle sich um deren natürliche Figur. Durch einen Ortswechsel konnte man lästigen Fragen ausweichen und irgendwo unerkannt gebären. So wechselte Josepha Kählin, die in Freiburg schwanger wurde, darauf zweimal die Stelle. Aus unbekannten Gründen kam sie dann in den Aargau, wo sie nicht etwa heimlich gebar, wie dies bei Kindsmörderinnen meistens der Fall war, sondern mit Hilfe der Ortshebamme von Göslikon. Sie nutzte die Chance, die sich ihr dadurch bot, dass sie hier unbekannt war, gab das Kind als ehelich aus und liess es taufen. So versuchte sie, der sozialen Stigmatisierung, die ein illegitimes Kind mit sich brachte, zu entgehen. Denn der Prozess der Sozialdisziplinierung dauerte im 19. Jahrhundert an und fand seinen Ausdruck in der staatlichen Reglementierung und Kriminalisierung von vorehelicher Sexualität und Schwangerschaft und Illegitimität. Der staatliche Zugriff auf die Intimsphäre konnte die Handlungsweise lediger Schwangerer entscheidend bestimmen.

Im 18. Jahrhundert hatten die Humanisierungstendenzen auf dem Gebiet des Strafrechts zu einer neuen Bewertung der Kindestötung geführt.[11] Die Aufklärer machten erstmals auf die sozialen Hintergründe des Delikts aufmerksam; sie sahen vor allem zwei Beweggründe, welche Mütter dazu brachten, «sich an ihrem eigen Fleisch und Blut zu vergreifen»: Armut und Angst vor Schande. Im Fall von Josepha Kählin kommen diese beiden und noch weitere Motive zum Ausdruck: «Während dieser Zeit habe sie überdacht, dass sie Schande halber nicht nach Hause gehen dörfe, und dort keine Unterstützung finden würde, dass sie ihres unehelichen Kindes wegen schwerlich Arbeit finden werde, auch nirgends betteln dörfe, und so weder sich noch ihr Kind von Kälte schützen, kleiden und erhalten könne.» Auch im 19. Jahrhundert waren Frauen, wie zu allen Zeiten, in stärkerem Masse von der Armut betroffen. Der hohe Anteil illegitimer Geburten war zum grossen Teil eine Folge der Massenarmut. Selbstverständlich endete bei weitem nicht jede aussereheliche Schwangerschaft mit einem Kindsmord, eine hohe Dunkelziffer ist jedoch wahrscheinlich. Josepha Kählins Einschätzung, dass sie mit einem Säugling keine Arbeitsstelle finden werde, war sicher richtig. Sie hatte versucht, sich mit ihrem ausserehelichen Kind bettelnd und vagierend durchzuschlagen, und war mit dieser Überlebensstrategie gescheitert. Die Kriminalisierung des Bettelns erschwerte ihr auch diese Alternative. Sie konnte nicht auf den Kindsvater zählen, verfügte über keine Ersparnisse und hatte keine Angehörigen, die sie hätten unterstützen können. Auch die Rückkehr in ihre Heimatgemeinde kam für Josepha Kählin nicht in Frage. Eine Dorfgemeinschaft nahm ledige Mütter, die ihre Finanzen belasteten, nur unwillig auf, was für die betroffenen Frauen äusserst erniedrigend sein musste. Die Furcht, in ihrer Heimatgemeinde öffentlich der Schande preisgegeben zu werden, war ebenfalls berechtigt: «sie wusste, dass sie dort anderthalb Stunde lang zur Schande auf der Kirchentreppe hätte stehen müssen». Die Verhängung solcher Ehrenstrafen wurde also auch noch im 19. Jahrhundert praktiziert.[12]

Der Ruf von Frauen hatte Auswirkungen auf deren Beurteilung durch Gericht und Begnadigungsbehörde. Nicht so positiv wurde der Lebenswandel von Josepha Kählin bewertet: sie war im April 1814 «wegen unsittlichem Wandel und Verdacht wiederholter Entwendungen» aus dem Kanton Freiburg verwiesen worden. Der Bericht des Justizdepartements rügte ihren Heimatkanton, der die junge Waise sich selbst überlassen hatte, statt sie unter Aufsicht zu stellen: kein Wunder, dass sie eine «liederliche Dirne» geworden sei. Weiter ist in dem Bericht von Josepha Kählins «liederlichem Lebenswandel», von ihrer «Sittenlosigkeit» die Rede; sie selbst wird als «unsittliche Person» bezeichnet. Die Angeklagten wurden also in erster Linie aufgrund ihres moralischen und sittlichen Verhaltens beurteilt; die Sexualität der Frauen stand im Vordergrund. Regula Ludi stellt fest, dass «weibliche Devianz [Abweichung] fast immer mit Sexualität in einem Zusammenhang stand». So wurden auch andere Normverstösse wie Bettelei oder Nichtsesshaftigkeit auf den weiblichen Geschlechtstrieb zurückgeführt.[13]

Die Lebensumstände von Dienstmägden waren typischerweise geprägt durch Armut, Migration, unsichere Beschäftigungsmöglichkeiten, Fremdheit und Entwurzelung. Alle diese Faktoren treffen auf Josepha Kählin zu. In einer ausweglosen Lage tötete sie ihr Kind und wurde dafür enthauptet.

Anmerkungen

[1] Im 19. Jahrhundert wurden drei Frauen im Kanton Aargau als Kindsmörderinnen hingerichtet: Im Jahr 1805 bestiegen Ursula Treyer aus Sisseln sowie Magdalena Köhli aus Kallnach, Kanton Bern, das Schafott, und als Letzte wurde 1815 Josepha Kählin wegen Kindsmords enthauptet.

[2] Dienstmägde machen in vielen, z.T. quantitativen Untersuchungen die grösste Gruppe unter den Kindsmörderinnen aus, z.B.: Hammer, Elke: Kindsmord. Seine Geschichte in Innerösterreich 1787–1849. Frankfurt a.M., Berlin, New York, Paris und Wien 1997 (Europäische Hochschulschriften, Reihe III: Geschichte und ihre Hilfswissenschaften, 755), 80f.; Meumann, Markus: Findelkinder, Waisenhäuser, Kindsmord. Unversorgte Kinder in der frühneuzeitlichen Gesellschaft. München 1995 (Ancien Régime, Aufklärung und Revolution, 29), 118f.; van Dülmen, Richard: Frauen vor Gericht. Kindsmord in der frühen Neuzeit. Frankfurt a.M. 1991, 77; Ulbricht, Otto: Kindsmord und Aufklärung in Deutschland. München 1990 (Ancien Régime, Aufklärung und Revolution, 18), 34; Schulte, Regina: Das Dorf im Verhör. Brandstifter, Kindsmörderinnen und Wilderer vor den Schranken des bürgerlichen Gerichts. Oberbayern 1848–1910. Reinbek bei Hamburg 1989, 129.

[3] StAAG R01.J02/13, Fasz. 14. – Bei den zur Verfügung stehenden Quellen handelt es sich im

Wesentlichen um das vom Appellationsgericht des Kantons Aargau ausgesprochene Todesurteil über Josepha Kählin, um ein Begnadigungsgesuch, um den Bericht des Justizdepartements zuhanden der Begnadigunsbehörde sowie um den Bericht des Badener Bezirksamtmanns über die erfolgte Hinrichtung. In diesen Quellenstücken werden die Lebensumstände Josepha Kählins je nach Interessenlage aus verschiedenen Perspektiven dargelegt.

[4] Josepha Kählin wird laut Urteil am 28.12. in Baden angehalten. Am 16.12. ist das Kind an der von ihr angegebenen Stelle gefunden worden. Dies erscheint widersprüchlich. Eine mögliche Erklärung wäre die folgende: Die Kindsleiche wird am 16.12. gefunden. Josepha Kählin wird am 28.12. angehalten, gesteht von sich aus die Kindestötung und nennt die Stelle, an der sie die bereits gefundene Kindsleiche versteckt hat. Es könnte sich jedoch auch um einen Schreibfehler handeln.

[5] Es findet sich im Faszikel zu diesem Fall der Entwurf eines an den Finanzrat gerichteten Schreibens des Kleinen Rates. Gemäss Badener Bezirksamtmann sei es früher üblich gewesen, «diejenigen Herren Geistlichen welche bei solchen Funktionen beschäftigt waren», zu entschädigen. Der Finanzrat wird beauftragt abzuklären, wie viel jeweils ausgerichtet wurde, und Herrn Pfarrer Keller von Baden entsprechend zu entschädigen.

[6] Schulte, 129 f., 133.

[7] Staehelin, Heinrich: Geschichte des Kantons Aargau. Bd. 2: 1830–1885. Baden 1978, 156.

[8] Radbruch, Gustav; Gwinner, Heinrich: Geschichte des Verbrechens. Stuttgart [1951], 243.

[9] Schulte, 142 f. Zum selben Ergebnis kommen Ulbricht, 78, 81, van Dülmen, 84 sowie Hammer, 125.

[10] Ulbricht, 87 und 91 f., kommt zum Schluss, dass die Beziehungen zwischen den späteren Kindsmörderinnen und den Kindsvätern sich kaum von jenen unterschieden, die in eine Ehe einmündeten oder zu einer ledigen Mutterschaft führten. Er geht davon aus, dass auch im 19. Jahrhundert sexuelle Kontakte aufgrund von Eheversprechen aufgenommen wurden. Wenn die Kindsväter sich dann doch der Heirat entzogen, so seien die Gründe dafür in den schwierigen ökonomischen Verhältnissen zu suchen.

[11] Der 1803 gegründete Kanton Aargau vollzog diesen Wandel in seiner Strafgesetzgebung von 1805 noch nicht: Auf «Kindermord» stand weiterhin die Todesstrafe.

[12] Die aargauische Strafgesetzgebung kannte bis 1857 entehrende Strafen wie das Ausstellen auf der Schandbühne oder die Brandmarkung.

[13] Ludi, Regula: Frauenarmut und weibliche Devianz um die Mitte des 19. Jahrhunderts im Kanton Bern. In: Head, Anne-Lise; Schnegg, Brigitte (Hg.): Armut in der Schweiz (17.–20. Jh.). Zürich 1989, 19–32, 31.

«Marie oder Minna!» – oder wie aus der Dienstmagd die Dienstbotin wurde

Silvia Siegenthaler

Nach dem Zusammenbruch des Ancien Régime bildete sich als Folge der gesellschaftlichen Umstrukturierung die bürgerliche Kleinfamilie heraus, die sich von einer Produktions- hin zu einer Konsumationsgemeinschaft entwickelte. Interessanterweise konnten sich «die traditionell männlichen Aufgabenbereiche zunehmend aus der Hauswirtschaft emanzipieren und zu anerkannt bürgerlichen Berufen werden, während frauliche Arbeit undifferenziert und diffus auf eine immer engere Häuslichkeit beschränkt wird».[1] Die Anstellung als Dienstbotin bildete für Frauen eine der wenigen Chancen auf dem Arbeitsmarkt. In grossbürgerlichen und mittelständischen Haushalten konnte der grosszügige, repräsentative Lebensstil einzig mit Dienstbotinnen und Dienstboten aufrecht erhalten werden.

Dass sich diese gesellschaftlichen Veränderungen erst nach und nach durchsetzen konnten, zeigt der vorgängige Aufsatz von Flavia Restaino über die Geschichte der Dienstmagd Josepha Kählin, die 1815 als Kindsmörderin auf dem Schafott endete.[2] Noch in dieser Zeit war die Gesellschaft mehrheitlich ländlich geprägt und die Institution des «ganzen Hauses» vorrangig. Mit dem «ganzen Haus» ist eine Lebensgemeinschaft angedeutet, in der sowohl im ländlichen wie im städtischgewerblichen Umfeld Familie und Angestellte in einem Haus zusammenlebten und wirtschafteten. Im Zusammenhang damit steht auch die gesetzliche Grundlage, welche die Herrschaftsgewalt des Hausherrn beinhaltet. Das Haus nämlich bildete seit dem Mittelalter die Grundlage der Verfassung.[3] In diesem Kontext ist auch das Züchtigungsrecht des Hausherrn gegenüber Familie und Angestellten zu verstehen. Bezogen auf das Schicksal von Josepha Kählin erklärt sich damit ihre gesellschaftliche Ausgrenzung, nach einem, aus damaliger Sicht, durch die Schwangerschaft bedingten schändlichen Verhalten. Gegen Mitte des 19. Jahrhunderts änderten sich mit dem Überhandnehmen der bürgerlichen Familienideologie und in deren Folge der Auflösung des «ganzen Hauses» die Lebensumstände für Hausangestellte. Eine klare soziale Distanz zwischen Dienstboten und Herrschaften wurde propagiert, und aus den Mägden wurden Dienstbotinnen.

In der Stadt Baden veränderten sich wie vielerorts durch den Einzug der Industrie vor allem Ende des 19. und Anfang des 20. Jahrhunderts die gesellschaftlichen Strukturen. Dieser Wandel zeichnete sich auch deutlich im Stadtbild ab. Die Grenzen der mittelalterlichen Stadt wurden zu eng, weshalb die neu zuziehende Unternehmerschicht sich ausserhalb der Altstadt ansiedelte. Hier konnte der Bau eines mehr oder weniger herrschaftlichen Sitzes mit grosszügigem Umschwung gewährleistet werden. In diesen Unternehmerhaushalten wurde eben dieser repräsentative Lebensstil gepflegt, der die Beschäftigung von Dienstbotinnen und Dienstboten erforderte. Als Beispiel hierfür kann das Hauswesen von Sidney und Jenny Brown-Sulzer in der Villa Langmatt an der Römerstrasse dienen. Zur Zeit, als in der «Langmatt» die drei Söhne von Sidney und Jenny Brown grossgezogen wurden, waren zeitweise bis zu acht Angestellte beschäftigt: drei Gärtner, eine Gouvernante, eine Köchin, ein Chauffeur und zwei Zimmermädchen. Eine Wäscherin und eine Büglerin kamen auf die Stör. Vergleichbare Verhältnisse waren in anderen grossbürgerlichen beziehungsweise industriellen Haushalten in Baden anzutreffen.

Doch beschränkte sich das Dienstbotenwesen nicht allein auf die Grossbürgerhaushalte. Mit dem Aufkommen der bürgerlichen Kleinfamilie, die dem bürgerlichen Familienideal nacheiferte, war Hausarbeit für die Bürgersfrau verpönt. Vor der Öffentlichkeit hatte sie den Müssiggang zu praktizieren.[4] Unter diesen Voraussetzungen erhielt das Dienstbotenwesen auch von dieser Seite Aufschwung. Obwohl die Arbeitsbedingungen hart und unattraktiv, die Stellung absolut rechtlos[5] waren, zog es doch viele Frauen aus ländlichen Gebieten in die Städte. Für sie war es die einzige Möglichkeit, sich dem Zugriff der eigenen Familie bis zu einem gewissen Grad zu entziehen und finanzielle Selbständigkeit zu erlangen. Daneben übten die Städte eine grosse Anziehungskraft aus, weil die jungen Frauen hofften, hier eine Stellung bei feineren Leuten zu finden und mehr verdienen zu können. Auch lockte zusätzlich das aufregende Leben in den Städten und möglicherweise die Hoffnung auf eine «gute Partie». Bereits nach 1860 änderten sich diese Verhältnisse, weil es in den ländlichen Gebieten für Frauen vermehrt industrielle Arbeitsplatzangebote gab. Obwohl auch die Industriearbeit nicht die leichtesten Arbeitsbedingungen zu bieten hatte, erschien sie doch vielen jungen Frauen attraktiver.[6] Auch wurden sie nicht selten von ihren Familien in dieser Entscheidung unterstützt, denn auf diese Weise blieben sie der Familie nebenberuflich als Arbeitskraft erhalten. Die allzu grosse Abhängigkeit vom Arbeitgeber mochte der entscheidende Punkt sein, wieso das Dienstbotenwesen an Attraktivität einbüsste. Durch das Abwandern der Frauen in die industriellen Berufe war im Dienstbotenbereich die Nachfrage bald einmal grösser als das

Karikatur aus der Zeitschrift «Der Neue Postillon» von 1908, die sich kritisch zur Dienstbotenfrage um die Jahrhundertwende äussert. (Sozialarchiv Zürich)

Angebot, so dass dieser Mangel an Arbeitskräften mit Ausländerinnen behoben wurde.[7]

Arbeits- und Lebensbedingungen

Die Arbeitsbedingungen der Dienstbotinnen waren sehr hart, nicht zuletzt auch, weil das Personal dem Willen der Herrschaften völlig ausgeliefert war und es bis weit ins 20. Jahrhundert hinein keine gesetzlichen Grundlagen für das Dienstbotenwesen gab. Dadurch fehlte den Dienstboteninnen auch eine Anlaufstelle, wo sie notfalls Klagen hätten einreichen können. Zu den harten Arbeitsbedingungen zählte die übermässig lange Arbeitszeit, die charakteristisch für diesen Beruf war. Dienstboteninnen hatten zu jeder Tages- und Nachtzeit für ihre Herrschaft bereit zu sein. Je grösser die Haushaltung war, desto grösser war auch die Spezialisierung unter den Angestellten, was zu einer geringeren Belastung für die Einzelnen führte.

Da die «Haltung» von Dienstbotinnen und Dienstboten in bürgerlichen Kreisen als standesgemäss galt, wurde nicht selten auch Personal in Haushalten eingestellt, die es sich eigentlich gar nicht leisten konnten. Die Folge davon waren oft schlechte Lebensbedingungen, weil in diesem Bereich gespart werden konnte, ohne dass die Umwelt davon Notiz nahm. Zu miserablen Wohnverhältnissen wie zugigen Abstellkammern auf dem Dachboden kam schlechte und ungenügende Kost dazu. Was den Dienstbotinnen zusätzlich zu schaffen machte, war die soziale Isolation, die von den Herrschaften in vielen Fällen gefördert wurde.[8] Schwierig zu vollziehen war dies nicht, denn die Arbeitszeiten und die Arbeitsbelastung erlaubten beinahe keine Freizeit. Trotzdem versuchten die Arbeitgeber, weitere soziale Kontakte zu unterbinden, um das Verbreiten irgendwelcher intimer Informationen über das Familienleben zu verhindern. Einerseits war die «Dienstbotenhaltung» standesgemäss, doch sie verunmöglichte andererseits die absolute Wahrung der Intimsphäre als eines der grossen bürgerlichen Ideale.[9] Dem Dienstpersonal hingegen wurde oft keine Privatsphäre zugestanden. So fühlte sich die Herrschaft in gewissen Fällen ohne weiteres legitimiert, die Privatpost der Angestellten zu öffnen oder deren Zimmer zu durchstöbern. Die soziale Distanz zu den Herrschaften unterstützte die hohe psychische Beanspruchung der Dienstbotinnen. In manchen Dienstverhältnissen raubte man den Dienstbotinnen gar ihre persönliche Identität, indem man ihnen irgend einen beliebigen Namen gab.[10]

Die Dienstbotinnen konnten sowohl den Launen und Machtspielen der Hausfrau wie auch den sexuellen Belästigungen des Hausherrn ausgesetzt sein. Die Konsequenzen sexueller Übergriffe bei Schwangerschaft hatten die Mädchen meist selbst zu tragen. Sie verloren ihre Stelle und hatten gleichzeitig für ein Kind

Ein eher seltener Anblick bietet uns diese Ansicht einer Zimmerstunde der Dienstbotinnen in einem der Bäderhotels, 1907. (Sammlung Historisches Museum Baden)

zu sorgen.[11] Auch die Urheber der Schwängerungen scheinen sich vom frühen zum späteren 19. Jahrhundert zu wandeln. Waren es im frühen 19. Jahrhundert Männer aus der gleichen sozialen Schicht, nahm die Schwängerung von Dienstbotinnen durch Männer aus der Oberschicht, meist den Dienstherrn oder dessen Söhne, im Verlaufe des Jahrhunderts überhand.

Diese schwierigen Bedingungen mochten viel dazu beitragen, dass Dienstbotinnen die Stellen wechselten, was seitens der bürgerlichen Frauen mit einer Prämierung für treue Dienste aufgefangen werden sollte. So lockte auch das Marienheim Baden mit Treueprämien, welche an der Christbaumfeier als Anerkennung eines «treuen Pflichtgefühls» für «wenigstens fünf Jahre treuen Dienst bei der nämlichen Herrschaft» mit Diplom überreicht wurden.

In grossbürgerlichen Haushaltungen gab es häufiger Dienstbotinnen und Dienstboten, die ein Leben lang im selben Haus dienten. Auch in Baden sind solche Beispiele in der Villa Boveri und in der Villa Langmatt anzutreffen. Walter Boveri junior berichtet hierzu: «Eine wesentliche Ausnahme machten aber zwei Menschen, die ihr ganzes Leben hindurch unserer Familie die Treue hielten und daher als zu ihr gehörig betrachtet wurden. Da war einmal Marie, als Stubenmädchen schon bei meiner Mutter an der Badstrasse in Dienst getreten. Sie war gross, schlank und trug eine Stahlbrille. Streng dreinschauend überwachte sie alle Einzelheiten des Haushaltes, bis plötzlich ein Schimmer von Güte oder ein feines Lächeln über ihr Gesicht huschte, ihr wahres Wesen offenbarend. Während eines halben Jahrhunderts waltete sie in unserer Villa und hat diese schliesslich wenige Jahre nach dem Tode beider Eltern geschlossen, als der dortige Betrieb endgültig aufgelöst wurde. Sie stammte aus einer Bauernfamilie im Dorfe Othmarsingen und hat sich in hohem Alter nach Abschluss ihres Lebenswerkes dorthin zurückgezogen, den Rest ihrer Tage mit ihren reichen Erinnerungen zubringend. Sie war wohl die treueste Freundin meiner Mutter und nahm allezeit hilfsbereit an allen Freuden und Leiden unseres Hauses teil. Als Kinder nannten wir sie ‹Moi›, ein Name, der ihr auch später geblieben ist. Auf fast sämtlichen Reisen begleitete sie uns, und mit ihrem nie ermüdenden, ruhigen, freundlichen und festen Auftreten brachte sie es fertig, alle die kleinen Schwierigkeiten und Ärgernisse von uns fernzuhalten, die leichte Aufregung und schlechte Laune hätten herbeiführen können. Jede Arbeit, die sie in die Hände nahm, verlief zielsicher und mit Selbstverständlichkeit. Später, als wir von Zuhause fort kamen, war sie meiner Mutter behilflich, uns auszurüsten, und nie entging dabei irgendetwas ihrer sorgenden Aufmerksamkeit. Ob unsere Eltern, ob wir Kinder krank waren, stets hat sie uns liebevoll in unaufdringlicher Weise gepflegt. Immer wenn man sie brauchte, war sie da, und ich glaube, es gab keinen Tag, an dem sie nicht auf ihrem Posten gewesen wäre. Später, als sich unser

Küche im Hotel Schwanen um 1924. Arbeitsstellen, die eine spezialisierte Tätigkeit, wie hier die Arbeit als Köchin, ermöglichten, waren sehr gesucht, weil sie einerseits besser bezahlt waren und andererseits auch eine geringere Belastung bedeuteten. (Sammlung Historisches Museum Baden)

Haushalt durch gesellschaftliche Verpflichtungen und längere Besuche von Verwandten ständig ausdehnte, übernahm sie, obwohl ununterbrochen mit Hausarbeit beschäftigt, mehr die Obliegenheiten einer Haushälterin. Viele Menschen und deren Schicksale zogen im Laufe der Jahre an ihr vorüber und formten sie zu einer hervorragenden Menschenkennerin. Selbst stets zurückhaltend, beobachtete sie die anderen mit fein geschärftem Blick, doch blieb ihr Urteil jederzeit nachsichtig, und nie habe ich ein Wort übler Nachrede aus ihrem Munde vernommen. Wäre sie vom Schicksal als Fürstin in die Welt gesetzt worden, sie hätte ihre Rolle nicht mit grösserer Würde spielen können; ob sie dabei glücklicher gewesen wäre, mag allerdings bezweifelt werden.»[12]

Dieser Bericht zeigt aus der Sicht eines Fabrikantensohnes, dass langjährige Angestellte bisweilen das Familienleben mitgestalten konnten und Wertschätzung erfuhren. Ein Erfahrungsbericht der besagten Moi ist aber leider nicht bekannt. So wie keine Klagen ausgenützter Dienstboteninnen überliefert sind, weil keine Anlaufstellen existierten, so gibt es auch kaum Selbstzeugnisse von Dienstbotinnen, die als Freundinnen und gute Geister bezeichnet wurden und dennoch jeden Tag auf dem Posten sein mussten.

Anmerkungen

[1] Gerhard, Ute: Verhältnisse und Verhinderungen. Frauenarbeit, Familie und Recht der Frauen im 19. Jahrhundert. Frankfurt a. M. 1978, 51.

[2] Artikel Restaino im vorliegenden Werk.

[3] Brunner, Otto: Vom ganzen Haus zur Familie. In: Rosenbaum, Heidi (Hg.): Familie und Gesellschaftsstruktur. Materialien zu den sozioökonomischen Bedingungen von Familienformen. Frankfurt a. M. 1978, 86f.

[4] Pesenti, Yvonne: Beruf: Arbeiterin. Soziale Lage und gewerkschaftliche Organisation der erwerbstätigen Frauen aus der Unterschicht in der Schweiz, 1890–1914. Zürich 1988, 128.

[5] Bochsler, Regula; Gisiger, Sabine: Dienen in der Fremde. Dienstmädchen und ihre Herrschaften in der Schweiz des 20. Jahrhunderts. Zürich 1989, 45.

[6] Ebenda, 13.

[7] Ebenda.

[8] Ebenda, 146f.

[9] Ebenda, 92f., 220f.

[10] Ebenda, 130.

[11] Ebenda, 104ff. und Pesenti, 140.

[12] Boveri, Walter: Ein Weg im Wandel der Zeit. Jugendjahre, München 1964, 58ff.

«Geben ist seliger als Nehmen»

Barbara Baldinger Hartmann

«Darum willkommen uns, ihr Kleinen und Schwachen, ihr Armen und Vernachlässigten …! Euch sind unsere Kräfte geweiht! Gebe Gott …, dass es uns immer besser gelinge, das zu erreichen, was wir anstreben: Euch glücklich zu machen!»
Baden, 27. Juni 1893. Die Direktion.

Vom Kloster zum Klösterli

Im Jahr 1872 wird im ehemaligen Kapuzinerinnenkloster in der Badener Vorstadt die «Armenerziehungsanstalt Mariä Krönung» mit den Mitteln privater Geldgeber eröffnet.[1]

Bereits zehn Jahre zuvor hat es sich ein «Armenerziehungsverein für den Bezirk Baden» zur Aufgabe gemacht, einen geeigneten Pflegeplatz für verwahrloste Kinder zu finden und sie so zu «braven Menschen» zu machen. Von nun an verkostgeldet der Verein diese Knaben und Mädchen nicht nur in Familien, sondern auch im «Klösterli», wie die Anstalt im Volksmund bald heisst. Bereits ab dem Jahr 1881 werden nur noch Mädchen aufgenommen. Diese kommen vorwiegend aus dem Aargau, grösstenteils aus den Bauerndörfern in der Umgebung Badens: aus Bellikon, Döttingen, Ehrendingen, Fislisbach, Koblenz, Klingnau, Leuggern, Mellingen, Rütihof, Siggenthal, Wettingen, Würenlos. Auch Mädchen aus anderen aargauischen Gegenden, vor allem dem Freiamt, und anderen Kantonen, vorwiegend solchen der Innerschweiz, werden, falls es der Platz erlaubt, im Klösterli gegen ein geringes Kostgeld erzogen. Auffällig ist, dass nur wenige Kostkinder aus der Stadt Baden stammen.

Leider weist die Jahresrechnung seit der Gründung der Anstalt ein mehr oder minder grosses Defizit auf, sodass das Klösterli auf die Zuwendung von Gönnern – meist aus den Gründerfamilien – angewiesen ist. Und das bleibt auch so bis in die ersten Jahre des 20. Jahrhunderts.

Im Jahr 1892 anerkennt die hohe Regierung in Aarau die Anstalt «Mariä Krönung» als juristische Person, und damit wird diese staatsbeitragsberechtigt und des

Rechtsschutzes teilhaftig. Voraussetzung für die Anerkennung war die Wahl einer Direktion und die Festsetzung neuer Statuten. Dass sich die Direktion aus Vertretern der Gründerfamilien zusammensetzt, ist wohl als selbstverständlich anzusehen. Es sind dies die Herren Borsinger-Rohn (Präsident), Jeuch (Vice-Präsident), Wyss (Aktuar und Quästor), Borsinger-Beck und Hochwürden Pfarrhelfer Wunderli.

Opfer und Verzicht – für Wohltäter und Zöglinge

Sinn und Zweck der Anstalt sind im Artikel 1 der Statuten festgehalten: «Die Anstalt hat den Zweck, armen, erziehungsbedürftigen Mädchen die Wohltat einer christlichen Erziehung angedeihen zu lassen und sie überdies nach zurückgelegtem schulpflichtigem Alter durch Anleitung zu den weiblichen Haus-, Küchen- und Gartenarbeiten für das praktische Leben – *speziell für den Dienstbotenstand* – vorzubereiten und auszubilden.»

Damit ist gesagt, was von der Anstalt erwartet wird und in allen Jahresberichten um die Jahrhundertwende in immer neuen Formulierungen erscheint: arme Mädchen in christlicher Demut zum Dienen, zu Unterordnung und Bescheidenheit zu erziehen und sie «durch all das in den Stand zu setzen, später auf eigenen Füssen zu stehen, ihr ehrlich Brod zu verdienen und ein zufriedenes, glückliches Leben zu führen».[2]

«So beruht wohl eine Hauptaufgabe des Erziehers darin», mutmasst der Berichterstatter im Jahr 1894, «das Kind an möglichst wenig Bedürfnisse zu gewöhnen; denn bekanntlich ist derjenige der Glücklichste, der am wenigsten bedarf. Dass vor allem eine Anstalt, welche Mädchen für den Dienstbotenstand zu erziehen hat, diesem Grundsatz huldigt, versteht sich von selbst. Die Einrichtung unseres Hauses, die Tagesordnung sowie unsere gesammte Lebensweise verfolgte diesen Zweck.»

In manchen Berichten, so auch im oben erwähnten, schimmert zudem die Ansicht durch, Mädchen aus der Unterschicht sei eine angeborene Abneigung gegen Arbeit im Allgemeinen und das Dienen im Besonderen eigen, weshalb für die Erzieherinnen und Erzieher zusätzliche Anstrengungen vonnöten seien, um diese Unarten auszutreiben: «Bei dem angeborenen Hang zur Trägheit, den einzelne unserer Zöglinge als väterliches oder mütterliches Erbgut erhielten, bestand unsere grösste Mühe darin, die Mädchen zu einer geregelten, zielbewussten Tätigkeit zu bringen und namentlich auch ihren Geist durch eine gründliche Schulbildung zu möglichst richtigem Denken zu führen. Den Kindern die Liebe zur Arbeit anzuerziehen, ist nicht die kleinste Mühe.» Den jungen Frauen aber auch noch das «richtige Denken» beizubringen, nämlich das Bewusstsein, zum Dienen in einem entbehrungsreichen Leben geboren zu sein, wird gegen Ende des Jahrhunderts

Das Klösterli um 1910. Nach dem Kauf des Klosters durch die Stiftung im Jahr 1868 wurden die ärmlich aussehenden Klosterräume für Anstaltszwecke hergerichtet und der vordere Teil, ehemaliges Gasthaus des Klosters, zu Mietwohnungen umgebaut. 1886 brannte angeblich durch Brandstiftung eines Anstaltmädchens der südliche und westliche Flügel des alten Klostergebäudes nieder, weshalb die Räume aufs Neue renoviert werden mussten. 1911, kurz nach dieser Aufnahme, erhielt das Klösterli wiederum ein neues Gesicht und diesmal auch einen neuen Namen: «Erziehungsanstalt und Kinderheim». (Sammlung Historisches Museum Baden)

offenbar zunehmend schwieriger. Die lange Zeit der Verwahrlosung im Kindesalter, so die Begründung, hat Spuren in der kindlichen Seele hinterlassen, und das «bringt es», laut Bericht vom Jahr 1903, «mit sich, dass das Lehr- und Aufsichtspersonal mit dem jungen Volk seine schwere Mühe hat und mit grosser Geduld sich wappnen muss, um nicht seiner Aufgabe überdrüssig zu werden. ... Leicht nimmt das Bäumchen, wenn der schützende Stab ihm fehlt, eine verkehrte Richtung an; aber den Wildling an Zucht und Ordnung zu gewöhnen, das kostet unverdrossene Müh' und Arbeit.»

Kein Zweifel: Die «opferwilligen Wohltäter» wissen, welche Erziehung für junge Frauen aus der Unterschicht die richtige ist.

«Geben ist seliger als Nehmen»

Besonderes Gewicht legt man im Klösterli auf eine christliche Unterweisung. Aufgenommen werden gemäss Statuten nur «bildungsfähige Mädchen katholischer Confession». Der Taufschein ist dem Aufnahmegesuch beizulegen, ebenso ein pfarramtliches Sittenzeugnis. Nimmermüde weist auch «die Direktion» in den Jahresberichten auf ihre frommen Absichten und ihren – zweifellos guten – Willen hin, die Mädchen aus den üblen Verhältnissen zu retten und sie vor den überall lauernden Gefahren zu schützen. «Vor hundert Gefahren, denen arme Kinder an Leib und Seele ausgesetzt sind, bleiben unsere Kleinen geschützt.»

Dass eine fromme, christliche Erziehung den jungen Frauen bei ihrem Beruf als Dienstmädchen von Nutzen sein würde, davon sind die Komitee-Mitglieder aus den gehobeneren Schichten Badens zutiefst überzeugt. «Schon so manches Mädchen, das offenbar einer schlimmen Zukunft entgegenging», weiss der Bericht vom Jahr 1897, «ist ... herangewachsen zu einem nützlichen Glied der Gesellschaft, zur braven christlichen Jungfrau.» Eine brave christliche Jungfrau erduldet sicher eher die schwere Hausarbeit, die Launen der Herrschaft, die sexuellen Annäherungsversuche des Hausherrn oder der Söhne, die kärgliche Freizeit und den niedrigen Lohn: «Es ist kein leichtes Leben, dem diese jungen Mädchen entgegentreten. Der Dienstbotenstand, auf den sie sich hier vorbereiten, ist oft schwer, wenn er nicht erleichtert und geadelt wird durch einen christlich frommen Sinn. Darum erkennen wir es als unsere erste Pflicht, die Kinder *religiös* zu erziehen. Sie sollen eingeführt werden in den Geist des Christentums, das den Dienstboten durch den Hl. Paulus zuruft: ‹Gehorchet den leiblichen Herren ..., gleich wie Christo; nicht als Augendiener, um Menschen zu gefallen, sondern als Diener Christi, die den Willen Gottes tun von Herzen!› (Eph. 6, 5–6).»

Eine religiöse Erziehung in einer patriarchalischen Gesellschaft trägt das ihre dazu bei, dass Mädchen und Frauen so empfänglich sind für das Dienen und Dulden, Sich-Fügen und Unterordnen. «Darum müssen wir aber auch unsere Kinder frühzeitig lehren, ihren eigenen Willen einem fremden unterzuordnen und sich selbst vernünftig abzuhärten, um den Mühen des späteren Lebens besser trotzen zu können. Und in Anbetracht der Zukunft unserer Kinder haben wir noch speziell Rücksicht zu nehmen auf deren Erziehung zur Einfachheit und Reinlichkeit, zur Arbeitsamkeit und Sparsamkeit im Kleinen, zu einem freundlichen, gefälligen Betragen ohne Falsch und ohne Kriecherei, zur Offenheit und Redlichkeit, zur Sittsamkeit und häuslich schlichtem Sinn. Gegen 150 Kinder haben wir nun schon aus der Anstalt entlassen, nachdem wir uns redlich bemüht, diese herrlichen Eigenschaften in ihren jugendlichen Herzen zu wecken und zu veredeln.» Der Verdacht, dass die Erzieher mit den «herrlichen Eigenschaften», diesem Katalog von Tugenden und Verhaltensnormen, sowohl Herrschaften wie Dienstboten auf ihre soziale Rolle verpflichten und die Standesunterschiede aufrecht erhalten wollen, liegt nahe. Geht es wohl vor allem darum, tüchtige Dienstmädchen heranzubilden? Der Leitfaden, den der bürgerliche Gemeinnützige Frauenverein 1913 für Dienstboten herausgibt,[3] bekräftigt diese Vorstellung: «Der Dienstbotenstand ist ein unentbehrlicher Teil der gegenwärtigen Gesellschaft. Dienstbote und Geselle – beide aus bescheidenen Verhältnissen stammend – stellen sich zur Gewinnung des täglichen Brotes unter eine Meisterschaft.»

Dienen ist weiblich
Die «Klösterlikinder» sind Mädchen, die «im Schoosse der Armuth, des Elendes oder sittlicher Verirrung das Licht der Welt erblickt» haben. Es sind ausserdem Mädchen, die laut Jahresberichten zwar bildungsfähig, aber dennoch von «mehrfach schwacher Begabung» sind.

Möglicherweise entspricht dies den Tatsachen, vielleicht soll damit aber auch der Platz auf der Schattenseite ihres zukünftigen Lebens gerechtfertigt werden. Der Dienstbotenberuf gilt seit jeher als typischer Frauenberuf. Zwar gibt es auch männliches Dienstpersonal, aber in weit geringerer Zahl. 1888 beträgt der Anteil männlicher Dienstboten in der Hauswirtschaft 8,5 Prozent und 1910 7 Prozent. Ausserdem sind die Männer oft mit einer Aufsichtsfunktion betraut. Die Hauswirtschaft gilt als weibliche Domäne, weil sie die geschlechtsspezifische und gesellschaftliche Rollenverteilung widerspiegelt. 1888 arbeiten noch ungefähr zwei Drittel aller im tertiären Sektor beschäftigten Frauen in der Hauswirtschaft. Bis 1910 schwindet der Anteil des weiblichen Dienstpersonals beträchtlich. Trotzdem bildet die Hauswirtschaft weiterhin den zweitwichtigsten Arbeitszweig für Frauen neben der Fabrikarbeit.[4]

Den Mädchen aus den Unterschichten bleiben um die Jahrhundertwende Tätigkeiten in Verwaltung und Gewerbe meistens verwehrt. Diese Berufe sind den

Töchtern der bürgerlichen Mittelschicht vorbehalten – den Töchtern von Handwerkern, Beamten, Gewerbetreibenden und Kaufleuten. Die finanzielle Not armer Eltern lässt nicht zu, dass sie in die Ausbildung von Kindern investieren, besonders nicht in diejenige von Töchtern. Für diese reicht die Grundschulbildung. Gemäss der landläufigen Meinung brauchen Söhne eher einen Beruf, damit sie eine Familie ernähren können, während Mädchen sowieso heiraten. Und dazu ist der Dienstbotenberuf die ideale Voraussetzung. «Die Arbeit im Dienste einer fremden Familie bringt wohl Fesseln und Gebundenheit mit sich, aber sie umfängt die ganze Natur der Frau», vermerkt der oben erwähnte «Leitfaden für Dienstboten». Mädchen aus ländlichen Gebieten, besonders Töchter von Kleinbauern und Taglöhnern, müssen schon früh in Haus und Hof oder bei fremden Leuten mithelfen – gegen etwas Geld oder ein Paar Schuhe – sind also Hausarbeit «im Dienste einer fremden Familie» gewohnt. Die «Klösterlimädchen», die aus solchen sozialen Schichten kommen, können sich wahrscheinlich auch der traditionellen Rollenzuteilung für die Frau als Ehefrau und Mutter kaum entziehen – im Unterschied zu den Fabrikarbeiterinnen, die meist dem Fabriklermilieu entstammen. Dienstmädchen stellen sich deshalb moralisch auf eine höhere Stufe als Fabrikerinnen, denen ein schlechter Ruf anhängt wegen ihrer finanziellen und oft auch sexuellen Unabhängigkeit. Dagegen verachten Fabrikarbeiterinnen Dienstbotinnen, weil diese sich von feinen Herrschaften herumkommandieren lassen.[5]

«Gebet, Arbeit, Erholung»

«Unsere Mädchen sollen sich für den *Dienstbotenstand* ausbilden und darum in *alle Arbeiten* des weiblichen Geschlechts eingeführt werden, die nicht eigentlich Berufsarbeiten sind», wird schon 1892 festgehalten und im Jahresbericht von 1900 ergänzt durch den Grundsatz für den Tagesablauf: «Gebet, Arbeit, Erholung sollen sich in angemessener Weise abwechseln.» Dem Chronisten im Berichtsjahr 1895 hüpft das Herz beim Anblick der «munteren Kinderschar, die im Klösterli zu Baden so freundlich [ihm] entgegenlacht», als er dem «Paradies» einen Inspektionsbesuch abstattet. Ein «rühriges, freudiges Leben» begegnet ihm da, «als ob ein Bienenschwarm das neue Sonnenlicht begrüsste, wenn am ziemlich frühen Morgen die beiden Schlafsääle sich leeren ... und die Leutchen sich tummeln, den Morgengottesdienst zu erreichen, um Gottes Segen über ihre kleinen Arbeiten hernieder zu flehen; nachdem man sich durch eine kräftige Habersuppe gestärkt, wird das Haus durch die kleinen Hände von unten bis oben in Ordnung gebracht.» Nach Schule, Mittagessen, kurzer Erholungszeit gehts wieder zum Unterricht, und nach einer kleinen Pause sind die «Bienchen» von neuem mit Arbeiten in Schule, Haus oder Garten beschäftigt. Die grösseren Mädchen müssen auch nach dem

«... und nochmals setzt man sich in die engen Schulbänke, zweimal wöchentlich auch zum Unterricht in den weiblichen Handarbeiten ...» (Zitat: Jahresbericht Mariä Krönung 1895; Bild: Stadtarchiv Baden)

«56 lebensfrohe Mädchen, von denen manche noch wenig an Disziplin gewöhnt sind, im Zaume zu halten, ist keine Kleinigkeit.» (Zitat: Jahresbericht Mariä Krönung 1901; Bild: Stadtarchiv Baden)

Abendessen nochmals Handarbeiten verrichten. «Um die Kinder für ihren Fleiss und ihr Wohlverhalten zu belohnen»,[6] machen die Leiterinnen der Anstalt des öfteren Spaziergänge, zum Beispiel nach «Königsfelden, Gnadenthal und dem Kloster Fahr». Den Höhepunkt des Jahres bildet jedoch «die schönste Blume im winterlichen Freudenkranz, das Christfest».

«Aber das Leben ist ja harte Arbeit und unser Motto sagt es uns deutlich genug», mahnt der Berichterstatter 1894, «dass Gottes Segen nur denjenigen wartet, die ihn durch Arbeitsamkeit, Klugheit und Tugend zu erwerben suchen.» Wie stark diese Botschaft vom freudigen Dienen, vom klaglosen Dulden, vom heiligen Pflichtgefühl und vom Lohn im Jenseits in den Köpfen und Seelen der Mädchen Fuss gefasst hat, wird sich zeigen, wenn sie im Alter von fünfzehn Jahren ihre erste Dienststelle antreten.

Zum ersten Mal im Dienst

«Sind die Kinder der Schule entlassen, so bleiben sie in der Anstalt zu besserer Erlernung der Hausgeschäfte, bis sie entweder von ihren Verwandten zurückgezogen werden oder als Dienstmädchen in kleine Familien eintreten». Zu dieser Zeit haben die «Zöglinge» mindestens vier, vielleicht jedoch schon zehn Jahre in der Anstalt verbracht. Gemäss Statuten ist eine Aufnahme frühestens nach dem fünften, aber spätestens vor dem elften Lebensjahr möglich.

Schulpflichtige Mädchen werden von Menzinger Schwestern, später auch von weltlichen Lehrerinnen unterrichtet. «Der Unterricht nimmt, ausserdem, dass er sich genau an den Lehrplan für die Elementarschulen des Kantons Aargau anschliesst, fortwährend auf die künftigen Lebensverhältnisse der Zöglinge Rücksicht, das heisst, er erzieht die Kinder *für das praktische Leben.*»

Das «praktische Leben» beginnt für die meisten fünfzehnjährigen Mädchen mit der Stelle in einem einfachen Haushalt der ländlichen Umgebung, einem so genannten *kleinen Dienstplätzchen* in einer Bauern- oder Gewerbefamilie, vermittelt durch die Anstalt. Um die Jahrhundertwende verlassen jährlich zwischen sieben und später fünfzehn Mädchen das Klösterli aus diesem Grund. «Im abgetretenen Jahre mussten sieben unserer Mädchen den ersten Schritt in die Welt wagen, indem sie teils als Lehrmädchen sich der Erlernung eines Berufs widmeten, teils als Dienstmädchen in leichte Stellen traten. Wir ziehen stets die letztere Art der Versorgung der ersteren vor. Die Kinder sollen erst von den Schulbänken weg sich im Haushalt tüchtig tummeln, an der Hand einer wackeren Hausfrau die Hausgeschäfte noch besser erlernen und bei den mannigfachen Arbeiten in Haus und Garten körperlich noch vollends erstarken, dann mögen sie sich nach Lust und Fähigkeit einen Beruf auswählen.» Sprechen sich die bürgerlichen Direktionsmitglieder wohl aus finanziellen Überlegungen gegen eine Lehrstelle aus, oder liegt ihnen mehr an der Erhaltung des Dienstbotenstandes als an der Berufsausbildung von Frauen aus der Unterschicht?

Sicher ist, dass gegen Ende des Jahrhunderts aus verschiedenen Gründen – besonders aber wegen der schlechten Behandlung durch die Herrschaften – Dienstbotenmangel herrscht.[7] «Im Platzieren unserer Dienstmädchen haben wir wenig Schwierigkeiten; tadelnd über zu geringe Leistungsfähigkeit derselben sprechen meistens solche Leute, die nur bei Ausbezahlung des Lohnes, nicht aber bei ihren Anforderungen daran denken, dass sie ein 15jähriges Kind vor sich haben», vermerkt auch der Bericht vom Jahr 1893. Die Klagen bürgerlicher Kreise über den Dienstpersonal-Notstand sind laut und zahlreich und führen zur Veröffentlichung mehrerer Schriften zu diesem Thema. Denn zum sozialen Status eines gehobenen Bürgerhaushalts gehört nach wie vor Dienstpersonal. Jede Form von Arbeit gilt als unstandesgemäss für die Hausfrau; ihr obliegt die Leitung des Haushalts. Dementsprechend hat auch im Klösterli eine «Frauencommission die Aufsicht über die Führung des gesammten Hauswesens und speziell über die Leitung und Leistungen der schulentlassenen Mädchen» (Artikel 6 der Statuten). 1896 zum Beispiel gehören der Kommission so bekannte Bürgersfrauen aus den Gründerfamilien an wie Frau Borsinger-Minnich, Frau Jeuch-Rohn und Frau Wyss-Beutler.

Auch nach dem Austritt der «Zöglinge» aus der Anstalt legen die Aufsichtspersonen noch Wert auf Kontakt und Kontrolle. Durch «Correspondenz» und andere Mittel sucht man die Verbindung mit den ausgetretenen Frauen zu erhalten und «zu passenden Zeiten ein ihre Verhältnisse bestimmendes Wort einzulegen und über ihre Aufführung ein wachsames Auge zu haben».

Die Tatsache, dass die Mädchen aus dem Klösterli geschätzte Dienstbotinnen sind, zeigt: Die «Unsumme der Mühen und Opfer» hat sich für Wohltäter und Zöglinge gelohnt. Viele Frauen «wählen ein zweites oder drittes Mal» wieder ihr Dienstpersonal von dort. Möglicherweise auch deshalb, weil so junge *Alleinmädchen* am billigsten und am formbarsten sind. «Dass diese Erziehung keine Schminke ist …, das beweisen die stets eintreffenden guten Berichte über die ehemaligen Anstaltszöglinge.» Und spätestens wenn die Mädchen zum ersten Mal in Dienst treten, werden sie «einsehen, wie schön sie es im Klösterli gehabt, wo sie, aller Sorgen entledigt, Tag für Tag ihren Tisch gedeckt fanden und nur zu gehorchen brauchten, um in allem Guten zu wachsen.» Dass sie auch fortan «nur zu gehorchen brauchen», dafür dürfte in ihren Stellungen gesorgt sein. Im bereits zitierten Leitfaden von 1913 rügt nämlich der Bund Schweizerischer Frauenvereine das Verhalten des Personals. «Eine grosse Untugend, welche jeden Dienstboten unleidlich macht, ist die stete Widerrede; sie verträgt sich nicht mit der Unterordnung und hat meist den Charakter der Empfindlichkeit oder des unvernünftigen Denkens.» Und die Broschüre schliesst mit dem wohl gemeinten Rat: «Bete und arbeite!»

«Rosen mit Dornen»

Dass die «guten Schwestern», die sich als Lehrerinnen der Anstalt damit abmühen, die Mädchen im Zaume zu halten, «unter den Rosen bisweilen auch Dornen» antreffen, verwundert diese nicht, sind doch ihre Zöglinge «noch wenig an Disziplin gewöhnt». Obwohl sämtliche Vorgesetzte «nach bestem Wissen und Gewissen ihre Pflicht getan, gewacht und gebetet, gemahnt und gesorgt, gearbeitet und Opfer gebracht» haben, gelingt ihnen die «schwierigste aller Künste, das Werk der Erziehung», nicht immer.

Ein Grund ist der, dass man bisweilen die Wohltäter schnöde abweist und sie ihr «Erziehungswerk» nicht vollenden lässt. Einzelne Mädchen werden nämlich frühzeitig aus der Anstalt zurückgezogen. «Wie schade, nicht alle kamen in gute Hände.» Dem «Gärtner» – dem Berichterstatter – ist es wind und weh, dass diese «zarten Pflänzchen mitten im Sommer aus [seinem] Garten geholt» und in einen fremden versetzt werden. Auch der Armenerziehungsverein beklagt sich darüber, dass Eltern ihre Kinder aus durchsichtigen Gründen zurückfordern. «Dann plötzlich, wenn die Kinder der Schulpflicht entronnen sind und verdienen können, besinnen sich Eltern, dass sie eigentlich auch Kinder hätten, die nun mit ihnen oder gar für sie arbeiten könnten. Da erwacht dann die Elternliebe grossartig.»[8]

Manchmal scheint aber auch die Kinderseele nicht so «rein, offen und zutraulich» gewesen zu sein, wie manche Berichte glauben machen wollen. Mit den Jahren nehmen die Klagen darüber zu, dass das beste Erziehungswerk vergebens sei, wenn es nicht auf fruchtbaren Boden falle. Wenn schon in grösseren Familien Kinder aus der Art schlügen, könne man erst recht auch einer Anstalt keinen Vorwurf machen, wenn ihr nicht alles gelinge. Überdies dürfe man nicht vergessen, dass häufig Kinder gebracht würden, bei denen «das Böse bereits starke Wurzeln gefasst habe». Ist es vielleicht gar nicht so sehr Bösartigkeit als vielmehr Trotz, der den Vorgesetzten das Leben oft schwer macht?

Der Schmerz und die Enttäuschung darüber, dass den opferwilligen Erziehern nicht alle Mädchen mit ihrem «sittlichen Verhalten» und «durch ihren Fleiss und willigen Gehorsam Freude bereiten», ist in einzelnen Jahresberichten spürbar, aber ebenso der Stolz, wenn wieder eine Anzahl Mädchen am Ende eines Jahres als Dienstbotinnen und Lehrtöchter untergebracht werden kann. Dann hat sich doch wenigstens die Geduld und die Mühe hienieden gelohnt, und es wird «in Zeit und Ewigkeit uns hundertfach vergolten, was wir zur Rettung und zum Troste einer gefährdeten Jugend geopfert», ist der Berichterstatter im Jahr 1903 überzeugt.

Die Kochschule im Klösterli, 1911. (Sammlung Historisches Museum Baden)

Man möchte ihm gönnen, dass er vom Himmel herab wohlgefällig sein Werk auf Erden betrachten konnte! Mag auch dieses Werk nicht immer aus reiner Nächstenliebe zu den armen weiblichen Geschöpfen geschehen sein, bleibt doch die eine Frage: Wer, wenn nicht bürgerlich-christliche Kreise, hätte sich sonst dieser jungen, unterprivilegierten Frauen angenommen? Welche Zukunftsperspektiven hätten sie ohne die Erziehung im Klösterli gehabt?

Anmerkungen

[1] Beim wichtigsten Geldgeber handelte es sich um Anton Rohn-Falk, der die «Villa Kreuzliberg» an der Zürcherstrasse bewohnte. Der Schwiegersohn von Anton Rohn, Joseph Borsinger-Rohn zum «Verenahof», ersteigerte das Areal des Klosters, die Kirche und die Klostergebäude zum Preis von 37150 Franken. Anton Rohn, der eigentliche Auftraggeber, stellte als Schenkung in bar 25000 Franken zur Verfügung, während die verbleibenden 12150 Franken in 15 aufeinanderfolgenden Jahresraten zu bezahlen waren. Neujahrsblatt der Apotheke Münzel in Baden für das Jahr 1950. Vgl. dazu den Beitrag von Astrid Baldinger in diesem Buch.

[2] Wo bei Zitaten nichts anderes vermerkt ist, handelt es sich um solche aus Jahresberichten der Anstalt Mariä Krönung zwischen 1892 und 1901.

[3] Bund Schweizerischer Frauenvereine (Hg.): Leitfaden für Dienstboten. Bern 1913.

[4] Pesenti, Yvonne: Beruf: Arbeiterin. Zürich 1988, 127f.

[5] Bochsler, Regula; Gisiger, Sabine: Dienen in der Fremde. Dienstmädchen und ihre Herrschaften in der Schweiz des 20. Jahrhunderts. Zürich 1989, 29f.

[6] Jahresbericht Mariä Krönung 1898.

[7] Bochsler/Gisiger, 175f.; Pesenti, 142.

[8] Jahresbericht des Armenerziehungsvereins des Bezirks Baden 1896.

Sittlichkeit, Redlichkeit, Religion:
Das Marienheim Baden

Barbara Baldinger Hartmann

Nach ihren Erfahrungen als *Alleinmädchen* im Alter von vierzehn, fünfzehn Jahren hatten viele junge Dienstmädchen die Hoffnung auf eine bessere Stelle in der Stadt, wo sich ihre Arbeit auf den Haushalt beschränkte, wo sich vielleicht noch anderes Dienstpersonal, zumindest eine Köchin, in die Arbeit teilte und dementsprechend der Lohn höher war. Der Weg zu einer *spezialisierten* Hausangestellten war allerdings lang und hart und konnte viele Jahre dauern.

Schutz vor «Gefahren an Leib und Seele»

Um die zahlreichen zuwandernden Dienstmädchen, die jung, unerfahren und ledig waren, aufzufangen und vor «Gefahren an Leib und Seele»[1] zu bewahren, schossen so genannte Platzierungsbüros für Dienstmädchen wie Pilze aus dem Boden der Städte. Die gewerblichen Stellenvermittlungsbüros galten aber als «Häuser üblen Rufs». Von Kuppelei über Abriss bis zu Betrug wurde den Büros so ziemlich alles Verwerfliche nachgesagt.[2]

In dieser Situation schufen kirchliche Kreise gegen Ende des Jahrhunderts Alternativen zum Schutz der jungen Frauen vor den Gefahren der Städte. Auf protestantischer Seite übernahmen diese Aufgabe besonders die «Freundinnen junger Mädchen», die ab 1896 in der ganzen Schweiz «Marthahäuser» ins Leben riefen. Katholische Stadtpfarreien gründeten in vielen Städten «Josefsheime», «Notburgaheime» (benannt nach der Schutzpatronin der Dienstboten) und «Marienheime»; so auch in Baden.

Am 13. Dezember 1903 wurde auf Initiative von Hochwürden Herrn Pfarrhelfer Otto Schibli im Restaurant «Gambrinus» der «Christliche Dienstboten- und Arbeiterinnenverein Baden» gegründet, der bis ins Jahr 1981 unter demselben Namen Bestand hatte. Dieser hatte den «Zweck, die Dienstboten, Arbeiterinnen, Ladentöchter, überhaupt die weiblichen Angestellten ohne Unterschied der Konfession zu sammeln, sie vor sittlichen Gefahren zu schützen und ihnen zu ihrem materiellen Wohle behilflich zu sein», so der Jahresbericht von 1906. «Die Mitglieder sollen a) die Pflichten ihrer Religion treu erfüllen, b) ihren Herrschaften aus Liebe zu Gott demütig und willig gehorchen und c) dem Vereine durch tadellosen Wandel Ehre machen. ... Macht sich ein Mitglied eines groben Vergehens gegen Sittlichkeit, Redlichkeit oder Religion schuldig, so kann es vom Direktor aus dem Verein ausgeschlossen werden.» Für einen Franken Eintrittsgeld traten schon am Gründungstag 78 «Töchter» dem Verein bei.[3]

Nach und nach wurden auch soziale Institutionen eingeführt: eine Spar- und eine Krankenkasse und ein Stellenvermittlungsbüro. Damit konnte doch wenigstens die starke persönliche Abhängigkeit der Dienstmädchen von ihren Arbeitgebern etwas eingeschränkt werden. Während nämlich Dienstbotinnen, die ernsthaft erkrankten, oft einfach auf die Strasse gestellt wurden, war es ihnen bei weniger schwerer Krankheit meist versagt, sich zu schonen oder sich gar ins Bett zu legen.[4] Das ab 1906 bezugsbereite Marienheim nahm Vereinsmitglieder «während vorübergehender Unpässlichkeit oder Rekonvaleszenz gegen billige Entschädigung» auf und pflegte sie.[5]

Die Sparkasse erlaubte den unqualifizierten und – wie man dem Artikel über die Anstalt Mariä Krönung entnehmen kann – nicht zur Selbständigkeit erzogenen jungen Frauen aus den ländlichen Unterschichten, Geld für die Aussteuer zu sparen. Denn normalerweise mussten diese Mädchen mit ihrem ohnehin geringen Lohn auch noch ihre Familie unterstützen.

Vom Schwurgerichtssaal ins Marienheim

Bald fasste der Verein auch in Baden – wie schon in anderen Städten, zum Beispiel Zürich – den Bau eines eigenen Hauses, das jungen Frauen ab sechzehn Jahren das Elternhaus ersetzen sollte, ins Auge. Bis anhin hatten sich die Mitglieder jeweils im Schwurgerichtssaal getroffen. Ein günstiger Bauplatz beim Bahnhof konnte erworben und der fertige Bau am Neujahrstag 1906 feierlich eröffnet werden. Das «Marienheim Baden», im Besitz des Dienstbotinnen- und Arbeiterinnenvereins und für 80000 Franken errichtet, umfasste einen grossen und zwei kleinere Säle und 30 Zimmer. In den 20er-Jahren wurde das Haus wegen grosser Nachfrage um ein drittes Stockwerk erweitert.

Das Marienheim beherbergte durchreisende oder stellenlose Dienstbotinnen und andere weibliche Angestellte für einen Franken und dreissig Rappen pro Tag; Kost und Logis waren inbegriffen. Unter der Obhut von Menzinger Schwestern bevölkerte sich das Haus schnell. Abgesehen von den Pensionärinnen brachten die übrigen Mitglieder des Vereins dort ihre freien Stunden zu und fanden bei den Schwestern jederzeit Rat und Hilfe.

Zusätzlich zum – rein männlichen – Komitee des Heims bildete sich ein «Damenkomitee» aus neun weiblichen «Ehrenmitgliedern zur Hebung und För-

Aus dem Prospekt für Pensionärinnen des Marienheims. Die Abbildung zeigt noch das ursprüngliche, zweistöckige Gebäude. (Archiv des katholischen Pfarramtes Baden)

derung des Vereins und des Marienheims». Ausserdem überwachte ein Vorstand von sieben Frauen den Betrieb.

Das Stellenvermittlungsbüro – «Sorgenkind der Schwester Vorsteherin»

«Bei diesem allgemeinen Zug in die Fabriken und Geschäfte gibt es immer weniger Dienstmädchen und diese wenigen sind oft schwer am rechten Ort zu platzieren», seufzt Pfarrhelfer Schibli im Jahresbericht 1907. Im Berichtsjahr hatten sich nämlich 293 Dienstmädchen für Stellen gemeldet, aber 451 Herrschaften hatten welche gesucht! Vermittelt vom Marienheim wurden schliesslich 166 Stellen. Die Attraktivität des Dienstbotenberufs war im Schwinden. Durch Abwanderung aus dem Beruf, vor allem aber durch häufigen Stellenwechsel – meist schon nach drei Monaten – suchten sich viele Mädchen den herrschaftlichen Arbeits- und Dienstanforderungen zu entziehen: «[Das Vermitteln von Stellen] ist eine schwere Arbeit für die Oberin und verlangt viel Schreiberei und Geduld, es in diesem Punkte allen recht zu machen, besonders heute, wo so viele Mädchen ihre Herrschaft und viele Herrschaften ihre Mädchen mit dem Monde wechseln und alles nur grossen Lohn und noch grössere Ansprüche macht.»[6] Allerdings ist zu bemerken, dass sich im Lauf der Jahre der Abstand zwischen Angebot und Nachfrage beim Dienstpersonal verringerte, wie die Zahlen in den Jahresberichten beweisen. Und damit fiel auch das wohl am meisten angewandte Mittel der Dienstmädchen zum Widerstand weg: das Davonlaufen aus einer Stelle.

Geselliges Beisammensein und Weiterbildung: Wege aus der Isolation

Neben den sozialen Einrichtungen kümmerte sich der Dienstbotenverein Baden auch um die Weiterbildung seiner Mitglieder. Nur: Wann hatte ein Dienstmädchen Zeit für persönliche Weiterbildung? Eine in der Stadt Zürich erstellte Enquete über die Arbeitsbedingungen der Dienstmädchen ergab, dass fast die Hälfte der Befragten oft bis abends nach elf Uhr arbeiten musste.[7] War am Sonntag Besuch angesagt, dann verzichtete die Herrschaft erst recht nicht auf Bedienung, sodass sich die sonntägliche Freizeit eines Dienstmädchens nicht selten auf die Stunden zwischen 15 und 18 Uhr beschränkte. Erst in den 30er-Jahren besserte sich dieser Zustand. «Jeden Sonntagnachmittag», so eine Studie im Jahr 1931 über die Arbeitsbedingungen von Hausangestellten in Baden, wo noch kein Normalarbeitsvertrag bestand, «jeden Sonntagnachmittag haben mehr als vier Fünftel der Badener Hausangestellten frei, alle vierzehn Tage verfügt jede elfte Angestellte über einen freien Nachmittag. ... Der regelmässige freie Werktagnachmittag ist dagegen noch nicht überall durchgedrungen. Der vierte Teil von 254 Hausangestellten kennt ihn überhaupt nicht. Ungefähr ein Drittel verfügt jede Woche über einen freien Werktagnachmittag, bei weiteren 17 Prozent fällt er in der Waschwoche aus und 9 Prozent erhalten ihn nur alle zwei Wochen.»[8]

Unter diesen Umständen war es den meisten Dienstmädchen um die Jahrhundertwende nur möglich, am späteren Sonntagnachmittag Kontakte zu Berufskolleginnen zu pflegen, ihren Hunger nach Bildung zu stillen oder Ausschau nach einem Bräutigam zu halten. Die Dienstbotenvereine, so auch derjenige von Baden, versuchten systematisch, die Hausangestellten aus ihrer Isolation zu holen und zumindest die ersten zwei Bedürfnisse einigermassen zu befriedigen.

Jeweils am Sonntag von 15.30 bis 16.30 Uhr stand den Mitgliedern des Vereins die Bibliothek im Marienheim offen. Ausserdem waren – laut Jahresberichten – die Vereinsversammlungen, vier bis sechs pro Jahr an einem Sonntagnachmittag um 16 Uhr, stets gut besucht. Dabei wurden regelmässig Vorträge mit erbaulichen, religiösen, aufklärenden und geschichtlichen Themen gehalten wie zum Beispiel: «Sparsamkeit», «Alkohol und die Frauenwelt», «Berufswahl», «Welche Dienstboten und Arbeiterinnen wechseln immer?», «Die Redlichkeit», «Die Pflichten einer Arbeiterin anhand des Vaterunser», «Dienstboten im alten Rom», «Aus Badens Vergangenheit» und viele mehr. Ausserdem bot das Marienheim für «Töchter aus allen Kreisen der Bevölkerung»[9] Kochkurse von kürzerer oder längerer Dauer an. Denn durch fehlende Kenntnisse in der Haushaltführung drohte einer Hausfrau die Gefahr, ihre Autorität beim Personal zu verlieren. Umgekehrt wuchs die Autonomie eines Dienstmädchens, wenn es sich durch hauswirtschaftliche Kurse weiterbildete.

Das Ende der Dienstbotenära

Auf diese Weise vermochten die konfessionellen Vermittlungsbüros sich zu etablieren und die gewerblichen «Platzierungsbüros» zu verdrängen. Bis in die 60er-Jahre spielten gesellige Dienstbotenvereine eine wichtige Rolle im Leben vieler Hausangestellten.[10]

Vor allem junge Dienstmädchen wohnten in den «Marienheimen», von Eltern oder Dorfpfarreien dorthin verwiesen. Ältere Dienstbotinnen schienen eine private Unterkunft – vielleicht bei einer Frau, die auch einmal Dienstmädchen gewesen war – vorgezogen zu haben, um der Kontrolle und der strengen Hausordnung zu entkommen. Mit zunehmender Berufs- und Lebenserfahrung verloren die durch Erziehung und Religion vermittelten Werte wohl ihre Allgemeingültigkeit und machten einer realeren Einschätzung Platz.

Gegen Ende des 20. Jahrhunderts löste sich der Dienstbotenverein in Baden wegen Nachwuchsmangels praktisch auf. Und als 1978 das Mutterhaus in Menzingen die Kündigung für die drei verbliebenen Schwestern einreichte, musste eine neue Lösung für die 25 meist betagten Pensionärinnen gefunden werden. 1981 hörte der «Christliche Dienstboten- und Arbeiterinnenverein Baden» definitiv auf zu existieren, und sein Besitz, das «Marienheim», wurde – wie in den Statuten vorgesehen – an den «Schweizerischen Katholischen Mädchenschutzverband» (seit 1966 Pro Filia) übergeben. Nach langen Verhandlungen war der schweizerische Verein, der das Haus aus verschiedenen Gründen nicht übernehmen wollte, bereit, dieses der Pro Filia Aargau mit allen Rechten und Pflichten zu überlassen. Öffentliche Hand und Private unterstützten die circa zwei Millionen Franken teure Innenrenovation, an welcher sich die Pro Filia selbst mit 20 Prozent Eigenleistung beteiligte.

Und so konnte das «Marienheim» am 1. Oktober 1983 zum zweiten Mal eröffnet werden, mit dem Unterschied, dass nun keine Dienstbotinnen mehr untergebracht und vermittelt werden, dass aber weiterhin junge Frauen – Lehrtöchter, Schülerinnen, Studentinnen und andere – eine preisgünstige Wohngelegenheit erhalten haben.

Anmerkungen

[1] Jahresbericht der Armenerziehungsanstalt Mariä Krönung in Baden 1893.

[2] Bochsler, Regula; Gisiger, Sabine: Dienen in der Fremde. Dienstmädchen und ihre Herrschaften in der Schweiz des 20. Jahrhunderts. Zürich 1989.

[3] Statuten des Christlichen Dienstboten- und Arbeiterinnenvereins Baden 1904.

[4] Bochsler/Gisiger, 132f.

[5] Statuten des Christlichen Dienstboten- und Arbeiterinnenvereins Baden.

[6] Jahresbericht des Christlichen Dienstboten- und Arbeiterinnenvereins Baden und des Marienheims 1911.

[7] Bochsler/Gisiger, 77f.

[8] Mousson, Nelly: Die Arbeits- und Berufsverhältnisse der Hausangestellten in Baden, Kt. Aargau. In: Zeitschrift für Schweizerische Statistik und Volkswirtschaft 1931, 3 und 1932, 1.

[9] Jahresbericht Marienheim 1907.

[10] Bochsler/Gisiger, 39f.

Caroline Birnstengel – von der Dienstbotin zur Nachlassverwalterin

Silvia Siegenthaler

«… die letzte Nacht war Vollmond. Er rief immer nach Wasser; immer fragte er: ‹Wie viel Uhr ist's?› Da – das letzte Erbrechen – ich trat mit dem Eimer zum Bett; er lehnte sich an meinen rechten Arm; er erbrach so entsetzlich, dass ich glaubte, es ersticke ihn – er seufzte und fiel zurück. Ich weinte und sagte: ‹O, mein Herr, Sie müssen leiden wie ein Märtyrer.› ‹Ja, wie ein Märtyrer›, klang es hohl. Dann nochmals ein Anfall. Dann rief er nach dem Arzt. Es war niemand in der Nähe! Tanzmusik – es war eine Sonntagsnacht – ertönte vom fernen Dorf herüber. Einen jungen Mann, der vom Tanzboden kam, sandte ich zum Arzt. Dieser kam, machte Opium-Einspritzungen und blieb über eine Stunde. Endlich schlummerte der Arme ein. Früh morgens gegen 7 Uhr – es war der 5. Mai – Napoleons Sterbetag! – rief er: ‹Caroline!› Ich gab ihm Opiumtropfen, das Letzte – er nahm sie und legte sich zum ewigen Schlummer. Ich war allein …»

Mit diesen Worten beschreibt die Dienstbotin Caroline Birnstengel die letzten Stunden ihres Herrn, des Dichters Edmund Dorer (1831–1890). Edmund Dorer wuchs als Sohn des Regierungsrats und Literaturhistorikers Edward Dorer in der Villa Egloffstein (diese stand an der Stelle des heutigen reformierten Kirchgemeindehauses) in Baden auf. Er begann seine philologischen Studien 1847 in München und wechselte später nach Leipzig und Berlin. Nach Beendigung seines Studiums lebte er als freier Schriftsteller und Privatgelehrter an verschiedenen Orten in Deutschland und der Schweiz.

Es war 1858 – Edmund Dorer hielt sich zusammen mit seinem Bruder Robert, dem Bildhauer, für längere Zeit in Dresden auf –, als Caroline Birnstengel den Dichter zum ersten Mal traf. Sie äusserte sich dazu in einem Schreiben vom 16. Juli 1894 folgendermassen: «… mich führte es als junges Ding von kaum 18 Jahren – zu einer Bekannten meiner lieben Mutter, ihr diente ich nur kurze Zeit – dort wohnten an 10 Jahren beide Brüder Dorer – 1858 an Maria Geburt – sah ich meinen Herrn kränkelnd zum ersten Mal.» Es ist zu vermuten, dass sie kurze Zeit danach die Stelle bei Edmund Dorer antrat, denn sie muss ihm gegen 30 Jahre gedient haben.

Mehr über die Herkunft von Caroline Birnstengel kann nicht in Erfahrung gebracht werden. In ihren Briefen spricht sie einzig von ihrem Bruder, der bei Königsgrätz gefallen war, und von ihrer Schwester Anna, die in einer Irrenanstalt lebte. Auch über die Beerdigung ihrer Mutter berichtet sie, wie weiter unten zu lesen sein wird. Ansonsten findet ihre Familie keine Erwähnung in ihren im Dorer-Nachlass aufbewahrten Briefen.[1] Allerdings ist zu bedenken, dass diese Briefe in den Jahren 1889 und 1894 geschrieben wurden. Zu diesem Zeitpunkt war Caroline Birnstengel etwa 50-jährig, und es ist anzunehmen, dass ihre Eltern nicht mehr lebten. Hinzu kommt die Tatsache, dass Caroline mit Edmund Dorer zwar in den 1860er-Jahren in Dresden weilte, doch Edmund danach zwischenzeitlich in die Schweiz zog, wo er sich zwischen 1879 und 1881 in Küsnacht und Hottingen/Zürich niederliess. Diese räumliche Distanz mochte auch den Kontakt zu ihrer Familie erschwert haben. Nicht unerwähnt bleiben soll, dass die Adressaten der Briefe teilweise nicht mehr ausgemacht werden können. Vermutlich handelt es sich bei den Briefempfängern vor allem um Personen, die Caroline Birnstengel im Zusammenhang mit der Veröffentlichung der Werke von Edmund Dorer oder mit dem Erscheinen von Biografie und Lebensbild des Dichters kontaktierte. Auch sind die Briefe durch das oftmalige Durchlesen nicht mehr in der richtigen Reihenfolge, so dass ab und zu eine falsche Datierung möglich ist; die Briefstellen werden hier in einer angepassten Rechtschreibung zitiert. Die letzten Jahre verbrachte Edmund Dorer mit seiner Haushälterin Caroline Birnstengel wieder in Dresden, denn wie sie sich in einem Brief vom 31. Oktober 1894 ausdrückte: «Mein Herr liebte Dresden mehr als Baden.»

Caroline Birnstengel war die Dienstbotin eines allein stehenden Herrn. Allein diese Voraussetzung mochte ihr gewisse Privilegien geboten haben, zumal keine Hausfrau ihre Arbeit kontrollierte, um die eigene Machtposition zu sichern. Gleichzeitig war sie keinen Machtspielen der Hausdame ausgeliefert. Die Beziehung zu Edmund Dorer scheint eine sehr enge gewesen zu sein, und in ihren Briefen kommt eine grosse Verehrung für ihren Herrn zum Ausdruck. Obwohl nicht viel über ihren Bildungsweg bekannt ist, darf man davon ausgehen, dass sie eine einfache Schulbildung genossen hat. Allerdings war ihr Interesse und ihr Flair für die Literatur gross. Einigen der Briefpassagen ist zu entnehmen, dass sie – vermutlich unter Edmunds Einfluss – sehr viel las und sich auch mit seinen Werken auseinander setzte. So schrieb sie in einem Brief: «Ich hatte eben mehr Bedürfnis als andre, zu geistigem Genuss, und ein gütiges Geschick warf mich in Edmund Dorers Nähe, wo ich so glücklich war. Aber dieses Geschick – lässt mich jetzt doppelt den Zins des Geniessens zahlen – Ich fühle meine Vereinsamung unter den Menschen – die ihm so wenig gleichen – doppelt». Auch der Dichter schien seine Ange-

In der Villa Egloffstein verbrachte Edmund Dorer seine Jugend. (Sammlung Historisches Museum Baden)

Der Dichter Edmund Dorer, (1831–1890). (Sammlung Historisches Museum Baden)

stellte sehr zu mögen; so schenkte er ihr unter anderem auf Neujahr 1877 ein Gedicht.

Ihr beider Umgangston zeugt von einem sehr vertrauten Beisammensein. Eines Tages, so berichtete Caroline in einem Schreiben vom 30. August 1894, nannte Edmund sie ein «Angstschiesserle», weil sie sich sehr um seine Gesundheit sorgte. Oder er neckte seine Angestellte, als sie eines Tages mit einem neuen Hut in Küsnacht ausging und ein Platzregen sie zwang zurückzukehren. Er erwartete sie zu Hause mit den Worten, es sei eine Wolke über ihrem kleinen Hütlein geplatzt. Wie integriert Caroline in den Alltag ihres Herrn war, zeigt ihre Einladung zu Besuch, so zum Beispiel bei Professor Goll und seiner Frau in Zürich. Auch Edmund Dorer nahm grossen Anteil am Leben von Caroline, indem er sie zur Beerdigung ihrer Mutter begleitete – was wiederum auf einen vertrauten Umgang hindeutet. Edmund Dorer machte sich Sorgen, Caroline ein so einfaches Leben aufzuzwingen. Vermutlich betraf seine Befürchtung unter anderem auch den Vegetarismus, zu dem sich Caroline 1875 bekehren liess, nachdem Edmund bereits seit Jahren überzeugter Vegetarier war. Das Schreiben vom 21. August 1894 zeigt, dass kein Grund zur Befürchtung bestand: «... danke der Vorsehung, die mich in die Nähe eines solchen Menschen brachte – der meine Seele – nach dem Ewigen lenkte – der wie Niemand teil an mir nahm, mir Fehler verzieh, mich vor der ... bittersten Not sicherte.»

Für Caroline Birnstengel war diese Zeit mit Edmund Dorer so ungemein bedeutend, dass sie nach seinem Tod sogar ein Angebot seines Bruders Robert, nach Baden zu kommen, abwies, obwohl ihr vermutlich die Zusage ein angenehmeres Alter beschert hätte. Robert Dorer liebte seinen Bruder über alles und konnte seinen Tod nur schwer verkraften. Wohl nicht zuletzt aus diesem Grund bat er Edmunds Angestellte nach Baden, zeigte ihr alles, anerbot ihr die Oberaufsicht über die Dienstboten und ging so weit, ihr einen Heiratsantrag zu machen. Vermutlich suchte er Carolines Nähe aus dem Wissen um ihre Bedeutung in Edmunds Leben. Doch Caroline lehnte ab, denn Liebe und Güte, die den Grundzug des Wesens ihres Herrn ausmachte, konnte sie bei Robert Dorer nicht entdecken, sondern sie bezeichnete ihn im Gegenteil als Despoten. Aus diesem Grunde entschied sie sich, wie sie am 30. September 1894 schrieb: «... ich will keinem andern Untergebne mehr sein, ... wenn ich auch mit Wurzeln und Kräutern vorlieb nehmen müsste!» Diese ablehnende Haltung mochte Robert Dorer nicht gerade freudig gestimmt haben. Als Folge kämpfte Caroline Birnstengel alljährlich um ihre Rente von 500 Franken. Trotzdem war der vermutlich letzte Brief, den sie am 8. Februar 1893 an Robert Dorer richtete, in einem versöhnlichen Ton geschrieben und schloss mit den Worten: «Geehrter Herr alles Gute zu ihrer Gesundheit, die sie hüten müssen, mir ist ihr Leben nicht gleichgültig, als dem Bruder meines Herrn selig, und

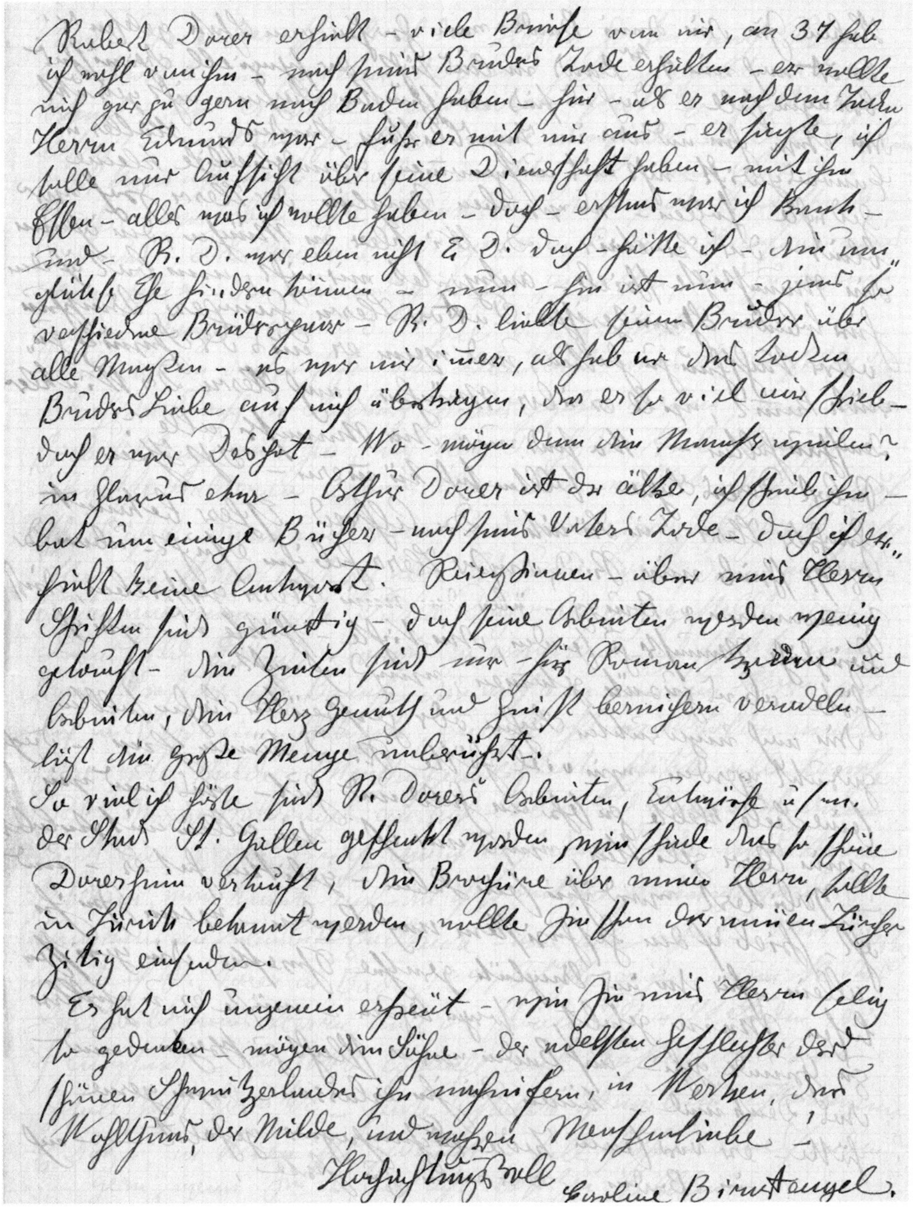

Ausschnitt aus einem Brief
von Caroline Birnstengel vom
18. August 1894. (Stadtarchiv
Baden, Nachlass Edmund
Dorer)

lange Erinnerungen weben auch Letzteres, nun nach ewigen ehernen Gesetzen müssen wir alle unser Dasein ... vollenden. Achtungsvollst, ergebenst. Caroline Birnstengel.» Robert Dorer starb am 13. April 1893.

Nach dem Tod von Edmund Dorer war Caroline Birnstengel um die Herausgabe seiner Werke bemüht. Nach verschiedenen Fehlschlägen gelangte sie an keinen geringeren als Adolf Friedrich Graf von Schack (1815–1894). Schack, der sich selbst als Dichter und Poet verstand und wie Edmund Dorer literarische Werke aus vielen Sprachen übersetzte, kannte Dorer und fühlte sich ihm anscheinend so weit verbunden, dass er sich der Herausgabe des Werkes bis zu seinem Tod annahm. In seiner Vorrede erwähnte Schack auch Caroline Birnstengel. Sie äusserte später die Befürchtung, ihre Erwähnung hätte ein falsches Licht auf ihre Beziehung zu Edmund geworfen. Denn auch Nachbarn von ihr erklärten, dass ein Frauenzimmer, das bei einem allein stehenden Herrn dient, seinen Ruf hingebe. In ihren Briefen, die vermutlich an die Biografen von Edmund Dorer gerichtet waren, bittet sie deshalb inständig darum, sie aus diesem Grund nicht zu erwähnen. In einer anderen Schilderung kommt Carolines Angst zum Ausdruck, als leichtes Mädchen hingestellt zu werden, und noch schlimmer, ihren Herrn in zwiespältigem Licht dargestellt zu sehen. Am 29. Oktober 1894 schreibt sie: «Was musste Pater Sch. denken, als ich so weinend, so ausser mir an diesem Tage [Todestag von Edmund Dorer, Verf.] zu ihm kam, und ihm meines Herrn Leben schilderte. Er als Priester hatte die Pflicht, mich zu fragen, der letzten Ölung wegen, er konnte mir in die Augen, nicht ins Herz sehen, konnte denken was er wollte, meine Zeilen hatten den Zweck mich – und meinen Herrn reinzuwaschen, ich glaube ich erreichte ihn, die Rede besagte es. Es ist der Männer Schuld, wenn Frauen fallen – sagt Shakespeare – Edmund Dorer hat kein Weib fallen gemacht – stolz können die Katholiken auf ihn sein.»

Interessant ist in diesem Zusammenhang die Beziehung zwischen Caroline Birnstengel und Edmund Dorer auch in religiöser Hinsicht. Edmund Dorer war ein gläubiger Katholik, dessen Werk vor allem in der zweiten Lebenshälfte stark religiösen Einfluss zeigte. Seine Dienstbotin Caroline Birnstengel hingegen war Lutheranerin. Eindrücklich lesen sich deshalb auch die Briefstellen, die aus den letzten Lebenstagen von Edmund Dorer berichten: «... als er todkrank auf dem Bette lag – ich ihm sagte – ich bete in der katholischen Kirche für sie ein Vaterunser, wie leuchteten seine Augen und er sagte mir – wollen sie am Marienaltar beten für mich? Was ich antwortete weiss ich nicht mehr, aber ein Wehe in meinem Herzen blieb. ... den Katholiken ist Maria aus der Jugend her heilig – also Kinder Erinnerung – tauchte am Ende des Lebens, in meinem Herrn auf ...»

Für Caroline Birnstengel kam die schwierigste Zeit ihres Lebens: Abschied nehmen von Edmund Dorer. Sie fühlte sich dem Wahnsinn nahe. Die letzten vier

Wochen vor seinem Tod verbrachte sie nachts bekleidet unten an seinem Bett, um möglichst jeden Wunsch Edmunds erfüllen zu können. Die Nächte waren schlimm, doch während des Tages vermochte er wieder zu schreiben, was ihr ein wenig Hoffnung schenkte. Wenige Tage vor seinem Tod bat er Caroline, ihm aus Franz von Assisi vorzulesen, weinend las sie aus dem Sonnengesang, ihrer Lieblingsdichtung, vor. Wenige Tage später erlag er seinem Magenleiden.

In Anbetracht der Vertrautheit, die diese Beziehung zwischen Caroline Birnstengel und Edmund Dorer auszeichnete, drängt sich die Frage auf, wieso der Dichter diese Beziehung nicht nach aussen legitimierte – unter anderem, um Caroline Birnstengel zu einem anerkannten Status zu verhelfen. Eine solche Verbindung hätte jedoch den gesellschaftlichen Konventionen nicht entsprochen. Vereinzelte Fälle, wie das Beispiel des in Zürich wirkenden Professors Jacob Henle, der das Nähmädchen Elise Egloff ehelichte, zeigen zwar, dass soziale Stufen überwunden werden konnten. Und es scheint nahe liegend, dass Edmund fern der Heimat über einen entsprechenden Handlungsspielraum verfügt hätte. Doch anscheinend fühlte er sich auch in Dresden so stark unter sozialer Kontrolle, dass er diesen Schritt nicht wagte. Sein Bruder Robert war in dieser Beziehung mutiger und schlug Caroline die Heirat vor. Sie jedoch ging nicht auf Roberts Angebot ein, weil Robert nicht Edmunds Charakter aufwies. Daraus lassen sich die insgeheimen Wünsche von Caroline vermuten. Allerdings hätte sie ihren Herrn in dieser Frage nie unter Druck gesetzt, sondern zeigte sich, wie die letzten Zeilen beweisen, zufrieden, überhaupt in Edmunds Nähe gelebt zu haben. Sie schrieb 1894: «Ich habe soviel Genuss bei meinem Herrn gehabt, ... drum muss ich das Schicksal preisen, das mich zu ihm führte und getrost zuwarten, ob die Vorsehung, mich ... vielleicht in mir unbekannten Zeiträumen ... wieder zu ihm gelangen lässt.»

Anmerkung
[1] Stadtarchiv Baden, Nachlass Edmund Dorer.

Hausfrau, Gastgeberin und Wohltäterin
Frauen der Badener Oberschicht um die Jahrhundertwende

Sarah Brian

Über die beiden für Baden bedeutenden Industriellen Charles Brown und Walter Boveri, aber auch über andere Badener Industrielle wie Edmund Oederlin oder Friedrich Merker ist viel geforscht und publiziert worden. Über deren Frauen und Töchter weiss man aber wenig. Was waren die spezifisch weiblichen Tätigkeiten und Verpflichtungen dieser Frauen?

Ein im Verlauf des 18. und Anfang des 19. Jahrhunderts stattfindender Prozess der Trennung von Erwerbs- und Privatleben führte dazu, dass der Mann zum alleinigen Ernährer der Familie wurde. Dies hatte für die grossbürgerlichen Frauen, zu denen auch die Frauen der Badener Industriellen gehörten, zur Folge, dass sie den direkten Kontakt mit dem ausserhäuslichen Leben verloren und gleichzeitig auf familiäre und repräsentative Pflichten zurückgebunden wurden. In Bibliotheken und Archiven sind wenig persönliche Zeugnisse von oder über Frauen dieser Zeit vorhanden. Dies gilt auch für Baden. Das wohl bedeutendste persönliche Zeugnis einer Badener Industriellengattin sind die in der Villa Langmatt erhaltenen Tagebücher von Jenny Brown-Sulzer (1871–1968). Das ziemlich umfangreiche Werk gäbe sicherlich einen detaillierteren Einblick ins alltägliche Leben und Wirken von Sidney Browns Ehefrau. Leider stellte die «Stiftung Langmatt Sidney und Jenny Brown» diese Tagebücher dem «Frauenstadtrundgang» nicht zur Verfügung.

Einzig Victoire Haemmerli-Boveri (1898–1983), Tochter des Firmengründers Walter Boveri, und Alice Pfau-Oederlin (1887–1982), Tochter von Hermann Edmund Oederlin, hinterliessen fragmentarische Memoiren, die aber mit ihrer Verheiratung abbrechen. Bei Memoiren muss berücksichtigt werden, dass sie meist erst im vorgerückten Alter verfasst werden. Es besteht die Gefahr, dass sich die erwachsene Frau nur begrenzt zurückerinnern kann, von ihrem frühkindlichen Erleben kaum noch etwas weiss und Erlebnisse der Jugendzeit im Erwachsenenalter anders beurteilt. Über Victoire Boveri-Baumann (1865–1930), Ehefrau von Walter Boveri, ist einiges in der Autobiografie ihres Sohnes Walter Boveri zu erfahren. Das gesellschaftliche Leben von Sidney und Jenny Brown kann anhand von Einladungen und Gästelisten, die im Archiv der Villa Langmatt erhalten blieben, ansatzweise untersucht werden. Weil schriftliche Quellen rar sind, haben mündliche Überlieferungen einen hohen Stellenwert. Einige Gegebenheiten konnten nur in Gesprächen eruiert werden. Auch hier muss die zeitliche Differenz zwischen Geschehen und Erzählen berücksichtigt werden.

Kindheit: «Auf Gedeih und Verderb dem Kinderfräulein überlassen»

Die Kinder hatten im Grossbürgertum meist keine sehr vertraute und körpernahe Beziehung zu den Eltern. Victoire Haemmerli-Boveri etwa sah ihre Eltern nicht oft; sie traf sie meistens nur beim Mittagessen und beim Gute-Nacht-Sagen. Sie, die Kinder, seien «auf Gedeih und Verderb dem jeweiligen Kinderfräulein und dessen pädagogischen Fähigkeiten überlassen» gewesen.[1] Entsprechend distanziert und unnahbar konnten Eltern auf das Kind wirken. Die Beziehung zu den Eltern konnte völlig im Kontrast zu jener zum Kindermädchen oder zur Hauslehrerin stehen. Victoire Haemmerli-Boveri sei am Tag, als ihre Hauslehrerin Glauser die Villa Boveri verlassen habe, «ganz miserabel zu Mut» gewesen; sie habe wie wild auf dem Klavier «herumgedonnert», um die immer wieder aufsteigenden Tränen zu unterdrücken. An diesem Tag habe sie ihren Vater «entdeckt»; als es am Abend zum Essen geläutet habe, traf sie ihn im Korridor. Er habe sie mit seinen grossen blauen Augen angesehen, ihr zärtlich über die Haare gestrichen, sie dann bei der Hand genommen und sei mit ihr zum Essen gegangen. Von da an habe sie auf einmal gewusst, dass sie «nicht mehr einsam und verlassen in diesem Hause» sei.[2] Im Gegensatz zum Vater, zu dem sich ihr Verhältnis von diesem Moment an stark gebessert hatte, den sie auch öfters auf Auslandreisen begleitet und ihn nach einem Autounfall mehrere Monate in einem Spital in Deutschland gepflegt hatte, blieb die Beziehung zur Mutter getrübt. Nach dem Tod des Vaters 1924, «mit dem ich mich im Lauf der Jahre immer besser verstanden hatte, bedeutete mir die Villa mit Bildern und Gärten und allem Zubehör nichts mehr». Sie sei so rasch als möglich wieder ins zoologische Institut nach Bern, ihren damaligen Arbeitsort, geflüchtet. Gemeint war damit die Flucht vor der Mutter, ohne sie ausdrücklich zu erwähnen.[3]

Ausbildung: Vorbereitung auf die Ehe

Die Ausbildung der Oberschichtstöchter zielte auf eine standesgemässe Vorbereitung auf die Ehe ab. Dabei ging es nicht darum, dass die Töchter einen Beruf, der auf Lohnarbeit ausgerichtet war, erlernen sollten, sondern dass sie sich eine gewisse Allgemeinbildung aneignen konnten, welche für die zunehmende Bedeutung der Repräsentation wichtig war. Weiter sollten sie die Umgangsformen des Grossbürgertums lernen und im Haushalt Bescheid wissen, vor allem um die Dienstboten anleiten und überwachen zu können. Zwar gab es um die Jahrhundertwende keine allgemein gültige schulische Laufbahn speziell für Mädchen aus «gutem Hause», doch besuchten die meisten zuerst entweder die Volks- oder eine Privatschule und später ein Pensionat oder Internat, vorzugsweise in einem französischsprachigen Gebiet, um die Sprache zu erlernen.

Alice Pfau-Oederlin erhielt eine eher traditionelle Ausbildung nach diesem Muster. Sie besuchte zuerst die Grundschule in Baden und danach das Internat Tannegg in Solothurn. In Internaten und Pensionaten wurden meistens neben Sprachen Fächer wie Literatur, Geografie und Geschichte unterrichtet, die eine gewisse Allgemeinbildung auf Gebieten vermittelten, die zum Konversationsstoff der Guten Gesellschaft gehörten. Weiter erlernten die Mädchen in der Regel ein Instrument, vorzugsweise Klavier, und besuchten Gesangs- sowie Malstunden. Ein Minimum an Können auf dem Gebiet der so genannt Schönen Künste war für eine Tochter aus grossbürgerlichem Haus unerlässlich. Nach dem Internat verbrachte Alice einige Monate in Paris, um Französisch zu lernen, und besuchte 1909 einen Jugendfürsorgekurs in Zürich. Anschliessend betreute sie auf dem Hasenberg Kinder von Ferienkolonien. 1914 besuchte sie einen eineinhalbjährigen Hausbeamtinnenkurs in Zürich und arbeitete anschliessend für soziale Institutionen in Baden. Nach dem Tod ihrer Mutter 1917 übernahm sie als 30-Jährige den Haushalt und kümmerte sich bis zu ihrer Heirat 1921 um ihren Vater und die fünf Geschwister.

Im Gegensatz dazu steht Victoire Haemmerli-Boveri, deren Ausbildung eher unüblich ist für ihre Herkunft. Sie studierte trotz anfänglicher Gegenwehr der Eltern Biologie an der Universität Zürich. Dies war nicht selbstverständlich, da studierende Frauen lange als abstossend galten; man unterstellte ihnen Sittenlosigkeit und egoistisches Machtstreben. Bürgerliche Eltern, die um den Ruf ihrer Tochter besorgt waren, lehnten ein Universitätsstudium lange ab. Die ersten zweieinhalb Jahre besuchte Victoire Haemmerli-Boveri die Primarschule in Baden, wurde dann aber zu Hause durch Hauslehrerinnen unterrichtet. Ihre Brüder Theodor und Walter besuchten das Landerziehungsheim Glarisegg. Da sich Victoire sehr einsam fühlte, organisierten ihre Eltern ein Mädchenkränzchen, das jeweils am Mittwochnachmittag «bei Schokolade und Stückli» zusammenkam. Diese so genannten Kränzchen oder «Vereinli» förderten den Kontakt der Mädchen zu gleichaltrigen Töchtern anderer Familien der gleichen sozialen Schicht. Die Eltern lenkten damit die Freundschaften ihrer Töchter in die richtigen Bahnen, wo sie den Umgang mit Gleichgesinnten ausserhalb der Familie schon früh lernen sollten. Es waren in der

Victoire Boveri-Baumann mit
Tochter Victoire im Garten
der Villa Boveri am Ländliweg
in Baden, um 1900.
(Archiv ABB Schweiz)

Regel Gruppen von fünf bis sieben Freundinnen, die sich jeweils einmal wöchentlich nachmittags bei einem der Mädchen zu Hause trafen. Bei diesen Treffen standen kindliche Plaudereien und Schwärmereien, die Anfertigung von kleinen Handarbeiten, aber auch Kaffee trinken und Gebäck essen im Vordergrund. Leider ist nicht bekannt, wer Victoires Vereinlifreundinnen waren; wahrscheinlich haben aber diejenigen Töchter dazugehört, deren Eltern bei den Boveris ein- und ausgingen. Nach Ablauf der obligatorischen Schulpflicht wollten Victoires Eltern ihre Tochter in ein Mädcheninstitut nach Baden-Baden schicken, entschieden sich dann aber für die Höhere Töchternschule in Zürich, «wo die Töchter besserer Familien sich noch etwas Bildung aneigneten», wie Victoire abschätzig bemerkte. Sie selbst wollte die der Töchternschule angegliederte Gymnasialklasse für Mädchen besuchen, da sie «eine gleichwertige Bildung wie die Buben» wollte. Der folgende «Kampf um den Eintritt ins Gymnasium» zwischen ihr und ihrer Mutter, die gemäss einer Absprache mit dem Vater in der Erziehung der Tochter freie Hand hatte, entschied sich erst zugunsten von Victoire, nachdem sich die frühere Hauslehrerin Glauser für sie eingesetzt hatte. Nach der Matura, die sie 1917 erfolgreich bestanden hatte, stellte sich die Frage nach der Zukunft einmal mehr. Victoire schlug vor, eine Haushaltungsschule in einem französischsprachigen Gebiet zu absolvieren, doch die Mutter opponierte erneut. Sie einigten sich auf den dreimonatigen Besuch einer Pension in Genf. Wieder zurück, hätte Victoire die Zeit bis zur Heirat im elterlichen Haus mit etwas Gesangsstunden verbracht, wenn es nach dem Wunsch der Eltern gegangen wäre. Doch Victoire wollte «einen praktischen Beruf» erlernen, was natürlich nicht den Konventionen dieser Gesellschaftsschicht entsprach. Diskussionen mit den Eltern über ein Studium blieben unfruchtbar, so dass sie sich eines Tages ohne deren Wissen an der Universität Zürich immatrikulierte und Biologie studierte. Nachdem sie ihren Entscheid den Eltern mitgeteilt habe, sei «der Sturm ... dann geringer (gewesen), als ich erwartet hatte und ging vorüber».[4]

Heirat als Lebensziel
Welche Heiratsverbindungen gingen Töchter von Industriellenfamilien ein? Die Ehe war wie kaum etwas anderes im bürgerlichen Leben für Mann und Frau ein von der Gesellschaft vorgegebenes Lebensziel. Die Frau blieb bis zur Heirat «Tochter des Hauses» und erreichte eigentlich erst als Ehefrau den Status einer Erwachsenen. Gegenseitige Liebe und Zuneigung waren nicht die Hauptargumente für eine Heirat. Dass Heiraten auch um die Jahrhundertwende und später, und selbst in neu aufkommenden Industriezweigen wie der Elektrobranche, noch immer geschäftlichen Zwecken dienen konnte, zeigt das Beispiel von Walter

Hochzeit von Victoire Boveri und Victor Haemmerli im Mai 1926 in der Villa Boveri am Ländliweg in Baden. (Archiv ABB Schweiz)

Boveri und Victoire Baumann. Boveri wollte ein neues elektrotechnisches Unternehmen gründen, besass aber weder eigenes Vermögen, noch verfügte er über die nötigen verwandtschaftlichen und geschäftlichen Beziehungen. Erst als er 1890 den Zürcher Seidenindustriellen Conrad Baumann-von Tischendorf kennen lernte, der Interesse an Boveris Plänen zeigte, taten sich ihm neue Möglichkeiten auf. Als Mitgift zur Verlobung seiner einzigen Tochter Victoire mit Walter Boveri gab Baumann seinem zukünftigen Schwiegersohn das benötigte Startkapital von einer halben Million Franken als Darlehen. Die Ehe der beiden war keine Liebesheirat, wie sowohl Sohn Walter als auch Tochter Victoire bezeugen. Walter Boveri liess es seiner Frau gegenüber «an jeglichen Äusserungen der Zärtlichkeit ermangeln, obwohl er zweifellos eine tiefe Zuneigung zu ihr hatte, die aber der Bewunderung, die meine Mutter für ihn hegte, nichts Gleichwertiges entgegenzusetzen vermochte».[5] Ersatz fand Victoire Boveri-Baumann in ihrem Garten. Stundenlang durchwanderte sie zusammen mit Gärtner Süss die Anlagen des Parks und den Gemüsegarten mit den Gewächshäusern. Victoire Haemmerli-Boveri bezeichnete das Zusammenleben ihrer Eltern als eine Ehe, «die schon lange keine Ehe mehr war».[6]

Bälle und andere Tanzanlässe waren Höhepunkte im gesellschaftlichen Leben der bürgerlichen Klasse. Vor allem für junge Frauen und Männer im heiratsfähigen Alter stellten sie eine Art institutionalisierten Heiratsmarkt dar. An den auch in Baden häufig veranstalteten Bällen hatten die jungen Leute Gelegenheit, einen Ehepartner aus der gleichen sozialen Schicht zu finden. Victoire Haemmerli-Boveri lernte ihren zukünftigen Ehemann, den Augenarzt Victor Haemmerli, im Winter 1923 an einem Maskenball, «an dem man irgendwie orientalisch kostümiert und maskiert zu erscheinen hatte», bei der Zürcher Bierbrauerei-Familie Hürlimann kennen.[7] Nach einigen Treffen und dem Austausch von Briefen nahm Victoire ihren «ganzen Mut zusammen» und lud Victor Haemmerli zu einem in der Villa Boveri stattfindenden Tanz-Tee ein.[8] Dieses Vorgehen ist ungewöhnlich, da sich Frauen bei der Partnerwahl weitgehend passiv zu verhalten hatten und selbst keine Annäherungen herbeiführen sollten. Vor die Wahl gestellt, als Schweizer Zoologin an der Universität Neapel Karriere zu machen oder den Heiratsantrag von Victor Haemmerli anzunehmen, entschied sie sich für Letzteres. Sie folgte ihrem Ehemann nach Chur, wo er eine Praxis als Augenarzt eröffnet hatte, und arbeitete in der Praxis mit.

Alice Pfau-Oederlin lernte ihren Ehemann gemäss ihrem Sohn Thomas Pfau wahrscheinlich an einem Ball bei den Browns kennen. Max Julius Pfau, den Alice 1921 heiratete, war leitender Angestellter bei der BBC und Cousin von Charles und Sidney Brown.[9]

Ein weiteres Beispiel für die Tatsache, dass das Badener Grossbürgertum vorzugsweise in den eigenen Kreisen heiratete, ist Erica Baumann, eine Stiefschwester von Victoire Boveri-Baumann. Walter junior bezeichnete seine Tante als hübsches, junges Mädchen, das unter den Ingenieuren der BBC nicht nur wegen ihres Aussehens, sondern auch wegen ihrer «günstigen Vermögenslage» beliebt war.[10] Die Verlobung und Hochzeit mit dem BBC-Ingenieur Curt Hoenig fand im März 1910 im Gartensaal der Boveris statt.

Vorsteherin des Haushalts
Die grossbürgerliche Frau hatte einen dreifachen Beruf als Ehe-, Hausfrau und Mutter. Damit verbunden waren ihre repräsentativen Aufgaben in der so genannt Guten Gesellschaft. Eine bürgerliche Frau ging im 19. und frühen 20. Jahrhundert keiner ausserhäuslichen Erwerbstätigkeit nach. Damit demonstrierte das Bürgertum die ökonomische Freiheit der Familie, und zugleich fand eine Abgrenzung zur Arbeiterklasse statt.

Die Aufgaben der Hausfrau in einem grossbürgerlichen Haushalt waren um 1900 vor allem organisatorischer Art und beschränkten sich auf Organisation und Kontrolle der anfallenden häuslichen Arbeiten. Sie leitete und überwachte das Dienstpersonal des Hauses, wozu im Normalfall drei Hausmädchen gehörten: eine Köchin, ein Zimmer- und ein Kindermädchen. Bei Bedarf konnten noch zusätzliche Angestellte wie Hausdiener, Gärtner oder Näherinnen hinzukommen. In der Villa Boveri am Ländliweg waren zeitweise bis zu 15 Angestellte beschäftigt. Die Familie Pfau-Oederlin lebte im inzwischen abgerissenen Haus an der Felsenstrasse im Vergleich zu den Boveris etwas bescheidener und hatte eine Köchin, ein Zimmer- und ein Kindermädchen; Letzteres allerdings nur, solange die Kinder noch sehr klein waren. Victoire Boveri-Baumann verstand es «äusserst gewissenhaft und mit grossem Geschick», den wegen der grossen «gesellschaftlichen Betriebsamkeit» aufwändigen Haushalt mit Hilfe der Haushälterin Marie zu lenken und den ständig schwankenden Belastungen anzupassen.[11] Marie, genannt «Moi», war die gute Fee im Haus, welche die Boveris auf allen Reisen begleitete, kranke Familienmitglieder pflegte und «in kritischen Situationen manchmal plötzlich auftauchte und alles wieder ins rechte Geleise brachte».[12] Joseph Eich, der Hausdiener, gehörte ebenfalls zum Inventar des Hauses und wurde vor allem von den Kindern «abgöttisch» geliebt, da er in seiner Freizeit oft mit ihnen spielte und meist eine Überraschung für sie parat hatte.[13] Mit der Unterstützung von Sepp und Moi konnte «schon allerlei durchgestanden werden».[14] In einer breiten Nische hinten im Wohnzimmer, im so genannten Erker, stand Victoire Boveri-Baumanns Schreibtisch, von dem aus sie das ganze Wohnzimmer überblicken konnte. Dies war «eine

Art Kommandobrücke für den gesamten Haushalt», wo sie ihre Haushaltungsbücher schrieb, in denen «selbst die kleinsten Ausgaben verzeichnet waren».[15] Alice Pfau-Oederlin beschreibt in ihren «Erinnerungen» am Beispiel der «Bügelei», wie der Haushalt in der damaligen Zeit «endlos viel Zeit» beanspruchte: «Zum Bügeln hatten wir in der Fabrik hergestellte Glätteisen. Diese wurden durch eine kleine Öffnung mit glühenden Holzkohlen gefüllt, welche die glatte Bügelfläche erhitzten. Mit einem ‹Blasbalg› wurde ab und zu die Kohlenglut durch die Öffnung angefacht, wobei schwarze Kohlenstäubchen umher flogen und sich auf die saubere Wäsche setzten!!»[16]

Der Tagesablauf der Frauen war genau geregelt. Fast immer wurden die Essenszeiten durch den Arbeitsrhythmus des Mannes bestimmt. Walter Boveri junior erinnert sich, dass er immer pünktlich kurz vor dem Mittagessen vom Garten her «einen trockenen Husten und gleich darauf das Öffnen und Schliessen der grossen vorderen Haustür» hörte, welches die Ankunft seines Vaters zum Mittagessen anzeigte. Mit gleicher Regelmässigkeit wurde abends bis Punkt zehn Uhr gelesen und dann zu Bett gegangen.[17] An die Pünktlichkeit im Hause Boveri erinnert sich auch Margret Boveri, eine Cousine der Boveri-Kinder. Es hätten sich jeweils alle im Wohnzimmer versammelt, «bevor auf die Sekunde pünktlich die Essensglocke läutete».[18] Alice Pfau-Oederlin erlebte den Tagesablauf in ihrem Elternhaus ebenfalls als sehr geregelt und pünktlich. Ihr Vater, Hermann Edmund Oederlin, Sohn des Firmengründers, habe täglich vor dem Frühstück einen Rundgang durch die Fabrik gemacht, um dann anschliessend zum Familienfrühstück in die Villa Müsegg zurückzukehren, die Morgenpost zu lesen und wieder ins Büro zu gehen. Er sei immer pünktlich im Geschäft gewesen und abends jeweils um 21 Uhr ins Bett gegangen.

Die Frauen besprachen nach dem Frühstück das Organisatorische mit den Bediensteten und gaben ihnen entsprechende Anweisungen. Den Tag verbrachten sie mit Mussebeschäftigungen, den so genannt Schönen Künsten wie Malen, Musizieren und Gesangsstunden, aber auch mit gemeinnützigen Tätigkeiten und zahlreichen Visiten bei Verwandten und Bekannten. Am Abend stand nicht selten eine Einladung, der Besuch eines Konzerts, Vortrags, Theaters oder Balls auf dem Programm.

Gesellschaftliche Verpflichtungen der perfekten Gastgeberin

Im Zentrum der repräsentativen Verpflichtungen der Frauen standen die gegenseitigen Besuche und Einladungen. Es gab kürzere Besuche wie Teevisiten oder «Kränzchentees», die vorwiegend unter Frauen abgehalten wurden, und aufwändigere Einladungen wie Mittagessen, Diners oder Bälle, die einiges an Organisation verlangten.

Alice Pfau-Oederlin als
19-Jährige im Salon der
Villa Müsegg, 1906.
(Privatbesitz Thomas Pfau)

Gegenseitige Besuche und Einladungen gehörten bei vornehmeren bürgerlichen Familien zum guten Ton. Die Badener Industriellenfamilien pflegten regen Kontakt untereinander, wie Gästelisten von Sidney und Jenny Brown belegen, die im Archiv der Villa Langmatt erhalten sind. Zu ihren Bällen luden sie jeweils zwischen 40 und 120 Personen ein. Zu den Gästen gehörten unter anderen die Badener Industriellenfamilien Boveri, Oederlin (Metallwarenfabrik), Nizzola (Motor AG, seit 1923 Motor-Columbus AG), Merker (Metallwarenfabrik), Pestalozzi (Metallwarenfabrik, Zürich), Müller (Bierbrauerei), aber auch leitende Angestellte der Firma mit deren Familie: Conrad Baumann (Schwager von Walter Boveri), Henri Naville, Albert Aichele, Fritz Funk (Jugendfreund von Walter Boveri, Kommanditär bei der Firmengründung) und Alfred Hafter. Interessanterweise scheinen Textilindustrielle nicht eingeladen gewesen zu sein. Ein solcher Anlass bedurfte einer minutiösen Planung. Für den Ball vom 22. Januar 1910 erwarteten die Browns 90 Gäste, wobei das Zürcher Hotel «Baur au Lac» für Souper, Buffet, Getränke, Transport und Stellung des ganzen Materials sowie des Aufsichts- und Bedienungspersonals zuständig war. Der Ball begann um acht Uhr mit Tanz im grossen Salon und in der Galerie, wobei eine erste kleine Erfrischung von Lemonsquash und Claretcup bereitgestellt wurde. Um halb zehn Uhr servierte das Personal ein sechsgängiges Menü, und um ein Uhr morgens stellte es zur Stärkung ein Buffet mit den feinsten Häppchen auf. Für die Leistungen des «Baur au Lac» bezahlten die Browns 3000 Franken, wobei in diesem Preis Musik und Weine noch nicht inbegriffen waren.

Neben den grossen Bällen spielten nach der Arbeit die gesellschaftlichen Veranstaltungen «der jungen Elektrischen», wie die BBC-Angestellten angeblich im Badener Volksmund genannt wurden, eine grosse Rolle. Gemäss Albert Hafter, einem ehemaligen leitenden Angestellten bei BBC, sorgten die wöchentlichen Veranstaltungen für Abwechslung. Neben musikalischen Darbietungen und theatralischen Aufführungen fanden alle möglichen Veranstaltungen statt. Besonders beliebt scheinen die Abende bei den Funks gewesen zu sein, wo musiziert wurde, und Fritz Funks Frau Johanna Klavier spielte.[19] Bei den Boveris waren jeweils junge ausländische Ingenieure zu Besuch, die bei der BBC arbeiteten. Sie spielten meistens Bridge, tanzten aber auch im Gartensaal zu den Melodien eines «krächzenden Grammophons» Walzer, Polka, Foxtrott und Boston.[20] Es galt als «besonders angezeigt», nach einem gesellschaftlichen Anlass im betreffenden Haus eine «Sonntagmorgenvisite» zu machen. Walter Boveri junior, der manchmal an diesen Visiten teilnehmen musste, versuchte sich wenn immer möglich davor zu drücken. Einerseits waren ihm die hohen Stehkragen und steifen Manschetten ein Gräuel, weswegen er mit seiner Mutter «manchen Strauss ... auszufechten

Alice Pfau-Oederlin als Brieftaube verkleidet für einen Maskenball 1907. (Privatbesitz Thomas Pfau)

hatte», andererseits fand er diese Besuche einfach «abscheulich»: «Um sie [die Visiten, Verf.] abzuhalten, besassen selbst kleinbürgerliche Wohnungen einen Salon, der meist nur zu diesem Zweck geöffnet wurde. Umgeben von dem Geruch verstaubter Plüschmöbel, hatte man im Allgemeinen den Eindruck, als ob der Hausherr sich schrecklich langweile und sich viel lieber anderswo aufgehalten hätte.»[21]

Zu den Anforderungen an die perfekte Gastgeberin gehörte nicht nur die Unterhaltung der Gäste mit Gesprächen, Musizieren und Gesang, sondern auch eine auserlesene, der Gelegenheit entsprechende Garderobe, mit der sie den Status ihrer Familie repräsentierte.

Im Vorfeld einer Einladung musste die Gastgeberin abwägen, wem sie eine Einladung schuldete oder mit wem sie Kontakt zu knüpfen beabsichtigte. Sie musste die Tischordnung genau überdenken, galt es doch, Alters-, Standes- und Geschlechterhierarchien sowie persönliche Zu- und Abneigungen der Gäste zu berücksichtigen. Für grössere Einladungen wurden Karten gedruckt oder handschriftlich abgefasst.

Tanzanlässe waren Höhepunkte im gesellschaftlichen Leben des Grossbürgertums. Einladungen boten den Frauen die Möglichkeit, die «Resultate weiblicher Mussebeschäftigungen vorzuzeigen, die gleichzeitig zur Veredelung der Atmosphäre dienen sollten».[22]

Die Pflege der Verwandtschaftsbeziehungen lag ebenfalls im Aufgabenbereich der Frauen. Die Familie Boveri beispielsweise war oft in Frankfurt bei den Verwandten zu Besuch, wo «zahlreiche Aufwartungen bei Verwandten unternommen» und gemeinsam Theateraufführungen und Konzerte besucht wurden.[23] Auch der schriftliche Kontakt war wichtig. Victoire Boveri-Baumann verfasste an ihrem bereits erwähnten Schreibtisch «lange Briefe an Verwandte, die in regelmässigen Zeitabschnitten über alles Geschehen in unserer Familie unterrichteten».[24] Im Gegensatz zur regen Verwandtschaftspflege der Boveris berichtet Alice Pfau-Oederlin, dass ihre Eltern ein ruhiges Familienleben führten, an keinen Gesellschaften teilnahmen und nur wenig Verwandtenbesuche hatten.

Wohltätigkeit und Gemeinnützigkeit als einzige ausserhäusliche Beschäftigung
Neben den gesellschaftlichen Verpflichtungen und der Pflege der «Schönen Künste» gehörten auch wohltätige und gemeinnützige Aktivitäten zum Aufgabenbereich der Frauen. Diese Aufgaben waren für die grossbürgerliche Frau, die vom Erwerbsleben ausgeschlossen war, die einzige tolerierte Form der Beschäftigung in der Aussenwelt. Es gab verschiedene Formen gemeinnütziger Tätigkeiten: Während im 19. Jahrhundert die direkte Hilfe, beispielsweise Besuche bei Armen, noch

Victoire Boveri-Baumann am Schreibtisch im Salon der Villa Boveri, um 1900. (Archiv ABB Schweiz)

Jenny Brown um 1900. (Stiftung Langmatt Sidney und Jenny Brown)

überwog, wurden zur Jahrhundertwende immer mehr gemeinnützige Vereine und Institutionen gegründet.

Über die Wohltätigkeit der Badener Industriellenfrauen ist nur ansatzweise in Gesprächen mit Nachfahren etwas zu erfahren. Schriftlich ist, soweit bekannt, nichts überliefert. Monika Cavedon, Tochter des ehemaligen Langmatt-Gärtners Franz Schneider, erinnert sich an einen Wohltätigkeitsverein namens «Couture», der wahrscheinlich im Zeitraum der 1920er- bis 1950er-Jahre tätig war. Neben Jenny Brown, die ihn vermutlich initiiert hatte, gehörten ihm auch Yvonne Boveri-Boner (Schwägerin von Victoire Haemmerli-Boveri und Nichte von Jenny Brown), Lucia und Adriana Nizzola, Edith und Margerite Funk an. Man traf sich jeden Donnerstag zu Hause zu Tee und Gebäck, während die Weissnäherinnen dieser Frauen für die Armen nähten. Die genähten Kleider, vor allem Nachthemden und Pullover, wurden an Weihnachten verteilt. Weiter spendete dieser Verein der Tuberkulosenanstalt Barmelweid, der Armenerziehungsanstalt, dem Kinderheim Klösterli und dem Spital Geld sowie Naturalien.[25] Alice Pfau-Oederlin war nach ihrer Heirat mehrere Jahre Präsidentin der Sektion Baden der «Aargauischen Frauenliga zur Bekämpfung der Tuberkulose». Sie war zuständig für Aufklärung, Unterstützung von Tuberkulosekranken, Organisation von Betreuungsdiensten und für das Sammeln von Geld, um die Kranken ins aargauische Sanatorium Barmelweid schicken zu können. Weiter war sie Gotte von bedürftigen Kindern, die sie durch ihre Patenschaft unterstützte. Victoire Boveri-Baumann veranstaltete jedes Jahr zur Weihnachtszeit eine Bescherung für bedürftige Kinder. Im Beisein der Armenschwester der Gemeinde sangen die Kinder Lieder vor dem Weihnachtsbaum. Jedes Kind erhielt «einen nützlichen Gegenstand und überdies, der Kinderfreude mehr entsprechend, ein Spielzeug. Daneben fehlte es natürlich nicht an Dingen zum Naschen.»[26]

Anmerkungen

[1] Archiv ABB Schweiz, Memoiren Victoire Haemmerli-Boveri, 1.
[2] Ebenda, 4.
[3] Ebenda, 19.
[4] Ganzer Abschnitt ebenda, 2f., 5, 8f.
[5] Boveri, Walter: Ein Weg im Wandel der Zeit. Jugendjahre. München 1963, 181.
[6] Memoiren Victoire Haemmerli-Boveri, 5.
[7] Ebenda, 17.
[8] Memoiren Victoire Haemmerli-Boveri, 20.
[9] Gespräch Thomas Pfau, 12.5.2000.
[10] Boveri, Wandel, 112f.
[11] Ebenda, 180.
[12] Memoiren Victoire Haemmerli-Boveri, 1.
[13] Boveri, Wandel, 58–61.
[14] Ebenda, 180.
[15] Ebenda.
[16] Alice Pfau-Oederlin (1887–1982), Erinnerungen über das Leben in der Müsegg 1892–1900, aufgezeichnet ca. 1970, Privatbesitz Thomas Pfau, 8f.
[17] Boveri, Wandel, 310.
[18] Boveri, Margret: Verzweigungen. Eine Autobiographie. München, Zürich 1977, 40.
[19] Archiv ABB Schweiz, Hafter, Albert: Persönlich Erlebtes aus der BBC-Chronik, 9.
[20] Boveri, Wandel, 178f.
[21] Ebenda, 137f.
[22] Blosser, Ursi; Gerster, Fanziska: Töchter der Guten Gesellschaft. Frauenrolle und Mädchenerziehung im schweizerischen Grossbürgertum um 1900, Zürich 1985, 117.
[23] Boveri, Wandel, 167.
[24] Ebenda, 180f.
[25] Gespräch mit Monika Cavedon-Schneider, 17.5.2000.
[26] Boveri, Wandel, 62f.

Zwischen Spule und Kochtopf
Arbeiterinnen der Badener Spinnerei in der Aue

Katja Bianchi

Industrielle Frauenarbeit gibt es schon seit dem Ende des 18. Jahrhunderts, als die grosse Nachfrage nach Baumwollstoffen die Mechanisierung der Textilproduktion förderte und – zuerst in England, dann auf dem europäischen Kontinent – die erste grosse Industrialisierungswelle auslöste.

Weben, vor allem aber Spinnen, waren vor der Industriellen Revolution häusliche Tätigkeiten, die vorwiegend Frauen der agrarischen Unterschicht verrichteten. In Kombination mit der saisonbedingten landwirtschaftlichen Arbeit war diese weibliche Arbeit für die Familie oft ein notwendiger Nebenverdienst. Dieses vorindustrielle, von Heimarbeit geprägte Verlagssystem wurde Ende des 18. Jahrhunderts von der industriellen Produktion in der Fabrik verdrängt, was mit der Trennung von Wohn- und Arbeitsbereich tief greifende gesellschaftliche und soziale Veränderungen einleitete. Diese Umwälzungen haben vor allem die Lebensrealität von Frauen der ländlichen Unterschicht nachhaltig verändert, die für die Baumwollindustrie – der führenden Industriebranche des 19. Jahrhunderts – ein unersetzbares und billiges Arbeitskräftereservoir waren.[1]

Die erste Industrie im Bezirk Baden: eine Frauendomäne
Auch für die Schweiz, und im speziellen für den Kanton Aargau, war die Mechanisierung der Baumwollspinnerei der Startschuss zur Industrialisierung. Während im Berner Aargau die Gründungswelle von mechanischen Spinnereien bereits 1810 einsetzte, wurden im Bezirk Baden mit den Baumwollspinnereien Bebié in Turgi und Wild-Solivo in der Badener Aue erst 1826 und 1835 die ersten industriellen Produktionsstätten errichtet. Obwohl um 1860 am Badener Flusslauf der Limmat die metallverarbeitenden Fabriken Diebold, Wegmann und Oederlin entstanden, war die Textilindustrie bis zur Gründung der BBC 1891 unangefochten die grösste Arbeitgeberin im Bezirk Baden. Aufschlussreiches statistisches Material hierzu liefert die amtliche Betriebszählung von 1885:

Gemeinde	Firma	Industriezweig	Arbeiterzahl männl.	weibl.	total
Baden	A. Spörri	Baumwollspinnerei	115	147	262
	Joh. Zehnder	Buchdruckerei u. Buchbinderei	8	0	8
	Rohn Alois	Parquet	42	0	42
	Merker u. Sartory	Metallwaaren	45	2	47
Bergdietikon	R. Fröhlich-Dorer	Kunstwollfabrik	2	1	3
Ennetbaden	Wegmann u. Cie.	Seidenzwirnerei	1	17	18
	Wegmann u. Cie.	Maschinen	59	0	59
Gebenstorf	Kunz Heinrich	Baumwollspinnerei	130	126	256
Künten	J.B. Trost u. Sohn	Metallwaaren	39	0	39
Mellingen	Steiger u. Cie.	Stickerei	18	46	64
	C. Halter u. Sohn	Rosshaar, b'wollene Geflechte	2	20	22
	Steiner Rudolf	Seidenwind- und Zwirnerei	5	30	35
Niederrohrdorf	Castor Egloff	Metallwaaren, Lampen	52	4	56
Oberrohrdorf	Martin Vogler	Bürsten	1	15	16
Obersiggenthal	Oederlin Carl	Metallwaaren	102	9	111
Kirchdorf	Anner Gebr.	Knochenwaaren	5	0	5
Untersiggenthal	Baumwollspinnerei u. Zwirnerei Niederuster	Baumwollspinnerei, Nähfaden	63	162	225
Spreitenbach	Hanhart-Solivo	Baumwollspinnerei	80	98	178
Stetten	E. Billeter-Kölla	Seidenzwirnerei	1	32	33
Turgi	Bebie Edmund	Baumwollspinnerei, Giesserei	63	74	137
	Kappeler-Bebie L.	Baumwollspinnerei	80	79	159
Wettingen/ Neuenhof	Wild Johann	Baumwollspinnerei, Baumwollweberei	183	337	520

Vergleich der Bezirke

Bezirk	>100 Arbeitskräfte*	Total Betriebe	Arbeitskräfte/ Betrieb	männl. Arbeitskräfte	weibl. Arbeitskräfte	weibliche in %	Total Arbeitskräfte	Bevölkerung**	Arbeitskräfte in %***
Aarau	5	61	34	1018	1028	50	2046	20539	10
Baden	8	22	104	1096	1199	52	2295	23400	10
Bremgarten	0	15	37	170	384	69	554	17770	3
Brugg	2	8	155	606	631	51	1237	16732	7
Kulm	6	52	51	1056	1591	60	2647	19571	14
Laufenburg	0	5	27	41	96	70	137	13919	1
Lenzburg	3	32	44	669	726	52	1395	17880	8
Muri	0	1	15	0	15	(100)	15	13958	0
Rheinfelden	0	10	34	180	162	47	342	11370	3
Zofingen	4	47	44	878	1193	58	2071	27239	8
Zurzach	1	9	36	108	214	66	322	12994	2
Kanton Aargau	29	262	50	5822	7239	55	13061	195372	7

* Betriebe mit mehr als 100 Arbeitskräften – ** Bevölkerung des Bezirks (interpoliert zwischen den Volkszählungen 1880 und 1888) – *** industrielle Arbeitskräfte in Prozent der Gesamtbevölkerung

Branchenstruktur, Beschäftigte in Prozent

Bezirk	Textil*	Tabak	Geflecht	Metall	andere
Aarau	75	0	1	9	15
Baden	82	0	1	14	3
Bremgarten	58	4	38	0	0
Brugg	83	4	3	1	9
Kulm	11	84	0	1	4
Laufenburg	81	4	0	0	15
Lenzburg	56	6	21	7	10
Muri	(100)	0	0	0	0
Rheinfelden	5	38	0	0	57
Zofingen	86	1	3	0	10
Zurzach	87	3	0	0	10
Kanton Aargau	**62**	**20**	**5**	**5**	**8**

* inkl. Schuhindustrie

Im Bezirk Baden waren 1885 insgesamt 1096 Arbeiter und 1199 Arbeiterinnen beschäftigt, davon 82 Prozent in der Textilbranche. 52 Prozent aller Beschäftigten waren Frauen, wovon 61 Prozent in der Textilindustrie und nur 7 Prozent in der Metallindustrie arbeiteten.[2]

Das Primat der Textilindustrie im 19. Jahrhundert galt somit auch für den Bezirk Baden; gleichzeitig zeigt der relativ hohe Prozentsatz an Frauen, wie stark die Frauenarbeit vor allem die erste Industrialisierungswelle der Region geprägt hat. Wenn im Folgenden eben diese Frauenarbeit in den Mittelpunkt der Betrachtungen gerückt wird, geschieht dies im Sinne einer wichtigen Aufarbeitung und notwendigen Ergänzung zur bestehenden regionalen Industriegeschichte.

Angesichts des vorgegebenen Rahmens und der spärlichen Quellenlage drängte sich bei diesem Thema eine Untersuchung in Form einer Fallstudie auf, die somit keinen Anspruch auf Allgemeingültigkeit erhebt. Die Wahl fiel auf die Spinnerei in der Badener Aue, die als grösster Fabrikbetrieb des Bezirks – mit 24000 Spindeln war sie 1837 eine der grössten Baumwollspinnereien der Schweiz – ihre Produktion vorwiegend auf Frauenarbeit abstützte. In den Zeiten der Hochkonjunktur um 1870 beschäftigte die Spinnerei rund 500 Personen, zu einem grossen Teil Frauen und Kinder. Im Zuge der internationalen Depression ab 1876 ergriff der damalige Zürcher Fabrikant Albert Spoerry Rationalisierungsmassnahmen, die rund der Hälfte der Spinnereibelegschaft die Stelle kosteten.[3] Dem Fabrikverzeichnis von 1885 ist zu entnehmen, dass nach der Krise noch 262 Personen in der Spinnerei Baden beschäftigt waren, davon immer noch 56 Prozent Frauen.[4]

Anhand eines von industrieller Frauenarbeit dominierten Grossbetriebs sollen somit die sozialen Verhältnisse der Arbeiterinnen der Region in Fabrik und Familie

Die Baumwollspinnerei in der Badener Aue um 1900: Die Anlage umfasste ein Spinnereigebäude mit verschiedenen Nebengebäuden, ein Fabrikantenwohnhaus, ein hölzernes Turbinenhaus und vier Kosthäuser (drei davon sind auf der Hangkante zu sehen). Nachdem 1904 das sechsstöckige Spinnereigebäude bei einem Grossbrand vollständig niedergebrannt war, wurde kein Wiederaufbau in Erwägung gezogen, und der Spinnereibetrieb eingestellt. Rechts im Bild ist die angeschwemmte Flussbadeanstalt zu sehen, die sich von ihrem Standort flussaufwärts losgerissen hatte.
(Sammlung Historisches Museum Baden)

aufgezeigt werden. Berücksichtigt wird die Zeitspanne zwischen 1837 und 1904, die mit der Inbetriebnahme der Baumwollspinnerei beginnt und mit der Schliessung der Fabrik nach einem Grossbrand endet.

Angelernt und schlecht bezahlt

Der Produktionsprozess in der Baumwollindustrie umfasste von der Öffnung der Baumwollballen bis zum fertigen Baumwollgarn sieben Stufen: Öffnen (Auflösen in Flocken), Reinigen (Ausscheiden von Schmutz), Kardieren (Auflösen in Einzelfasern), Kämmen (kurze Fasern ausscheiden), Strecken (Verziehen und Parallelisieren), Vorspinnen und Feinspinnen.

Da die Bedienung der Spinnmaschinen bis zur Einführung des vollständig automatisierten Selfaktors (Spinnmaschine mit feststehenden Spulen und einem Wagen, der die Spindeln trägt) um 1860 viel Muskelkraft erforderte, wurde dieser Arbeitsvorgang stets von Männern verrichtet. Ebenfalls kraftraubend und deshalb den Männern zugeteilt, war die Bedienung der für die Reinigung vorgesehenen Batteur-Maschine (Reinigungsmaschine, welche die Baumwolle auflockert und von den gröbsten Unreinheiten säubert).

Typische Frauen- oder Kinderarbeiten waren das Kardieren, das Aufstecken der Spulen, das Ansetzen und Zusammenknüpfen der gerissenen Fäden; alles eintönige Abläufe, die zwar nach einer kurzen Anlernzeit bewältigt werden konnten, aber mit viel Präzision dem Rhythmus der Maschinen folgen mussten. Frauen verrichteten als un- oder angelernte Arbeitskräfte vorwiegend unqualifizierte Hilfsarbeiten, während die Bedienung der Maschinen den Männern eine Spezialisierung ermöglichte.[5]

Die folgende Tabelle zeigt, wie sich die geschlechtsspezifische Arbeitsteilung in den Löhnen widerspiegelt, die für Frauen im Schnitt 30 Prozent tiefer ausfielen als jene der Männer:[6]

erwachsener Mann: 1.00 Fr./Tag
erwachsene Frau: 50 bis 80 Rp./Tag
Knabe: 30 bis 90 Rp./Tag
Mädchen: 25 bis 90 Rp./Tag

In der Regel wurden die Löhne 14-täglich ausbezahlt, wobei Bussen wegen Verstosses gegen die Fabrikordnung direkt vom Lohn abgezogen wurden. Bei Logis in den fabrikeigenen Kosthäusern wurde zusätzlich der Mietzins verrechnet.

Da im Vergleich zu anderen Branchen, wie zum Beispiel zur Maschinenindustrie, die Löhne der Textilindustrie stets tiefer lagen, war für Textilarbeiter der Zusatzverdienst von Frau und Kindern eine existenzielle Notwendigkeit, sodass oft die gesamte Familie im selben Betrieb arbeitete.

Die schlechtere soziale und wirtschaftliche Situation der Textilarbeiter und -arbeiterinnen war auch für die Beschäftigten der Spinnerei in der Badener Aue Realität. In einem Artikel des liberalen «Badener Tagblatts» vom 4. Oktober 1904 kommt ein Spoerry-Spinner selbst zu Wort und gibt auf eindrückliche Weise darüber Auskunft: «Es hat sich hier in Baden eine Zahlstelle des Schweizerischen Textilarbeiter-Verbandes gegründet, um den Arbeitern der Firma A. Spoerry, die moralisch wie physisch auf der denkbar niedersten Stufe stehen, auf die Beine zu helfen. Was für traurige ‹Löhne› – wenn man sie überhaupt so nennen darf – dieser Fabrikant seinen Arbeitern bezahlt, das pfeifen die Spatzen von den Dächern und dürfte der tit. Einwohnerschaft von Baden zur Genüge bekannt sein. Aber, so frage ich im Namen der Arbeiterschaft Spoerrys die Allgemeinheit: Ist es nicht himmelschreiend, dass wir mit 15, 16, 17, 18, 20 und 22 Cts. Stundenlohn abgespeist werden? Ist ein Arbeiter im Stande, mit diesem ‹Lohne› sich standesgemäss zu nähren und zu kleiden? … Die Schamröte treibt es mir ins Gesicht, wenn ich und meine Leidensgenossen auf der Strasse von der übrigen Arbeiterschaft Badens nur so verächtlich von der Seite angeschaut werden und ich's den Leuten ab den Gesichtern lesen kann: ‹Ein Spinner von Spoerry›.»[7]

Ein «normales» Familienleben – ein Wunschtraum

Für die gesamte Spinnereibelegschaft galten dieselben schlechten Arbeitsbedingungen: eine 14-stündige, von präziser Arbeit geprägte Schicht, Maschinenlärm, schlechte Licht- und Luftverhältnisse und viel Baumwollstaub.

In der Regel wurde von Montag bis Samstag jeweils von 05.00 bis 12.00 Uhr und von 12.30 bis 19.30 Uhr gearbeitet, am Samstag nur bis 19.00 Uhr. Sonntagsarbeit kam nicht selten vor. Erst mit dem Fabrikgesetz von 1877 wurde die Arbeitszeit auf elf, samstags auf zehn Stunden reduziert und die Nachtarbeit der Frauen verboten.[8]

Eine Beschwerde, die 1844 vom Sittengericht (Vorläufer der Kirchenpflege) Wettingen beim Bezirksamt Baden eingereicht wurde, lässt darauf schliessen, dass in der Spinnerei in der Badener Aue oft auch am Sonntag gearbeitet wurde. Der Streit gründete auf der Tatsache, dass die Aue kirchlich zu Katholisch-Wettingen, politisch aber zur Stadt Baden gehörte. Da die katholischen Spinnereiarbeiter «manigfach genekt und verspottet» wurden, wenn sie am Sonntag in die Messe gingen anstatt in die Fabrik, hoffte Wettingen mit seiner Beschwerde, eine Intervention des Bezirksamts Baden bei der Fabrikleitung zu erreichen. Diesem Umstand sei die Sympathie der Fabrikanten gegenüber der reformierten Arbeiterschaft aus dem Nachbarkanton erwachsen, die mehr Bereitschaft zeigte, am Sonntag zu arbeiten.[9]

Die beschriebene Arbeitsbelastung lässt erahnen, wie viel Zeit und Energie für das Familienleben übrig blieb. Die Haushalts- und Familienpflichten wurden gemäss dem auch von der Arbeiterschaft angestrebten bürgerlichen Familienideal der Frau aufgebürdet. Die daraus resultierende Doppelbelastung konnte die Ehefrau, Hausfrau und Mutter nur bewältigen, indem sie ihre Nachtruhe reduzierte. So begann der Arbeitstag der Arbeiterfrau meist schon um vier Uhr morgens mit der Zubereitung des Frühstücks und endete gegen Mitternacht mit Putzen und Flicken. Immerhin hatten die Arbeiterinnen der Spinnerei Baden nicht zusätzlich noch einen langen, zeitraubenden Arbeitsweg zu bewältigen, da die Fabrikanten mit dem Bau von vier Kosthäusern eine Wohngelegenheit ganz in der Nähe der Fabrik geschaffen hatten. Die Wohnungen bestanden aus je einem Schlafzimmer, einem Wohnzimmer, einer Küche und einem so genannten Abtritt (WC), was einer durchschnittlich sechs- bis siebenköpfigen Familie kein normales Familienleben ermöglichte. Wenn die Familie zur Linderung ihrer finanziellen Not noch ledige Arbeitskräfte als Kost- und Schlafgänger aufnahm, verkam die Familie eher zu einer Ess- und Schlafgemeinschaft, und das angestrebte Familienideal blieb endgültig ein Wunschtraum.[10]

Unterstützung von aussen? – dürftig und zweckgebunden
Die Erziehung der Kinder war aus Zeitgründen ebenfalls nur beschränkt möglich. Da die Kinder als Zusatzverdienende sehr früh in den Arbeitsprozess integriert wurden, war es in erster Linie die Fabrikarbeit, die disziplinierend und sozialisierend auf sie wirkte. Ein Minimum an Schulbildung erhielten die arbeitenden Kinder in der fabrikeigenen Schule, welche die Fabrikanten Johann Wild und Johann Solivo 1839 «zum Behuf des leichteren Fabrikverdienstes für arme Kinder»[11] einrichteten. Die Einrichtung der Schule erfolgte nicht etwa freiwillig, sondern auf Druck des Badener Bezirksschulrates, bei dem in den Jahren zuvor mehrere Klagen eingegangen waren, die das Fehlen einer Fabrikschule, die eigentlich gesetzlich verlangt war, und die Beschäftigung von schulpflichtigen Kindern bemängelt hatten. Um die strengen gesetzlichen Bestimmungen zu umgehen, beschränkten sich die Fabrikanten auf die Einrichtung einer Privatschule, die in einem der vier Kosthäuser untergebracht wurde. Dass die Kinder mindestens eine Stunde pro Tag in die Schule mussten und damit dem Produktionsprozess fernblieben, war nicht nur den Fabrikherren ein Dorn im Auge. Auch bei den Eltern regte sich Widerstand gegen den Schulunterricht, weil dadurch der notwendige Zusatzverdienst der Kinder geschmälert wurde.

Die Schulchronik der Badener Fabrikschule dokumentiert die Schuljahre von 1842 bis 1879 und enthält, nach Schuljahren geordnet, die Personalien der Fabrikschüler und -schülerinnen. Pro Jahr besuchten zwischen 19 und 105 Kinder die Schule, die von 1853 bis 1859 ihren Betrieb einstellte, vermutlich wegen eines Wechsels in der Fabrikleitung. Die regelmässigen Schulbesuche der Aufsichtsbehörde und des Pfarrers sind ebenfalls in der Schulchronik notiert und zeigen, dass die Behörde immer wieder kontrollieren musste, ob die Schule der vorgeschriebenen Schulpflicht nachkam.[12]

Während die Frau nebst der Fabrikarbeit noch die Haushalts- und Familienpflichten zu erfüllen hatte, verbrachte der Mann seine spärliche Freizeit meist im Wirtshaus und gegebenenfalls in Arbeitervereinen, die in Baden ab 1860 aktiv wurden. Die Flucht vor dem erdrückenden, von harter Disziplin geprägten Fabrikalltag war somit den Männern vorbehalten und manifestierte sich oft in erhöhtem Alkoholkonsum.[13]

Die Arbeiterfrauen erkrankten wegen mangelnden Ausgleichs und ständiger körperlicher sowie seelischer Überbelastung nicht selten. Die tiefen Löhne und die langen Arbeitszeiten erschwerten die Zubereitung von warmen und ausgewogenen Mahlzeiten, was die Gesundheit zusätzlich belastete.[14] Da im Falle der Spinnerei die Arbeitenden nahe bei der Fabrik wohnten, nahmen sie das Mittagessen vermutlich zu Hause ein. Arbeiterinnen konnten im Normalfall eine halbe Stunde früher in die Mittagspause, um das Mittagessen vorzubereiten. Von einer sorgfältigen Vorbereitung der Speise und einem ruhigen Einnehmen der Mahlzeiten kann dabei kaum die Rede sein.[15]

Die Gemeinde Baden versuchte der misslichen Ernährungslage der Arbeiter und Arbeiterinnen entgegenzuwirken, indem sie 1847 eine Sparsuppenanstalt einrichtete, die abwechslungsweise Erbsensuppe, Gerstensuppe, Reissuppe und Kartoffelsuppe zu erschwinglichen Preisen anbot.[16] Ende 1871 gründeten einige initiative Männer einen Arbeiterverein, der mit finanzieller Unterstützung von drei Badener Firmen – darunter war auch die Spinnerei Spoerry – 1872 einen so genannten Konsum-Laden in der Halde eröffnete. Das Ziel war, durch Verzicht auf privates Gewinnstreben den Arbeitern und Arbeiterinnen die Einkäufe für den täglichen Bedarf zu verbilligen. 1873 zog jedoch die Spinnerei aus Unmut über gewerkschaftliche Tätigkeiten des Konsumvereinspräsidenten ihre Garantie zurück, was für den Verein eine grosse finanzielle Belastung bedeutete.[17]

Trotz der Einrichtung von Suppenküchen, welche den Arbeitenden eine gesündere Ernährung ermöglichten, waren Krankheiten an der Tagesordnung. Am häufigsten kamen bei den Spinnereiarbeitern Erkrankungen der Atemwege vor, verursacht durch den Baumwollstaub. Immerhin hatte Fabrikant Spoerry 1891 eine Betriebskrankenkasse eingeführt, obwohl dies laut Gesetz nicht obligatorisch war.[18] Diese basierte auf einem Klassensystem, wonach sowohl die Einzahlungen wie auch die Auszahlungen klassenweise festgesetzt wurden:

Klassen:	Einzahlungen:	Auszahlungen:
1. Aufseher, Spinner, Werkstattarbeiter	60 Rp.	Fr. 1.60
2. Übrige erwachsene Arbeiter	50 Rp.	Fr. 1.30
3. Erwachsene Arbeiterin	40 Rp.	Fr. –.60
4. Ansetzer, Aufstecker unter 18 Jahren	30 Rp.	Fr. –.50

Wenn man die jeweiligen Einzahlungsbeträge miteinander vergleicht, wird deutlich, wie unproportional tiefer die Auszahlungen der Arbeiterinnen waren im Vergleich zu denjenigen der Arbeiter. Hier kommt eine geringere Wertschätzung der weiblichen Arbeitskraft zum Ausdruck, die sich auch in der Regelung widerspiegelt, wonach «Wöchnerinnen während acht Wochen keine Nutzniessung der Kassa haben».[19]

«... in den Tiefen der Lohnknechtschaft»

Trotz den anhaltend schlechten Arbeitsbedingungen und des unzureichenden Versicherungsschutzes kam der Protest der Spinnereibelegschaft erst 1904 in organisierter Form zum Ausdruck. Im oben zitierten Artikel des «Badener Tagblatts» wird die Einrichtung einer Zahlstelle des Schweizerischen Textilarbeiter-Verbandes in Baden erwähnt. Vor dieser Gründung war nie der Versuch unternommen worden, die Textilarbeiter der Region zu organisieren.

Dass die Gewerkschaftsidee nur mühsam in den Textilfabriken Fuss fassen konnte, führte der Präsident des Schweizerischen Textilarbeiter-Verbandes auf den Umstand zurück, dass es in der Textilbranche zu wenig qualifizierte, männliche Arbeiter und somit zu viele unqualifizierte, schlechter bezahlte Arbeiterinnen gab, die wegen der Doppelbelastung kaum gewerkschaftlich, geschweige denn politisch aktiv wurden: «Einen Textilarbeiterverband ... zu gründen und zu erhalten hat einen grösseren Aufwand an Kraft und Opfern erfordert als die Gründung eines Verbandes besser gestellter Arbeiter, bei dem dazu noch mehr männliche Arbeiter in Betracht fallen. Wir müssen eben tiefer unten, in den Tiefen der Lohnknechtschaft, anfangen ...»[20]

Kurz nach der Gründung der Zahlstelle des Textilarbeiter-Verbandes in Baden kam es zu gewerkschaftlichen Protestaktionen in der Spinnerei Baden. Der von Arbeiterführer Calame proklamierte Streik wurde allerdings wegen mangelnder Unterstützung seitens der Arbeiterschaft nicht durchgeführt. Man begnügte sich mit der Bekanntmachung einer Protestkundgebung, die im Restaurant «Linde»

Frauen und Männer, Seite an Seite, bei der Arbeit an Wagenspinnmaschinen (Selfaktoren) in der Zürcher Wollspinnerei Schoeller um 1910: Wie in diesem Zürcher Betrieb war auch in der Spinnerei Baden, aus deren Innenräumen keine Bilder bekannt sind, die Bedienung der Maschinen Männersache. Dies ermöglichte den Männern eine gewisse Spezialisierung, während die Frauen mit dem Aufstecken der Spulen und dem Zusammenknüpfen der Fäden unqualifizierte und schlechter bezahlte Hilfsarbeiten ausführten.
(Sammlung Hans Peter Bärtschi, Winterthur)

hätte stattfinden sollen. Der Zufall wollte es, dass am Tag, als das Versammlungsinserat in den Zeitungen erschien, das sechsstöckige Spinnereigebäude einem Brand zum Opfer fiel und vollständig niederbrannte. Dies bedeutete die Schliessung nicht nur der Spinnerei, sondern auch der Zahlstelle des Schweizerischen Textilarbeiter-Verbandes.[21]

Neben der Betriebskrankenkasse hatte Spoerrys Vorgänger Julius Zuppinger eine Hilfskasse eingerichtet, die nach dem Brand der Spinnerei und der darauf folgenden Einstellung des Betriebs gebraucht wurde, um die schwersten sozialen Fälle der arbeitslos gewordenen Belegschaft zu lindern. Zusätzlich gründete Spoerry in Zusammenarbeit mit Stadtammann Reisse ein Hilfskomitee, deren Tätigkeit einerseits auf Arbeitsvermittlung und andererseits auf direkte materielle Unterstützung ausgerichtet war. Damit wollte Stadtammann Reisse den Bettel und «tendenziöse Sammlungen» vermeiden.[22]

Spoerry wurde vom Stadtrat aufgefordert, eine Liste der unterstützungsbedürftigen Arbeiter und Arbeiterinnen zu erstellen. Diese fiel auffällig kurz aus; Spoerry listete nur vier Arbeiterinnen und zwei Arbeiter auf. Daraufhin liess der Stadtrat das Verzeichnis durch einen Polizeiwachtmeister ergänzen, der die Namen von weiteren 15 Arbeitenden notierte. Die den Namen angefügten, handschriftlichen Bemerkungen widerspiegeln die prekäre Lebensrealität der Spinnereiarbeiter und -arbeiterinnen auf eindrückliche und beklemmende Art und Weise. Im Folgenden einige Beispiele:[23]

65-jährige Fabrikarbeiterin: «öfters geschwollene Füsse und Beine, aber arbeitswillig»

26-jährige Fabrikarbeiterin: «sollte noch spät arbeiten können und Arbeit finden; der Mann arbeitet im Dynamo, macht öfters Blauen»

73-jährige Fabrikarbeiterin: «gebrechlich, beschwerlichen Gang – dennoch arbeitswillig»

70-jährige Fabrikarbeiterin: «Gebrechlich, alleinstehend, wird schwerlich anderswo noch Arbeit bekommen, lebt einzig von guten Leuten, welche ihr etwas geben»

36-jähriger Spinner: «Verheiratet, 5 Kinder, allein zum Verdienen, Frau im Wochenbett, sehr arm und bedürftig, der Mann ist auf der Suche nach Arbeit»

35-jähriger Spinner: «Verheiratet, 7 Kinder, hat gegenwärtig gar keinen Verdienst, ist zudem noch lungenkrank, schnelle Hilfe ist hier sehr notwendig»

Das Hilfskomitee hatte Erfolg. Sechs Monate nach dem Brand waren laut Komitee-Protokoll «nur noch zwei bis drei Familien und einige alte ledige Frauenzimmer ohne Beschäftigung». Die Mehrheit der Belegschaft, insbesondere die Arbeiterinnen, fanden in der Spinnerei Zweifel-Wild in Wettingen oder in auswärtigen Textilfabriken Arbeit. Einige männliche Arbeitskräfte kamen auch in den Metallfirmen Merker und Brown Boveri unter.[24]

Mit der Schliessung der Spinnerei verlor Baden seine älteste Industrie und konnte mit dem Aufblühen der BBC die Ära der Maschinenindustrie, einer typischen Männerbranche, einläuten.

Anmerkungen

[1] Braun, Rudolf: Sozialer und kultureller Wandel in einem ländlichen Industriegebiet im 19. und 20. Jahrhundert. Zürich 1999 (2. Auflage), 11. Joris, Elisabeth; Witzig, Heidi (Hg.): Frauengeschichte(n). Dokumente aus zwei Jahrhunderten zur Situation der Frauen in der Schweiz, Zürich, 3. Auflage 1991, 204. Jäger, Reto u.a.: Baumwollgarn als Schicksalsfaden. Wirtschaftliche und gesellschaftliche Entwicklungen in einem ländlichen Industriegebiet (Zürcher Oberland) 1750–1920. Zürich 1986, 46f.

[2] Rechenschaftsbericht des Regierungsrats 1885, Beilage 32: Fabrikverzeichnis des Bezirks Baden 1885. In: Steigmeier, Andreas: Industriestadt und Agglomeration. Arbeitsmanual zur industriellen Vergangenheit von Stadt und Region Baden. Vervielfältigt, Baden 1994, 75f.

[3] Müller, Christian: So verlor Baden seine älteste Industrie. In: Badener Neujahrsblätter 48 (1973), 25.

[4] Rechenschaftsbericht. In: Steigmeier, 75.

[5] Dudzik, Peter: Innovation und Investition. Technische Entwicklung und Unternehmerentscheide in der schweizerischen Baumwollspinnerei 1800–1916. Diss. Zürich 1987, 42, 635–644. Schweizerisches Sozialarchiv (Hg.): Arbeitsalltag und Betriebsleben. Zur Geschichte industrieller Arbeits- und Lebensverhältnisse in der Schweiz. Zürich 1981, 149–153. Brian, Sarah: Fabrikschulen im Aargau. «Wunder Fleck im Erziehungswesen». Unveröffentlichte Lizentiatsarbeit, Universität Zürich, 1999, 13.

[6] StAAG, Regierungsrat, Volkszählungen, Statistische Übersicht des Cantons Aargau 1831. In: Steigmeier, 73. Siehe auch die Angaben zu den Löhnen in: Baumann, Max: Geschichte von Windisch. Vom Mittelalter zur Neuzeit. Windisch 1983, 562, 565. Im Königreich Wunderli-von Muralt. Erinnerungen eines ehemaligen Textil-Arbeiters [Arnold Stauber]. Separatdruck aus dem «Volksrecht», Zürich 1907, 4, 12.

[7] Müller, 26.

[8] Baumann, 549–552.

[9] Mittler, Otto: Geschichte der Stadt Baden, Bd. II, Aarau 1965, 256. StAAG, RRB 24.5.1844 und Akten KW 1. In: Steigmeier, 77f.

[10] Joris/Witzig, 81. Baumann, 569–571. Industriekulturpfad Limmat-Wasserschloss (Hg.): Der Industriekulturpfad Limmat-Wasserschloss im Raum Baden-Ennetbaden, Dokumentation 6, Ehemalige Spinnerei und Kraftwerk Aue.

[11] Bezirksschule Baden, Prot. Bezirksschulrat, 31.1.1840. In: Brian, 36.

[12] Ebenda und Stadtarchiv Baden, B 48.109.

[13] Joris/Witzig, 82.

[14] Ebenda, 83f.

[15] Braun, 195f.

[16] Stadtarchiv Baden, B 31.54–56.

[17] Müller, Christian: Arbeiterbewegung und Unternehmerpolitik in der aufstrebenden Industriestadt. Baden nach der Gründung der Firma Brown Boveri 1891–1914. Aarau 1974, 157f.

[18] Die SUVA wurde erst 1918 eingeführt; bis dahin gab es nur die betrieblichen und privaten Krankenkassen.

[19] Stadtarchiv Baden, B 40.15, Statuten der Krankenkasse der Spinnerei Baden vom 21.4.1899. Im ersten Paragraph ist festgehalten, dass die Statuten diejenigen vom 29.4.1891 ersetzen.

[20] Der Schweizerische Gewerkschaftsbund 1880–1930 (61), 455. In: Müller, Arbeiterbewegung, 125.

[21] Müller, Arbeiterbewegung, 128.

[22] Stadtarchiv Baden, B 40.15, Hilfsaktion für bedürftige Arbeiter 1904.

[23] Ebenda.

[24] Müller, Arbeiterbewegung, 128–132.

Die Sektion Lägern des SAC –
eine Gründung von BBC-Ingenieuren

Rudolf Meier

Neben dem Lebenskreis von Frauen existiert auch eine mehr oder weniger geschlossene männliche Lebenswelt. Ganz besonders in der Zeit um 1900 war Baden eine eigentliche Männerbastion: In den Jahren nach der Gründung der Firma Brown, Boveri & Cie. strömten zahlreiche Männer nach Baden, um hier als Arbeiter oder Ingenieure ihren Lebensunterhalt zu verdienen. Oft jung und ungebunden, suchten sie in der freien Zeit den Kontakt zu anderen Männern, die ebenfalls fremd in der Stadt waren. Ein schönes Beispiel für eine aus Neuzuzügern zusammengesetzte Männergesellschaft ist die im Jahr 1900 gegründete Sektion Lägern des Schweizerischen Alpen-Clubs (SAC).

Welch dominierenden Einfluss das rasche Wachstum von BBC nach der Gründung von 1891 auf Baden ausgeübt hat, beweist die Bevölkerungsentwicklung. Zwischen 1888 und 1900 stieg die Einwohnerzahl der Stadt von 3815 auf 6050, somit um 59 Prozent. Parallel dazu wuchsen die Nachbargemeinden Wettingen und Ennetbaden um 57 und um 56 Prozent, während die Grösse der Kantonsbevölkerung in der gleichen Periode nur um bescheidene 5 Prozent anstieg. Ein ähnlich starkes Wachstum hat Baden seither nicht mehr erlebt, selbst nicht in den 1950er-Jahren, als die Region Baden um 41 Prozent wuchs und damit an der Spitze aller schweizerischen Zentren stand. Kurz nach 1900 überholte der Bezirk Baden den Bezirk Zofingen und wurde damit zum bevölkerungsreichsten aargauischen Bezirk.

Diese Expansion ist umso dramatischer, als sie auf eine Zeit längeren Stillstands folgte. Nach dem Zweiten Villmergerkrieg von 1712 waren der Stadt die eidgenössischen Tagsatzungen und damit viel politische und strategische Selbstständigkeit verloren gegangen. Mit den heilkräftigen Quellen, die Besucher und eine Hotellerie nach Baden brachten, blieb der Ort immerhin ein stilvolles und renommiertes Bäderzentrum, das in den ersten Jahrzehnten des 19. Jahrhunderts aufblühte. Die mit dem Bau einer Spinnerei 1835 einziehende Textilindustrie und die 1847 mit der ersten schweizerischen Eisenbahn, der «Spanischbrötlibahn», ent-

Gruppenbild auf Rigi-Kulm. Sektionstour mit Walter Baerlocher am 13. Januar 1901. Stehend: Carl August Gruhn, W. Heinrich, Dr. Carl Täuber, Dr.h.c. Charles Brown, Albert Hafter, C. Grob, Eric Brown, Robert Frank, Emil Gretener, Gmühr, Roothaar, R. Suter. Sitzend: Walter Baerlocher, Carl Chr. Schmidt, Eduard Kaysel, Joh. Jacob Dübendorfer, Carl Heinrich, Carl Ludwig Pfenninger.

standene Verbindung mit Zürich vermochten Hoffnungen zu neuem Aufschwung zu erwecken. Warum aber fehlte der Stadt der Wille, die neuen technischen Entwicklungen, die zu dieser Zeit möglich geworden waren, zum Beispiel die Gasversorgung, zu verwirklichen? Vermutlich hielt sie die Hoteliers für selbst verantwortlich, ihrem Bedarf nach einer modernen Beleuchtung nachzukommen. Mit dem Konkurs der Nationalbahn von 1878 mangelte es der Stadt an finanzieller Kraft. Dieser Rückschlag, verbunden mit einer weltweiten Wirtschaftskrise, verhinderte die Übernahme einer Schrittmacherrolle. Tatsächlich: In den Kreisen des Gewerbes begannen sich bald fortschrittliche, private Kräfte zu regen, die zur Umsetzung der neuen Entwicklungen gewillt waren.

Die Weltausstellung von 1889 in Paris liess ihre Besucher auf eine noch attraktivere und weiter reichende Zukunft auf Basis der neuen Energieform Elektrizität hoffen. Die beiden wagemutigen Badener Kaufleute Carl und Louis Theodor Pfister erkannten die Möglichkeiten des elektrischen Stroms und gaben ihm eine Chance über das Gas hinaus. Die Elektrizität versprach nicht nur eine weitere Verbesserung der Beleuchtung, sondern auch von mechanischen Antrieben mit elektromotorischer Kraft. Mit ihrem Projekt zur Realisierung eines Wasserkraftwerks im Kappelerhof an der Limmat brachten die Brüder Pfister einen Stein ins Rollen, dessen umwälzende Bedeutung für Baden nicht genug betont werden kann und nur mit der Schaffung der Thermalbäder durch die Römer zu vergleichen ist. Im richtigen Moment vermochten die Brüder Pfister die jungen Unternehmer Walter Boveri und Charles E.L. Brown zu überzeugen, mit dem Aufbau von Fabrikationsanlagen in Baden dazu die industrielle Basis zu schaffen.

Die Realisierung dieser Schritte erfolgte in atemberaubendem, für Baden ungewohntem Tempo. Im November 1889 beantragte Carl Pfister beim Kanton die Konzession zum Bau des Wasserwerks. Im Frühling 1891 konstituierte sich die Elektrizitäts-Gesellschaft Baden (EGB) unter seinem Präsidium, und im gleichen Herbst wurde die Firma Brown, Boveri & Cie. gegründet. BBC startete als Grossgründung: Die Kommanditgesellschaft nahm ihre Tätigkeit mit einem Bestand von über 100 Personen auf und beschäftigte bis zur Jahrhundertwende schon 1500 Mitarbeiter. Baden wurde zum wichtigsten Zentrum der schweizerischen Elektrowirtschaft, womit sich das steile Wachstum der Bevölkerung in der Region erklärt.

Die neuen, attraktiven Arbeitsplätze bildeten den Magneten, der in grossem Ausmass junge Leute mit technischen oder kaufmännischen Fähigkeiten aus der nahen und fernen Umgebung anzog. Sie fanden in der Stadt Beschäftigung und siedelten sich in der Stadt und in den Nachbargemeinden an.

Damals wie heute ist es eine bekannte Erscheinung, dass «Einwanderer» den Zusammenschluss unter sich schnell finden, während sie in die Strukturen der einheimischen Bevölkerung nur langsam eintreten. Eduard Kaysel beschreibt in seinen Lebenserinnerungen, wie sich unter diesen Zugezogenen früh ein Stamm begeisterter Bergfreunde zusammenfand, welche die freien Sonntage benutzten, um die nähere und weitere Umgebung zu erkunden. Bald steckten sie sich mit leichteren Bergtouren und Passwanderungen höhere Ziele und stiessen schnell in den hochalpinen Bereich vor. Es kam ihnen zugute, dass vereinzelte Bergfreunde schon bemerkenswerte Erfahrungen im Alpinbereich nach Baden mitbrachten. Die Gründung einer Sektion des SAC in Baden lag damit recht eigentlich in der Luft; zur Verwirklichung brauchte es noch den zündenden Funken einiger Initianten.

Der Gründungsakt im Hotel Bahnhof
Es gibt verschiedene Gründe anzunehmen, dass der Anstoss zur Bildung einer eigenen Sektion des Schweizer Alpen-Clubs in Baden von Carl Täuber ausging, einem 35-jährigen Dr. phil. aus Winterthur und seit 1895 bei Brown Boveri tätig. Er war schon in jungen Jahren Mitglied des SAC geworden und damit ebenso vertraut mit den Aufgaben und Zielen der Vereinigung wie mit dem Umgangsstil und der Kameradschaft unter den Mitgliedern. Dazu war er schon als Alpinist anspruchsvoller Besteigungen, über die er in Vorträgen fesselnd zu berichten verstand, hervorgetreten.

Ebenso sicher gilt, dass Walter Baerlocher, Ingenieur bei BBC, von der ersten Stunde an und der bei der 1895 gegründeten Motor AG als Kaufmann tätige Eduard Kaysel die Realisierung der Badener Sektion kräftig mittrugen. Sie standen gemeinsam hinter einer Einsendung im «Badener Tagblatt» und in der «Schweizer Freien Presse», mit der sie zur Gründungsversammlung einer Sektion des SAC ins Hotel Bahnhof einluden.

Dem Ruf zur Versammlung folgten 19 Herren, die sich von Carl Täuber über die Statuten des 1863 in Bern gegründeten SAC-Zentralverbandes informieren liessen. Sie fassten einstimmig den Gründungsbeschluss für die «Sektion Lägern des S.A.C.», die 44. Sektion des SAC. Frühere Gründungen hatten im Aargau schon 1863 in Aarau, 1874 in Zofingen und 1894 in Wohlen (Sektion Lindenberg) stattgefunden. Die Versammlung bestimmte einen fünfköpfigen Vorstand mit: Walter Baerlocher, Ingenieur in Baden, Präsident; Robert Jeuch, Kaufmann in Baden, Vizepräsident und Kassier; Eduard Kaysel, Kaufmann in Baden, Aktuar; Georg Doppler, Buchhändler in Baden, erster Beisitzer; Albert Hafter, Ingenieur in Baden, zweiter Beisitzer.

Zwei Anmeldungen zur Mitgliedschaft hatten an der Sitzung schriftlich vorgelegen. Mit 21 Mitgliedern trat die neue Sektion somit ins Leben des SAC ein. Die sogleich aufgenommene rege Vereinstätigkeit liess den Bestand im ersten Jahr schnell auf 41 Mitglieder anwachsen. Im Hotel Bahnhof, ihrem ersten Klublokal, trafen sie sich in Monatsversammlungen zur Behandlung geschäftlicher Traktanden. In ersten Beschlüssen wurden die Statuten genehmigt und eine Exkursionskommission zur Aufstellung der Tourenprogramme eingesetzt.

Wie gross das Bedürfnis der in Baden ortsfremden Zuzüger nach persönlichen Kontakten und geselligen Zusammenkünften unter sich war, zeigt die sogleich aufgenommene Tradition der wöchentlichen Bierabende. Mit grosser Kraft versuchte die Sektion aber auch Verbindungen zur Badener Gesellschaft zu knüpfen, denn nicht ohne Grund stellte der Vorstand an einer der ersten Sitzungen fest, dass die Anteilnahme der Einheimischen am neuen Klub sehr gering sei. Tatsächlich zeigt die erste Mitgliederliste ausser zwei Hoteliers, zwei Apothekern und einem Buchhändler, welche unterschwellig auch geschäftliche Freude an den gut situierten Neuankömmlingen verspürt haben mochten, keine weitere Beteiligung aus der Badener Bevölkerung. Eine bald eingesetzte Vergnügungskommission veranstaltete schon im Dezember des Gründungsjahres einen grosszügigen und fabenprächtigen Unterhaltungsabend im Kursaal Baden, zu welchem alles mit Rang und Namen in der Badener Politik und Wirtschaft eingeladen wurde. Der Abend zählte zu den schönsten Festen, die damals in der lebensfrohen Stadt durchgeführt worden sind. Mit Wiederholungen vor Weihnachten 1902 und 1906 wurde viel Eis gebrochen, was in den Mitgliederlisten unmittelbar zu einem starken Zuwachs von Einheimischen führte.

Den drei Initianten der neuen Sektion, von welchen zwei sogleich auch eine Vorstandsaufgabe übernahmen, sei nun eine kleine Lebensbeschreibung gewidmet.

Wer war Carl Täuber?
Carl Täuber hat, 1864 in Winterthur geboren, das Gymnasium besucht, an der Sorbonne und in Zürich moderne Sprachen studiert und mit einer Dissertation über Dante als Dr. phil. abgeschlossen. Nach seiner Verheiratung mit Nelly Brown wirkte er als Redaktor an dem von ihm mitbegründeten Winterthurer «Landboten», bevor ihm 1895 bei Brown Boveri die Leitung des Korrespondenzbüros übertragen wurde und das Paar nach Baden übersiedelte.
Bei allem Respekt für die kulturellen Interessen der beiden Firmengründer: Wollte sich da die Firma für ihr elektrotechnisches Unternehmen wirklich einen Literaten leisten? Dem Beobachter bleibt ja nicht verborgen, dass Täubers Frau Nelly eine Schwester von Charles E.L. Brown war: Also brownsche Vetternwirtschaft? Die Familienbeziehung allein dürfte allerdings kaum der ausschlaggebende Faktor gewesen sein, wenn man weiss, dass die Brüder Charles und Sidney Brown am Gymnasium in Winterthur Schulkollegen von Carl Täuber gewesen waren. Bei gemeinsamen Bergtouren ist in dieser Zeit eine enge und langjährige Kameradschaft entstanden, in welcher sie sich von den menschlichen und beruflichen Qualitäten ihres Freundes überzeugen konnten.

Dr. Carl Täuber (1864–1945) gilt als Initiant bei der Gründung der Sektion Lägern. (Stadtbibliothek Winterthur)

Eduard Kaysel (1874–1961) ging als Aktuar und Skipionier in die Sektionsgeschichte ein.

Täuber baute in Baden seine Tourentätigkeit kräftig aus. Sie wurde für sein ganzes Leben zu einer Leidenschaft. Nach der Gründung der Sektion Lägern brachte er als aktives Mitglied der Exkursionskommission seine Vorschläge in die jährlichen Tourenprogramme ein und leitete viele von diesen persönlich. Unbesehen aller Unmöglichkeiten lancierte er 1904, wiederum in einer Front mit seinen Kameraden Walter Baerlocher und Eduard Kaysel, einen Vorstoss für eine sektionseigene SAC-Hütte. Mit dem Einschuss von fünf eigenen Obligationen der Schützengesellschaft Baden in einen Fonds doppelte er nach und setzte die Bildung einer Hüttenkommission durch. Längere Zeit hatte er als Standort hartnäckig das hintere Etzlital favorisiert, bis die Wahl schliesslich auf die Variante Rotondohütte fiel.

Als er einem Ruf als Professor an die kantonale Handelsschule Zürich folgte, blieb Carl Täuber mit seinen Diensten der Sektion Lägern, auch nach seinem Übertritt in die Sektion Uto, noch längere Zeit treu. Er übernahm dort von 1910 bis 1917 das Präsidium und gehörte schliesslich von 1929 bis 1931 als Mitglied dem Uto-Zentralkomitee des SAC an.

Im Rückblick zeigt sich im Leben von Carl Täuber die ungewöhnliche Leidenschaft für den Alpinismus, dem er unschätzbare Dienste leistete und wofür er jeden Tag seiner Freizeit nutzte. Es gab Jahre, in welchen er über 50 Gipfel bestieg, daneben führten ihn unzählige Exkursionen in unerforschte Gebiete europäischer und überseeischer Länder. Über seine Erlebnisse berichtete er in vielen Artikeln in Zeitschriften und Büchern und in wohldokumentierten Lichtbildervorträgen. Total 306 Referate waren es nach seiner von ihm selbst sorgfältig geführten Statistik, mehr als ein Dutzend davon fanden in Baden statt. Mit 80 Jahren fand sein erfülltes Leben 1945 in Zürich seinen Abschluss.

Bei der Sektionsgründung kam aber auch Täubers Kameraden, Walter Baerlocher und Eduard Kaysel, grosse Bedeutung zu.

Walter Baerlocher
Walter Baerlocher wurde 1864 in St. Gallen geboren und diplomierte an der ETH in Zürich als Elektroingenieur. Nach ersten Erfahrungen als Ingenieur in Deutschland und Süditalien zog es ihn zur neu gegründeten Brown, Boveri & Cie., in welcher er von Anbeginn mit seinem Wissen und mit grosser Schaffenskraft verschiedenste Projekte der Elektrotechnik realisierte und die ersten grossen technischen Erfolge in der Ausnützung der Wasserkraft mitverantwortete. Mit seinem Konzept für das Betriebssystem der Jungfraubahn holte er sich in einer Ausschreibung gegenüber grosser Konkurrenz den ersten Preis.

Ob bei der Lösung dieser Aufgabe seine Liebe für die Berge entstand? Angeboren waren ihm schon sein Hang zur Naturwissenschaft und besondere Kenntnisse

Walter Baerlocher (1864–1938) war erster Sektionspräsident, ein Organisationstalent. Das Bild zeigt ihn beim Einschalten des elektrischen Stroms für die ersten BBC-Werkhallen, der vor der Inbetriebnahme des Kraftwerks Kappelerhof von einem 12,5-PS-Dampflokomobil und einem Dynamo «System C.E.L. Brown» erzeugt wurde.

der Pflanzenwelt, die er sich bei vielen Gängen auf die Lägern und in die Berge der weiteren Region aneignete. Keine Überraschung deshalb, dass die Sektion Lägern Walter Baerlocher an der Gründungsversammlung zum ersten Präsidenten wählte und er dabei sogleich sein besonderes Organisationstalent entfalten konnte. Er setzte eine Exkursionskommission ein, der er selbst angehörte und welcher er als wichtigste Aufgabe die jährliche Gestaltung eines attraktiven Tourenprogramms übertrug. Im Januar 1901 sehen wir den Präsidenten erstmals auf Rigi-Kulm im Bild, umringt von 16 seiner Kameraden der ersten Stunde. Diese Besteigungen im Januar von der Basis Arth-Goldau aus wurden ebenso wie die Weihnachtsfeste bei Fritz Hofer auf der Lägernhochwacht zu einer Tradition, welche über viele Jahre hochgehalten wurde. Vor dem Bau der Rotondohütte überzeugte er die Mitglieder der Sektion wie auch des SAC-Zentralkomitees von deren grossem Nutzen und stellte sich hinter die unverzügliche Realisierung. Walter Baerlocher erlebte einen beruflichen Erfolg 1909 bei BBC durch die Ernennung zum Direktor. Der Firma diente er bis zu seiner Pensionierung 1925 und verstarb 1938 mit 75 Jahren in Baden.

Eduard Kaysel

Eduard Kaysel, 1874 in Frankfurt am Main geboren, aufgewachsen und zum Kaufmann ausgebildet, siedelte 1897 in die Schweiz über, nachdem ihn Walter Boveri persönlich aufgesucht und ihn für eine Stelle als Sekretär bei der AG Motor angestellt hatte. Die Pension Barth, in welcher er wohnte, wie auch das Brown-Boveri-Klubhaus im Haus zum «Schwert» waren in Baden seine Treffpunkte mit zahlreichen, von der aufstrebenden Elektroindustrie angezogenen jungen Schweizern und Ausländern. Nach ausgiebigen Touren im aargauischen Umfeld und in den Alpen entwickelte sich eine lebenslange Liebe zu den Bergen, mit welcher er auch seine Freunde ansteckte. Erstaunen erwecken vor allem seine Pionierleistungen im Wintersport. Skis mit Meerrohrbindung und Lappenschuhe, die er sich über einen norwegischen Freund aus dessen Heimatland zu beschaffen wusste, und ein Bergstock zum Stützen und Bremsen bildeten seine Ausrüstung, mit der er an den Nordhängen der Lägern den neuen Sport einübte. Die Traversierung des Bergs 1898 von Boppelsen nach Regensberg und des Klausenpasses auf Ski in einer Dreierpartie im folgenden Winter zählen zu seinen ersten, absoluten Pionierleistungen.

Seine Energie und frühen alpinen Kenntnisse flossen bei der Gründung der Sektion Lägern sowie in der Folge als Vorstandmitglied bei verschiedenen späteren Entwicklungen und Neuerungen des Klubs ein. Dem Vorstand gehörte er von 1900 bis 1931 ohne Unterbruch als Aktuar an, und den Höhepunkt seiner Tätigkeit für den SAC erreichte er mit der Wahl zum Sekretär im Badener Zentralkomitee von 1932 bis 1934. Bei der Planung und Realisierung der Rotondohütte war er einer der

Drei Gründer der Sektion
Lägern auf dem Burghorn,
1900: Walter Baerlocher,
Eduard Kaysel, Robert Frank.

aktiven Mitgestalter. Den Standort im Witenwasserental verfocht er umso mehr, als er seiner Begeisterung für alpine Skitouren sehr entgegenkam und eine attraktive Voraussetzung für die in Vorbereitung stehende Skigruppe bot. Während des Baus der Hütte erfolgte denn auch die Gründung des Skiclubs der Sektion Lägern.

Zum 25-Jahr-Jubiläum der Sektion verfasste Eduard Kaysel die Festschrift und wurde gleichen Jahres zum Ehrenmitglied ernannt. Mit dem Übergang in den Ruhestand gründete er 1938 den Dienstag-Wanderclub, an dessen Ausflügen er sich mit seinen älteren Kameraden bis zum Lebensende im Jahr 1961 beteiligte. Seiner alpinistischen Tätigkeit setzte er als 85-Jähriger die Krone auf, indem er aus eigener Kraft zur Rotondohütte aufstieg, um an der Feier des 50-jährigen Bestehens teilzunehmen.

Die Mitglieder im Gründungsjahr 1900
Bei der Analyse der ersten Eintritte in die Sektion beschränke ich mich auf das erste Gründungsjahr. In diesem Zeitraum stehen 46 Mitgliederaufnahmen 5 frühe Abgänge gegenüber, der Bestand am Jahresende beträgt somit 41 Mitglieder. In den Jahren bis 1910 steigt dieser kontinuierlich, aber deutlich langsamer auf 138 Mitglieder an. Der anfänglich starke Schub beweist, dass in der Gründungszeit ein hoher Aufnahmedruck bestand und ein Kreis von Interessenten grosse Erwartungen in ein Exkursionsprogramm für gemeinsame alpine Touren setzte. Diese Gruppe bestand kaum aus Badenern, sondern überwiegend aus fremden Zuwanderern, welche in der jungen Badener Elektroindustrie eine attraktive Aufgabe gefunden hatten. Nun suchten sie aber auch für ihre nebenberuflichen Tätigkeiten ein herausforderndes Betätigungsfeld. Woher stammten diese ersten Mitglieder und wo waren sie in Baden beruflich engagiert?

Einige Zusammenhänge sind schnell gefunden, wenn schon der erste Blick in die Chronologie der Mitgliederaufnahmen auf «C.E.L. Brown, Ingenieur, Baden» und «W. Boveri, Baden» stösst. Die zwei Firmengründer der BBC sind also von Anfang weg als Mitglieder der Sektion Lägern zu erkennen. Von beiden Persönlichkeiten ist ja bekannt, dass sie sich neben ihrem Ideenreichtum im geschäftlichen auch im gesellschaftlichen und sportlichen Bereich hervortaten. Neben Charles sind auch sein Bruder Sidney und sein Cousin Eric Brown auszumachen. Kennern der frühen Geschichte von BBC fällt der Name Fritz Funk auf, ein ferner Verwandter von Walter Boveri, Kommanditär seit der Gründung und später Präsident des BBC-Verwaltungsrates sowie Dr. h.c. der ETH. Er wie auch Carl Schmidt, späterer Direktor von Motor, sind dem Ruf von Boveri aus Deutschland in die Schweiz gefolgt. Der Beitritt dieser Persönlichkeiten zum SAC bestätigt den Ruf des leicht Elitären, welchen diese Vereinigung genoss. Nicht jedermann konnte sich das Hobby Bergsteigen, welches Zeit und Geld voraussetzte, leisten. Die Herren liessen es aber keineswegs beim Erwerb einer SAC-Mitgliedskarte bewenden; sie sind als Teilnehmer anspruchsvoller alpiner Touren in den folgenden Jahren öfters mit dabei.

Wesentlich schwieriger gestaltet sich in der Mitgliederliste die Fortsetzung der Identifikation. Hinweise sind in der Berufsbezeichnung zu finden, welche aber nicht vollständig ist. Gelegentlich ist ein «Ing.» vermerkt, was auf eine Anstellung bei BBC oder Motor hinweist. Angestelltenverzeichnisse der Firmen, welche darüber Auskunft geben könnten, existieren leider längst nicht mehr. Als Wohnort ist fast durchwegs Baden angeführt, bei einer kleineren Zahl Ennetbaden. Die Eingewanderten dürften kaum ein Bürgerrecht dieser Gemeinden besitzen und sind damit in den Familienregistern nicht zu finden. In ihrer sehr ordentlichen Verwaltung führte die Stadt Baden indessen auch exakt Buch über alle Zuzüger. Viele Bände dieser «Kantonalen» und «Ausserkantonalen Fremden-Controllen» enthalten in grossformatigen Tabellen, chronologisch nach Anmeldungsdatum geordnet: Namen, Geburt, Herkunft, Beruf, Familienangehörige, Aufenthaltsort in der Stadt und nachgetragen das Datum eines allfälligen späteren Wegzugs. Es ist ein besonderes Erfolgserlebnis, festzustellen, dass von den 46 ersten Mitgliedern, mit Ausnahme eines einzigen, welches gleich wieder austrat, alle identifizierbar sind. Davon hatten nur 10 in Baden oder Ennetbaden ihren angestammten Wohnsitz. Die übrigen 36 waren von auswärts zugezogen. 5 stammten aus dem Aargau, 11 aus den umliegenden Kantonen und 19 aus dem Ausland, davon 11 aus Deutschland, 4 aus England, 2 aus Italien und je einer aus Österreich und Frankreich.

Was zu beweisen war

Aussergewöhnlich, aber für die Analyse und Beweisführung überaus nützlich, ist in den Fremdenkontrollen die Kolonne, welche neben dem Beruf meist auch eine Angabe über die Firma enthält, in welche der Zugezogene eingetreten ist. Dies trifft durchwegs für BBC und Motor zu, wobei oft noch seine dortige Stellung umschrieben ist, etwa «Ingenieur, Technisches Bureau bei Brown, Boveri & Cie.» oder «Kaufmann bei Actiengesellschaft Motor». Die Identifikation der Gründerpersonen liefert den Beweis, dass BBC nicht nur eine wirtschaftliche, sondern auch eine dominierende sozialgeschichtliche Rolle gespielt hat.

Name	Vorname	Firma	Beruf	Herkunft	Bemerkungen
Baerlocher	Walter	BBC	Ingenieur	St. Gallen	Direktor
Brown, Dr. h.c.	Charles E.L.	BBC	Ingenieur	Brighton, UK	VR-Präs.
Del Valle	Giorgio	BBC	Ingenieur	Padua	
Doppler-Morf	Georg	Doppler	Buchhändler	Baden	
Falk	Leo	BBC	Ingenieur	Bayern	
Frank	Robert	BBC	Ingenieur	Stuttgart	

Funk, Dr. h.c.	Fritz	BBC	Kaufmann	Bamberg	VR-Präs.
Gretener	Emil	Bank in Baden	Kaufmann	Mellingen	Bankbeamter
Hafter	Albert	BBC	Ingenieur	Zürich	Oberingenieur
Hagenbuch	Hermann	BBC	Elektrotechniker	Aarau	
Heinrich	W.	BBC	Kaufmann		
Heuer	E.	Hotel Bahnhof		Baden	
Jeuch-Rohn	Robert	Eisenhandlung	Kaufmann	Baden	VR Elektrizitätsges.
Kaysel	Eduard	Motor	Kaufmann	Frankfurt	
v. Peter					unbekannt
Roncaldier	Aldo	BBC	Ingenieur	Mailand	
Schlatter	Rudolf	BBC	Ingenieur	Fahrwangen	
Schmidt	Carl Chr. P.	Motor	Kaufmann	Würtemberg	Direktor
Swallow	Maurice G.S.	BBC	Ingenieur	Hartlepool	
Täuber	Carl	BBC	Dr. phil.	Winterthur	Abteilungsleiter
Widmer	Albert	BBC	Ingenieur	Lyon	
Hunziker	Ernst	BBC	Ingenieur	Oberkulm	
Steinle	Max	BBC	Kaufmann	München	
Zettel, Dr.	Th.	BBC	Chemiker	Wien	
Dübendorfer	Johann Jacob	Motor	Ingenieur	Zürich	
Maag	Fritz	Motor	Ingenieur	Baden	
Blum	Eugen		Fürsprech	Baden	
Gerber	R.	Rosc	Wirt	Baden	
Hafen	Wilhelm	Grand-Hotel	Hotelier	Baden	
Peyer	Eugen	Motor	Elektrotechniker	Baden	
Grob	C.	BBC	Ingenieur	Zürich	
Staub	Rudolf	BBC	Bankdirektor	Herrliberg	Direktor
Seyffert	Carl	BBC	Kaufmann	Leipzig	
Gruhn	Carl August	BBC	Kaufmann	Preussen	
Suter	Arnold	BBC	Elektrotech.	Zofingen	
Müller	Hans	Brauerei	Bierbrauer	Baden	
Küpfer	Conrad	Schwanen	Hotelier	Ennetbaden	
Sulzberger, Dr.	Carl Jacob	BBC	Elektrotech.	Winterthur	
Mäder	Louis	Mäder	Baumeister	Baden	
Schenker	Joseph	Motor	Ingenieur	Schönenwerd	
Brown, Dr. h.c.	Sidney W.	BBC	Ingenieur	Brighton, UK	Del. VR
Brown-Moser	Eric	BBC	Ingenieur	London	Direktor
Steiner	Eduard	BBC	Ingenieur	Solothurn	
Pfenninger	Carl	BBC	Ingenieur	Stäfa	
Heinrich	Carl	BBC	Kaufmann	Augsburg	
Boveri, Dr. h.c.	Walter	BBC	Ingenieur	Bamberg	VR-Präs.

Die von der Sektion Lägern im Gründungsjahr aufgenommenen 46 Mitglieder mit ihrer Zugehörigkeit und Herkunft. Davon lassen sich 36 den Firmen BBC, Motor oder der Elektrizitäts-Gesellschaft Baden zuordnen.

Ergänzter Artikel aus dem Jubiläumsbuch «100 Jahre Sektion Lägern SAC 1900–2000».

Gipsgrube Oberehrendingen – ein Naturparadies mit Vergangenheit

Rolf Meier

Im Frühling befällt mich jeweils eine Sehnsucht, nach Oberehrendingen zu wandern, dem Gipsbach zu folgen, das Gebiet der ehemaligen Gipsgruben zu besuchen.

Schwer zu beschreiben, was mich dorthin zieht: der Anblick der seltenen Purpur-Orchis, der Duft des Bärlauchs, das muntere Plätschern des Gipsbachs, das Vogelgezwitscher, die verträumten Waldlichtungen. Vielleicht sind es Erinnerungen an die vielen Exkursionen zu den Gipsgruben, an die seltsame Atmosphäre, die dort herrschte, als Johann Urban Frei, der «Gipsgrubenheiland», das Areal als sein Reich betrachtete und unbemerkt aus der einfachen Holzhütte oder aus dem Wald auftauchte, das Gebiet überwachend, auf die Einmaligkeit dieser Landschaft hinweisend.

Kaum jemand wollte damals glauben, dass ausgerechnet Johann Urban Frei der Hüter dieses Naturparadieses sein sollte, er, der über Jahrzehnte Abfall und Materialien aller Art zu seiner Hütte schleppte und dort einfach liegen liess. Er war der Letzte, der dort hin und wieder noch Gips abbaute. Das Gestein wurde gebrannt oder als Dünger verwendet. Besonders schöne Brocken dienten der Herstellung von Schmuckstücken verschiedenster Art.

Dieser Gips geht zurück auf ein tropisches Meer zur Triaszeit. In diesem Meer bildeten sich auch Salze, Dolomite, Kalkgesteine und Tone. Der Gips entstand durch Konzentrations-, Verdunstungs- und Ausfällungsprozesse in flachen Becken, die vom offenen Meer abgeschnitten, aber immer wieder überspült wurden. Erst viel später wurden diese Schichten gestört, verformt und schliesslich durch Erosion freigelegt.

Rund 200 Jahre lang wurde in den Oberehrendinger Gruben Gips gebrochen. Mit Pferd und Wagen transportierte man das Gestein in die umliegenden Mühlen, zeitweilig waren sechs Gipsmühlen in Betrieb. Das Aufkommen modernerer Düngemittel führte Anfang der 60er-Jahre zur Stilllegung der Gruben.

Mit der Aufgabe dieses Gewerbes veränderte sich die Landschaft rasch. Die Mergelschichten wurden durch Verwitterung zum Teil zu fettem Lehm umgeformt, ein rasches und üppiges Überwachsen der Gruben war die Folge. Die einschneidenden Spuren in der Landschaft wurden verwischt.

Recht so, könnte man denken, wenn eine von Menschenhand veränderte Landschaft von der Natur zurückerobert wird. Aber hier bestand die Gefahr, dass ein erd- und wirtschaftsgeschichtlich interessantes Objekt von nationaler Bedeutung verloren ging. Für Albert Heim, den grossen Schweizer Geologen, gehörte die Gipsgrube zu den schönsten Aufschlüssen im Keuper. Und Paul Haberbosch wies 1943 im «Badener Kalender» darauf hin, dass nicht nur für Geologen, sondern für jeden Naturfreund der Besuch der Gipsgruben zum seltenen Erlebnis würde. Tatsächlich sieht man nirgends im Faltenjura so tief in eine Falte hinein wie in Oberehrendingen. Die hier aufgeschlossenen Gesteinsschichten sind mehr als 200 Millionen Jahre alt. Ihre heutige Form und Lage gibt uns Hinweise auf den starken Druck aus Süden, der mit der letzten Schubphase der Alpenfaltung in Zusammenhang steht. Die nordwärts gerichteten Bewegungen und Verformungen müssen zwischen 7 und 2 Millionen Jahren vor unserer Zeitrechnung stattgefunden haben. 1962 schrieb Max Oettli in einem Zeitungsartikel: «Im Sommer vergeht kaum eine Woche, in der nicht mehrere Exkursionen von Hochschulen, Mittelschulen, geologischen Gesellschaften Ehrendingen als Ziel haben.»

Doch nach 1980 wurde es still um die Gipsgruben. Zu den Zeugen der Vergangenheit gehörten vor allem noch Gegenstände, die auf den im Jahr 1978 verstorbenen «Gipsgrubenheiland» hinwiesen. In dieser feuchten und schattigen Umgebung schienen auch diese Reste bald einmal von Sträuchern und Bäumen überdeckt und überwuchert zu werden. Vergeblich suchte man in der von der Natur zurückeroberten Landschaft nach einem Standort, von dem aus die geologischen Strukturen studiert werden konnten.

Und heute? Dank der Initiative der kantonalen Sektion Natur und Landschaft in Zusammenarbeit mit der Gemeinde Oberehrendingen und weiteren Interessengruppen, unter anderen mit der Genossenschaft Gypsgrueb, ist ein Naturparadies entstanden, das seinen Namen verdient. Das Schutz- und Unterhaltskonzept ist so überzeugend, dass es sich auch das Militär überlegen muss, ob in diesem Naturschutzgebiet noch Kampfausbildung betrieben werden soll. Bemerkenswert ist der Umstand, dass nicht nur an die Pflanzen- und Tierfreunde gedacht wurde, sondern auch Strukturen der Erd- und der Wirtschaftsgeschichte wieder sichtbar sind. Der eindrückliche «arc-en-ciel petrifié», wie ein französischer Geologe einmal begeistert ausgerufen haben soll, ja, dieser «steinerne Regenbogen» zeigt sich wieder in voller Pracht. Die ihn bedrängenden Bäume und Sträucher sind zurückgeschnitten. In den steilen Rutschhang sind einfache Treppenstufen eingesetzt, so dass der Besucher sämtliche typischen Steine des Gipskeupers aus der Nähe betrachten

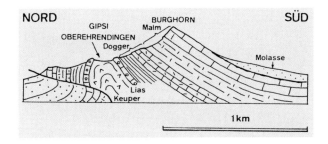

Geologischer Schnitt durch die Lägern (nach Schindler 1978). Die Gipsgrube liegt im Kern der Falte, im Gipskeuper.

Der 1978 verstorbene Johann Urban Frei, «Gipsgrubenheiland», lebte rund 30 Jahre in einer einfachen Hütte im Gipsgrubenareal.
(Foto: Rolf Meier, 1977)

Gipsgrube mit «versteinertem
Regenbogen» um 1960.
(Aargauer Volksblatt,
10. November 1962)

Gipsgrube im Jahr 2000. Blick
von der Rütenen auf das Gipsgrubenareal.
(Foto: Rolf Meier)

kann: Schwarze, rötliche, grünliche und graue Tone, massiger, gebänderter und knolliger Gips von weisser und von rötlicher Farbe, und als Besonderheit seiden glänzende Fasergipsadern. Da der Fasergips Risse und Spalten füllt, die oft quer zur Schichtung verlaufen, können wir daraus schliessen, dass diese Gipsminerale erst nach der Verfaltung entstanden sind. Die Faltenstruktur war früher viel besser sichtbar, für den an Gesteins- und Erdkunde Interessierten ist der obere Grubenteil aber immer noch ein lohnendes Ziel. Störend sind eigentlich nur die Hangsicherungen, mit denen man den natürlichen Prozess des Hangrutschens aufhalten will.

Auch der ehemalige Gipsabbau ist dokumentiert: Am Fuss der Abbauwand steht ein mit Gipsbrocken gefüllter alter Wagen zum Abtransport bereit. Durch eine freigelegte Schneise führt ein alter Schienenstrang talwärts. «Industriearchäologie» am Lägernnordhang!

Dieser Landschaft wurde tatsächlich etwas zurückgegeben von ihrer Besonderheit und Einmaligkeit. Und da der Prozess des Hegens und Pflegens dank den Bemühungen der Sektion Natur und Landschaft des aargauischen Baudepartements weitergeführt werden soll, wird die Landschaft an Bedeutung noch gewinnen. Freuen Sie sich auf den Frühling. Einer ihrer ersten Ausflüge wird in die Gipsgrube von Ehrendingen führen. Es lohnt sich!

Quellen

– Baudepartement Kanton Aargau, Abteilung Landschaft und Gewässer, Sektion Natur und Landschaft: Schutz- und Unterhaltskonzept für das Gipsgrubengebiet, Dezember 1993.
– Burger, Alois; Hofstetter-Frei, Malou; Lüthi, Stefan; Meier, Rolf; Oettli, Max: Johann Urban Frei – der Gipsgrubenheiland. In: Badener Neujahrsblätter 55 (1980), 84–89.
– Haberbosch, Paul: Baden und Umgebung, ein geologisches Skizzenbuch. In: Badener Kalender 1943.
– Oettli, Max: Geologische Hinweise für Wanderlustige. In: Badener Neujahrsblätter 49 (1974), 101–120.
– Schindler, Conrad: Zur Geologie von Baden und Umgebung, In: Badener Neujahrsblätter 53 (1978), 109–160.
– Suter, H.; Hantke, R.: Geologie des Kantons Zürich. Zürich 1962.
– Tschopp, Charles: Der Aargau. Eine Landeskunde. 3. Aufl., Aarau 1968.
– Wildi, Walter: Erdgeschichte und Landschaften im Kanton Aargau. Aarau 1983.

Banken in Baden

Andreas Steigmeier

In den vergangenen Jahren hat die Badener Bankenlandschaft einschneidende Änderungen erfahren. (Die Badener Neujahrsblätter, zu deren langjährigen Gönnern die Banken gehören, haben dies selbst zu spüren bekommen, indem Gönnerbeiträge sich durch Fusion halbierten.) Nachdem sich die Stürme gelegt zu haben scheinen, ist es Zeit, die beinahe schon verschüttete Vergangenheit eines vielgestaltigen kleinstädtischen Bankenwesens aufzuzeichnen. Dies geschah auf Initiative von Fredi Wildi, der bei jeder Bankenfusion dafür gesorgt hat, dass die alten Leuchtreklamen den Weg ins Historische Museum fanden. Beim Zusammentragen der Informationen wirkten die folgenden langjährig in Badener Banken tätigen Persönlichkeiten mit: Monika Cavedon-Schneider, Norbert Brunner, Kurt Graber, Josef Locher und Paul Rudolf.

Wer zu unternehmerischen Zwecken oder zum Kauf einer Liegenschaft Kapital benötigte, wandte sich bis ins 19. Jahrhundert hauptsächlich an vermögende Private, die auf dem Weg der Kreditvergabe ihr überschüssiges Geld anlegten. Vor allem zwei Entwicklungslinien begünstigten im 19. Jahrhundert die Entstehung zahlreicher kleiner und mittelgrosser Banken: einerseits die Industrialisierung, die einen erhöhten Kapitalbedarf zur Folge hatte, andererseits die sich entwickelnden bürgerlichen Tugenden des Fleisses und der Sparsamkeit.

Diese Sparkassen und Bankinstitute konzentrierten ihre Aktivitäten auf eine stark eingegrenzte Kundschaft. Sie betätigten sich nur im lokalen, allenfalls im regionalen Rahmen, und sie waren auf die spezifischen Bedürfnisse ganz bestimmter Bevölkerungssegmente zugeschnitten. So auch in Baden.

Stammbaum der Badener Banken

Als erstes Badener Bankinstitut entstand 1844, auf Initiative der Badener Sektion der im ganzen Kanton gemeinnützig tätigen «Gesellschaft für vaterländische Kultur», die «Ersparniskasse Baden und Umgegend». Wie ihr Name sagt, nahm diese Kasse hauptsächlich Spareinlagen entgegen und gab Hypotheken aus. Die in Brugg domizilierte «Aargauische Hypothekenbank» übernahm auf Ende 1928 die Ersparniskasse. Mit ihrem Mutterinstitut machte die Badener Filiale der «Hypi» 1962 den Namenswechsel zur «Aargauischen Hypotheken- und Handelsbank» und 1989 die Fusion mit der im Westen des Kantons verankerten «Allgemeinen Aargauischen Ersparniskasse» zur «Neuen Aargauer Bank» mit.

In einem Jahrzehnt unternehmerischen Aufbruchs gründete der Handelsverein Baden, in welchem sich 1862 die in der Region tätigen Industriellen zusammengeschlossen hatten, 1863 die «Bank in Baden» als typische regionale Handelsbank, welche die Bedürfnisse der boomenden Textilindustrie und der aufkommenden Metallindustrie abzudecken hatte. In einem mehrstufigen Prozess näherte sich die Bank in Baden nach 1905 durch Aktientausch der «Bank in Winterthur» an, die ihrerseits 1912 mit der «Toggenburger Bank» zur «Schweizerischen Bankgesellschaft» (SBG) fusionierte. Die SBG übernahm 1913 die Mehrheit der «Aargauischen Creditanstalt» in Aarau und fusionierte diese 1915 mit der Bank in Baden. 1919 ging die Aargauische Creditanstalt durch Fusion in der SBG auf, wodurch die SBG über deren aargauische Niederlassungen in Aarau, Baden, Laufenburg und Wohlen verfügte und sich damit als erste Grossbank im Aargau etablierte. 1998 entstand aus der Fusion der SBG mit dem seit 1973 in Baden tätigen «Schweizerischen Bankverein» die «UBS AG».

Kurz nach den Fabrikanten rauften sich auch das Badener Gewerbe zusammen, um ein eigenes Bankinstitut zu gründen. Ende 1864 entstand die «Spar- und Vorschusskasse des Gewerbevereins Baden», eines Vereins, der selbst erst wenige Wochen zuvor gegründet worden war. Der Gedanke, den Mitgliedern Betriebskredite zu erträglichen Bedingungen zu verschaffen, war wegleitend für die Gründung. Stadtammann Josef Zehnder präsidierte das Institut von 1864 bis 1896. 1883 erfolgte die Umfirmierung in «Gewerbekasse Baden» (auch: «Gewerbskasse») und 1965, anlässlich der Hundertjahrfeier, in «Gewerbebank Baden». Damals schon waren die Grundpfeiler für eine moderne Universalbank gelegt. Aus der früheren bescheidenen Spar- und Leihkasse reifte eine moderne Regionalbank heran. Es folgten die Umstrukturierung zur Universalbank und Jahre kontinuierlichen Wachstums. Die Kotierung ihrer Aktien an der Zürcher Börse hat die Gewerbebank über den engen Kreis der Region hinausgeführt. Erfolg hat aber auch Schattenseiten. Die Bank geriet Ende der 80er-Jahre ins Visier eines so genannten Raiders. Die damit ausgelösten Turbulenzen führten nach einer temporären Mehrheitsbeteiligung durch die BBC letztlich 1992 zur Übernahme durch die «Schweizerische Kreditanstalt». Die SKA, die 1994 auch die Aktienmehrheit der Neuen Aargauer Bank (NAB) kaufte und sich ihrerseits 1997 in «Credit Suisse» umbenannte, fusionierte die Gewerbebank auf Anfang 1995 mit der NAB, deren Firma weitergeführt wird.

Das in aufwändiger Palast-
architektur 1872/73 erstellte
Gebäude der Bank in Baden.
(UBS AG, Baden)

Anfang 1903 entstand auf Initiative des Wettinger Pfarrers, Dekan Julius Waldesbühl, die «Raiffeisenkasse Wettingen». Sie folgte dem seit 1899 in der Schweiz umgesetzten Raiffeisengedanken, nach welchem das im Ort verdiente Geld auch im Ort bleiben soll. Das 1974 in «Raiffeisenbank Wettingen» umbenannte Institut eröffnete 1987 an der Badener Weiten Gasse eine Filiale und firmierte sich abermals um in «Raiffeisenbank Wettingen-Baden». Hauptsitz blieb Wettingen. Mit einer Bilanzsumme von rund 400 Millionen Franken gehört sie heute zu den grössten Raiffeisenbanken der Schweiz.

Damit sind die vier aus lokaler Initiative entstandenen Bankinstitute, deren Geschichte hier dokumentiert werden soll, aufgezählt. Bei den anderen seither in Baden tätigen Banken handelt es sich um Filialen von Instituten, die andernorts gegründet worden sind. Darunter fällt die «Aargauische Kantonalbank», 1854 als «Aargauische Bank» gegründet und 1913 verstaatlicht. Es ist bezeichnend für die gut besetzte Badener Bankenlandschaft, dass die Kantonalbank bei ihrem Neustart 1913 keine Filiale in Baden eröffnete, sondern vorerst nur in Aarau, Brugg, Rheinfelden und nach einer Sparkassenübernahme 1914 in Zofingen tätig war. Erst seit 1929 ist die Kantonalbank in Baden präsent, hat sich allerdings seither zu einer der grössten Filialen des Staatsinstituts entwickelt. Von den Grossbanken wurden, wie erwähnt, die SBG 1919 und der Bankverein 1973 in Baden tätig, die Schweizerische Kreditanstalt 1969 und die Schweizerische Volksbank 1966.

Die Spezialisierung der Badener Banken

Bis weit ins 20. Jahrhundert hinein waren die Badener Banken hauptsächlich in jenen Geschäftsfeldern tätig, für die sie gegründet worden waren. So nahmen die Ersparniskasse bzw. Hypothekenbank und die Raiffeisenkasse hauptsächlich Spargelder und Einlagen in Kassenobligationen entgegen, um diese Gelder als Hypotheken wieder weiterzugeben. Bei der Hypothekenbank dominierten die Hypotheken im Mittel mit 70 Prozent der Bilanzsumme. Ihre Kunden waren anfänglich Private, Landwirte, Handwerker und Gewerbetreibende. Nach 1900 profilierte sich die Bank als Hypothekarbank der Arbeiter und Angestellten der aufstrebenden Industrie. Die Gewerbekasse hingegen gewährte vor allem Darlehen an den angeschlossenen Kreis von Handwerk und Gewerbe, seit 1874 auch Hypotheken. Zwischen 1870 und den 1930er-Jahren pflegte sie zudem das Kontokorrentgeschäft. Die Raiffeisenkasse Wettingen gewann vor allem im dörflichen Umfeld Kunden. Zu den ersten Genossenschaftern gehörten zahlreiche Berufsgattungen, speziell Handwerker, Bauern, Gemeindeangestellte und Lehrer.

Demgegenüber betätigte sich die Bank in Baden seit ihrer Gründung vor allem im Kontokorrentgeschäft, das heisst sie gewährte Kaufleuten und Industriellen

Betriebskredite in laufender Rechnung und nahm flüssige Gelder entgegen. Daneben ermöglichte sie ihren Geschäftskunden Diskont- und Wechselgeschäfte und gewährte «Darlehen auf bestimmte Termine» gegen Bürgschaft oder Hinterlage von Titeln. Mit diesen kurzfristigen Ausleihungen machte sie jedoch schlechte Erfahrungen, weshalb sie 1865 diese Geschäfte wieder aufgab. Ihre Kunden waren im Gross- oder Detailhandel tätig und hatten einen wachsenden Zahlungsverkehr mit dem Ausland zu bewältigen. Als um 1888, nach dem Ende einer Weltwirtschaftskrise, das Interesse deutscher Anleger an schweizerischen Eisenbahnpapieren erwachte und sich eine allgemeine Spekulationslust entwickelte, war dies in der Bank in Baden der Beginn eines intensiven Handels mit Wertschriften. Dieser zog eine finanzstarke Kundschaft an.

Auch als Filiale der SBG behielt die Bank ihre reine Handelsbankfunktion und grenzte sich damit von den übrigen Banken am Platz ab: Sie handelte mit Wertschriften, Wechseln und Devisen und gewährte Kredite. Während der Hochkonjunktur nach dem Zweiten Weltkrieg verzeichnete sie eine rasante Zunahme von Wertschriftendepots. Vermögensverwaltung für Private und Anlageberatung gewannen an Bedeutung. Bis 1968 gab die Bank keine Hypotheken aus, diese waren der 1919 gegründeten und der SBG angegliederten Hypothekar- und Sparkasse (Hyspa) in Aarau übertragen. Nach der Übernahme der Hyspa durch die SBG, 1968, wurde auch für die Badener Filiale das Hypothekargeschäft zu einem tragenden Geschäftszweig.

Konkurrenz für die SBG entstand erst, als sich andere Grossbanken in Baden niederliessen. Die grossen, international tätigen Unternehmungen, zum Beispiel Brown Boveri oder Motor-Columbus, wandten sich schon zuvor nicht allein an die lokal ansässige SBG, sondern verteilten ihre Bankgeschäfte hauptsächlich auf Grossbanken. Diese versuchten, neue Industriebetriebe mit besonderen Konditionen und Dienstleistungen anzulocken. Nach und nach bemühten sich auch die Regionalbanken um Grosskunden und risikoreichere Geschäfte.

Auch der Kampf um private Kunden verstärkte sich in neuerer Zeit. Die Einführung des Lohnkontos für Arbeitnehmer, die bislang ihren Lohn in bar ausbezahlt erhalten hatten, löste in den Jahren nach 1970 unter den ansässigen Banken einen harten Konkurrenzkampf aus.

Beteiligungen und bedeutende Finanzierungen

Gemäss ihrem Zweck gingen die Badener Banken in der Regel keine direkten Beteiligungen ein. Hingegen gewährten sie Drittfirmen teilweise bedeutende Kredite und Hypotheken. Die Hypothekenbank beispielsweise galt bis in die 1960er-Jahre als Hausbank der Badehoteliers, und sie durfte sich rühmen, 1958 das in

Spreitenbach entstandene erste Hochhaus im Aargau mitfinanziert zu haben. Die Raiffeisenbank ging bis heute keinerlei Beteiligungen ein. Eine Ausnahme bildete ein Konsortium mit allen Badener Banken zur Finanzierung der Stadtcasino Baden AG.

Die Bank in Baden setzte hingegen vermehrt zu besonderen Finanzierungsaktionen an. So stellte sie 1865 für die spätere Gewerbebank einen Kredit gegen Bürgschaft der Vorstandsmitglieder zur Verfügung und half damit beim Aufbau eines Instituts, das damals noch keinerlei Konkurrenz für sie bedeutete. Als 1878 über die Badener Kurhausgesellschaft der Konkurs verhängt wurde – man hatte zu teuer gebaut –, war selbst die Bank in Baden nicht in der Lage, der Einwohnergemeinde ein Darlehen für den Kauf des Kasinos zu gewähren. Das Kurhaus ging samt Park für 200000 Franken an die finanzkräftigere Ortsbürgergemeinde über. Fast gleichzeitig unterstützte die Bank in Baden die Stadt bei der Platzierung der Anleihen zur Restfinanzierung der Nationalbahn; auch dieses Unternehmen ging 1878 in Konkurs.

Eigene Aktivitäten erschütterten die Bank in Baden finanziell zweimal. 1868 hatte ihr Direktor eigenmächtig grosse Vorschüsse an eine Firma für Getreidespekulation erteilt. Diese zweifelhaften Geschäfte bescherten der Bank einen Verlust von rund 190000 Franken. Für 1868 wurde keine Dividende ausbezahlt. 1869 hatte sich die Lage wieder normalisiert. Ende 1899 stellte die Börsenfirma Grob & Cie. in Zürich wegen unverantwortlicher Überspekulation des Inhabers ihre Zahlungen ein. Der Chef der Firma, H. Grob-Landolt, war Präsident der Bank in Baden. Der Direktor der Zürcher Filiale, welche die Bank in Baden unterhielt, H. Sax, war Kollektivgesellschafter der Fima Grob. Durch die enge Verbindung zwischen dem Inhaber Grob und Direktor Sax waren verhängnisvolle Geschäfte zwischen Grob & Cie. und der Bank in Baden unter Umgehung des Bankvorstands abgeschlossen worden. Die Bank in Baden musste einen grossen Posten zu hoch belehnter Wertschriften übernehmen und erlitt weitere Einbussen von fast einer Million Franken bei Forderungen gegen die Firma. Von diesem Schlag erholte sich die Bank in Baden nicht mehr. Die Schwächung ihrer Finanzkraft führte schliesslich zur Anlehnung an die Bank in Winterthur und letztlich zur Übernahme durch die SBG.

Banklokale

Die Ersparniskasse Baden nahm 1844 ihre Tätigkeit in Privaträumen auf und bezog später Räume über dem Kleidergeschäft Kreyscher neben dem heutigen Kino Sterk. 1929 bezog sie einen stattlichen Neubau an der Hirschlistrasse, gegenüber den ehemaligen Bankräumen. Als Folge der Verkehrssanierung in der Stadt Baden lag das Bankgebäude an der Hirschlistrasse immer mehr abseits. Die Pas-

Das von 1950 bis 1971 benutzte Kassagebäude der Raiffeisenkasse Wettingen an der Dorfstrasse. (Raiffeisenbank Wettingen-Baden)

santen benützten seit Ende der 60er-Jahre die Badstrasse als erste Fussgängerzone der Schweiz. Bereits 1958 setzten Bemühungen seitens der Geschäftsleitung der Bank ein, einen besseren Standort zu finden. Dieser konnte sich nur an der Badstrasse befinden. Durch langwieriges Verhandeln gelang es, drei Liegenschaften anzukaufen. Im Oktober 1993, nach 35 Jahren Planung, war Baubeginn. 1994 sickerte nach der Übernahme durch die Kreditanstalt zur grossen Enttäuschung des NAB-Personals durch, dass diese an Stelle der NAB den Neubau beziehen werde.

Die Bank in Baden eröffnete am 1. Mai 1863 ihr Institut in gemieteten Räumen im Haus von Frau Falk-Dorer an der Badstrasse. Später verlegte sie ihre Geschäftsräume in das Haus von Oberst Dreyer am Schlossbergplatz. 1872 liess sie sich von den Zürcher Architekten Heinrich Ernst und Alexander Koch, zwei Schülern des ETH-Professors Gottfried Semper, an der Badstrasse das heute noch von der UBS AG benützte Bankgebäude errichten. Die Baukosten von 156400 Franken sind in Vergleich zu setzen mit den oben genannten Zahlen aus Verlustgeschäften. 1920 erhielt das Gebäude einen Anbau. Von 1981 an waren Abteilungen der SBG wegen Platzmangels im Mäderhof und an der Bahnhofstrasse 40 eingemietet. Zwischen 1988 und 1991, als das alte Bankgebäude umgebaut und gegen den Theaterplatz hin erweitert wurde, bezog die Bank Ausweichdomizile am Theaterplatz und im Haus zum Schwert.

Der Gewerbekasse diente als Geschäftslokal ursprünglich das Privatbüro des Kassiers, Lehrer Th. Schmid, der die Kasse zuerst nebenamtlich und ab 1871 im Vollamt führte. Über seinen Tod hinaus, bis 1889, war die Bank in seinem Haus an der Zürcherstrasse eingemietet. Die Gewerbekasse zog hierauf an den Bahnhofplatz, wo sie 1898/99 einen Neubau erstellte. Sieben Jahrzehnte später hatte dieser ausgedient. Nach Jahren der Planung wurde gleich daneben ein Neubau erstellt, der 1972 inmitten des Festfiebers einer Badenfahrt eingeweiht wurde. In dieses Gebäude zogen Mitte 1996, unter dem Firmendach der Neuen Aargauer Bank, auch die Angestellten der ehemaligen Hypothekenbank von der Hirschlistrasse um.

Der Kassaverkehr der Raiffeisenbank begann 1903 in der Wohnstube von Kassier Steimer an der Wettinger Märzengasse. Dort blieb das Domizil, bis 1950 ein eigenes Gebäude an der Dorfstrasse zur Verfügung stand. Dort erst wurde die Kasse vollamtlich betreut und hielt ganztägig Schalterstunden. 1969 bis 1971 erstellte die Bank einen Neubau an der St. Bernhardstrasse.

Alle vier untersuchten Banken unterhielten oder unterhalten Filialen, allerdings in ganz unterschiedlichem Ausmass und in unterschiedlichen Zeiträumen. Wenn man von den «Einnehmereien» in umliegenden Gemeinden absieht, die die

Diese Liegenschaft des Botanikers Johann Baptist Frey am Theaterplatz musste 1929 einem Annexbau zum Gebäude der Bankgesellschaft (im Hintergrund links sichtbar) weichen.
(UBS AG, Baden)

Ersparniskasse Baden bereits in ihrer frühen Zeit eröffnete und die auch die Gewerbekasse unterhielt, war die Bank in Baden die erste, die eine eigentliche Filiale einrichtete. 1890 eröffnete sie an der Bahnhofstrasse 44 in Zürich ein Comptoir. Diese einfache Zahlstelle mutierte 1892 zur eigentlichen Filiale, die 1906, als Folge der Anlehnung, von der Bank in Winterthur übernommen wurde. Dadurch übernahm die Bank in Winterthur auch den Sitz der Bank in Baden an der Zürcher Börse. Sie hatte einen Börsensitz angestrebt, doch Kreditanstalt und Bankverein, die sich auf einem schnellen Expansionskurs befanden, hatten dies zu verhindern gewusst. Die ehemalige Filiale der Bank in Baden wurde die erste Filiale der SBG in Zürich (1912–1917).

Die Expansion der Badener Banken in der Region fällt in die jüngsten Jahrzehnte. Die Regionalbanken, die sich von Spar- und Leihkassen zu kleinen Universalbanken entwickeln und dazu die Nähe der Kunden suchen wollten, gingen voran. Die Gewerbekasse eröffnete zwischen 1953 und 1978 sieben Filialen: in Turgi, Wettingen, Nussbaumen, Spreitenbach, Fislisbach, Neuenhof, Dättwil-Kantonsspital. Später kam noch Dietikon hinzu. Diese Expansion erfolgte praktisch vollumfänglich unter der Direktion von Eugen Probst (1957–1976). In diesen zwei Jahrzehnten wuchs die Gewerbekasse von einer eher bescheidenen Spar- und Leihkasse zu einer mittelgrossen Regionalbank heran, deren Aktien schliesslich 1983 an der Zürcher Vorbörse und 1986 am Haupttableau der Zürcher Börse aufgenommen wurden. Dem Bedeutungs- und Grössengewinn entsprechend, fällt in diese Zeit, 1965, die Umfirmierung in «Gewerbebank». Ihre Konkurrentin, die Hypothekenbank, expandierte im selben Zeitraum und errichtete zwischen 1956 und 1974 sechs Filialen: in Neuenhof, Niederrohrdorf, Spreitenbach, Wettingen, Würenlos und im Badener Metro Shop. Die SBG eröffnete 1960 eine Agentur in Wettingen, die zwischen 1968 und 1980 vorübergehend als Filiale eingestuft war. Zwischen 1972 und 1987 betrieb sie eine weitere Agentur in Würenlos, auf der Autobahnraststätte. Die Eröffnung einer Stadtfiliale der Raiffeisenbank fiel, wie erwähnt, ins Jahr 1987.

Bankenkultur

Als ein besonderes Element, das die verschiedenen Banken charakterisiert, kann die jährliche Generalversammlung genannt werden. Damit auftrumpfen kann die SBG- und heutige UBS-Filiale Baden nicht; die Generalversammlungen ihres Instituts sind eine zumindest nationale Angelegenheit und finden in Zürich und Basel statt. Ganz anders die diesbezügliche Kultur der regional tätigen Banken: Bei der Raiffeisenbank wird die Generalversammlung unter Wahrung grosser Tradition durchgeführt. Sie hat sich fast zu einem Volksfest entwickelt, nehmen doch

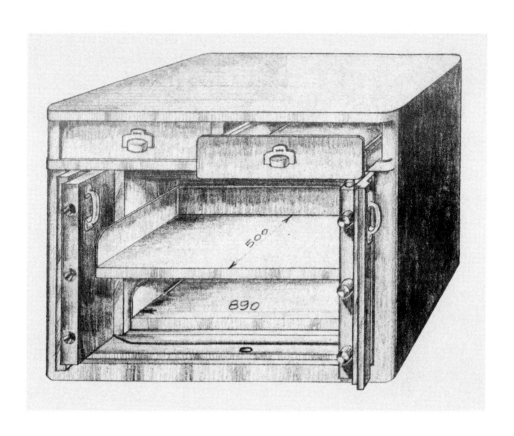

Konstruktionszeichnung für
eine Schalterkasse der Bankgesellschaft in Baden, 1930.
(UBS AG, Baden)

jeweils gut 1000 Mitglieder daran teil. So auch bei der Aargauischen Hypotheken- und Handelsbank. Als sie in den 70er-Jahren ihre Generalversammlung aus dem Brugger Hotel «Rotes Haus» nach Baden verlegte – man brauchte mehr Platz und fand ihn im Gemeinschaftshaus «Martinsberg» der BBC – betrug die Beteiligung in den Spitzenjahren über 1600 Aktionäre. Hauptzweck des als «aargauischer Ripplifrass» in die Annalen eingegangenen Anlasses war das Sehen und Gesehenwerden. Das gilt auch für die legendären Generalversammlungen der Gewerbebank, die im Kurtheater stattfanden und beim anschliessenden Bankett im Kursaal jahrelang einen bis in die frühen Morgenstunden hinein dauernden Höhepunkt im gesellschaftlichen Leben der Stadt Baden bildeten. Es ist bezeichnend, dass die Credit Suisse diese Generalversammlungstradition bei der NAB als kundenbindenden und öffentlichkeitswirksamen Anlass weiterzuführen trachtet, obwohl sie selbst rund 99 Prozent aller Aktien der NAB besitzt.

Banker in Baden

Die folgenden Zahlen verdeutlichen, dass es sich bei der Anzahl der in Baden und Umgebung beschäftigten Bankangestellten bis in die jüngste Zeit nicht um grosse Heerscharen handelte. Sie zeigen gleichzeitig, wie sehr sich das Bankgeschäft ausgeweitet hat:

Bank	Jahr	Mitarbeitende
Hypotheken- und Handelsbank	1925	4
	1941	15
	1991	85
Gewerbebank	1865	3
	1950	20
	1990	ca. 150
Bankgesellschaft	1953	ca. 40
	1992	ca. 140
Raiffeisenbank	1950	1
	1978	6
	1999	25

Der Lebensnerv einer Sparkasse waren die Spareinlagen und später spareinlagenähnliche Gelder. Voraussetzung für das Vertrauen der Kunden war eine äusserst seriöse Geschäftsführung mit absolut integren und verschwiegenen Bankangestellten. Verschiedenen langjährigen Bankbeamten gelang es, bei der enorm wichtigen Schalterkundschaft eine besonders verbindende Vertrauensposition aufzubauen. So war etwa bei der Hypothekenbank Karl Wetzel zwischen 1928 und den 60er-Jahren eine stadtbekannte und legendäre Bezugsperson. Eine ähnliche Rolle spielte

Direktionszimmer der
Gewerbekasse Baden, um
1939. (Aus: Rückblick über
die 75-jährige Tätigkeit
der Gewerbekasse Baden
1864–1939)

bei der Gewerbebank während vieler Jahre Chefkassier Fritz Keller, der von vielen Damen, vor allem älteren Jahrgangs, insgeheim der «schöne Fritz» genannt wurde.

Auch die Bankpräsidenten und Bankverwalter genossen spezielles Ansehen. Bei Kunden und Personal galten sie als Respektspersonen, deren Büro man nicht ohne Herzklopfen betrat. Sie repräsentierten die Bank, der man sein Geld anvertraute. Die Persönlichkeit an der Spitze bestimmte das Betriebsklima und war entscheidend für das Bild der Bank gegen aussen. So prägte der Name Emil Reinle in Baden über lange Jahre viele bedeutende Geschehnisse und die Entwicklung der Stadt. Der in verschiedenen Sparten wie Mineralöl- und Stahlhandel tätige Unternehmer war zwischen 1946 und 1971 Vorstandsmitglied und Präsident der Hypothekenbank Baden und Verwaltungsratsmitglied der Gesamtbank, zudem selbst bedeutender Firmenkunde. Bei der SBG war Walter Obrist der letzte Badener Bürger, der Direktor der Badener Filiale war (bis 1954). Obrist war eine bekannte Persönlichkeit, die wusste, was einem «Banquier» gebührte. Wenn es am Morgen regnete, kam er nicht ins Geschäft. Ein Lehrling brachte ihm die Zeitung in sein Haus an der Rütistrasse. Wenn der Regen nachliess, kam er in aller Ruhe in die Bank. Obrist unterstützte den Fussballclub Baden aus eigener Tasche; Sponsoring war damals bei der SBG noch nicht üblich. Carl Himmel, sein Nachfolger, war ein anerkannter Anlageberater und Vermögensverwalter. Er engagierte sich als Präsident der reformierten Kirchenpflege. Nach seiner Pensionierung betreute er noch jahrelang seine alten Kunden im so genannten Stöckli.

Ein Bankverwalter – «Direktor» wäre einer Regionalbank schlecht angestanden – hatte in früheren Jahrzehnten eine Garantie zu leisten. Der 1901 bei der Ersparniskasse Baden eingestellte Verwalter Otto Saxer musste eine Kaution von 20000 Franken deponieren. Das Depot bestand aus Anteilscheinen und Obligationen der Gewerbebank Baden.

Auch Personen hinter den Kulissen schrieben im Kleinen Bankgeschichte. So führte der Weg ins Büro von Direktor Himmel durch das Vorzimmer von Emma Bolliger, einer arbeitssamen und kompetenten Frau. Da war kein leichtes Durchkommen. Der Statur nach eher Pflegerin in einem Männersanatorium als Banksekretärin, fürchtete sich «Fräulein» Bolliger vor nichts und niemandem. Dies traf auch zu auf Johannes Zehnder, klein und beleibt, jahrzehntelang Abwart der SBG. Jeder kannte ihn. Er wohnte im obersten Stockwerk des Bankgebäudes und gab seiner Frau Frieda genaue Anweisungen, wie sie die Bank putzen sollte, und dem Direktor, wie er die Bank führen sollte. Wer dem Feldweibel und Präsidenten des Badener Unteroffiziersvereins den nötigen Respekt entgegenbrachte, konnte alles von ihm haben. Zehnder übte mit den Angestellten das Verhalten im Ernstfall. Dabei stellte er sich hinter eine Säule und rief mit drohender Stimme: «Überfall.»

Die Frauen mussten sich ducken und blitzschnell unter den Pulten verschwinden. Die Männer verbargen sich hinter Kästen und Säulen. Da er auch nachts die Bank bewachte, am Morgen der Erste und am Abend der Letzte war, hatte Zehnder am Nachmittag «Zimmerstunde». Neidisch schauten ihm die Angestellten nach, wenn er bei schönem Wetter auf seinem «Florett» nach Birmenstorf fuhr, um in seinen Reben und auf dem Pflanzblätz zu arbeiten. Zur Postabnahme war Zehnder dann wieder rechtzeitig in der Bank.

Kurioses aus dem Bankalltag

Beim Anekdotischen angelangt, gleich noch dies: Vor der SBG verlor ein Kurier Coupons. Dummerweise blies ein starker Wind, und Hunderte von Coupons wirbelten über die Badstrasse zum Bahnhofplatz. Den ganzen Tag kamen Leute auf die Bank und brachten eingesammelte Coupons zurück. Der Kurier soll einen Schock erlitten haben. Weniger schockiert reagierten einige bekannte Badener, als sie beim Katerfrühstück nach der Fasnacht im Café Burger merkten, dass sie kein Geld mehr hatten. Um die Strasse zur SBG zu überqueren, bestellten die Herren ein Taxi.

Bei der Hypothekenbank fanden die Kuriosa im Tresor statt: Kistenweise Rasierklingen oder gar ein Flugzeugmotor waren sichere Zeugen von Verpfändungen gefährdeter Kredite. Verpfändete Kühe und Rinder mussten dank der Einrichtung eines Viehverpfändungsregisters allerdings keine gefüttert werden.

Ironie des Schicksals: 1974 trafen sich die Spitzen der Aargauischen Hypotheken- und Handelsbank und der Gewerbebank Baden auf neutralem Boden im abgelegenen Regensberg, um über ein Zusammengehen der beiden Regionalbanken zu diskutieren. Aber diese 20 Jahre später unter ganz anderen Umständen doch zustande gekommene Fusion und die vorangegangenen, durch einen «Raider» Ende der 80er-Jahre ausgelösten Turbulenzen bei der Gewerbebank wären eine andere Geschichte …

Leute von heute in Fabriken von gestern
Künstler und Lebenskünstler entdecken die bevorzugte Lage am Wasser

Feli Schindler

Baden ist noch nicht gebaut. Das kann jeder feststellen, der auf der Suche nach einem lauschigen Plätzchen durch die Grossbaustelle der Stadt schweift. An allen Ecken und Enden herrscht Aufbruch: Asphalt wird aufgerissen, Schienen werden verlegt, Unterführungen aufgewühlt und Brücken geschlagen. Allen Unkenrufen zum Trotz gibt es aber noch Oasen, wo Menschen innehalten und mehr als einen Augenblick verweilen. Dass besonders kreative Leute die reizvollsten Plätzchen bereits still und leise in Beschlag genommen haben, wissen selbst eingefleischte Badener kaum oder nur vom Hörensagen. Man muss schon in die schattigen und feuchten Niederungen der Limmatschlaufe steigen und sich für die verborgenen Schönheiten der Landschaft und der Fabrikgebäude aus dem 19. Jahrhundert begeistern können. Wobei wir Modernen bedenken sollten, dass die Zürcher Fabrikherren den Standort ihrer Expansionsgelüste durchwegs aus wirtschaftlichen Überlegungen und kaum aus romantischem Antrieb heraus gewählt hatten. Jede der Fabriken besass damals ein eigenes Wasserkraftwerk, das die Mechanisierung der Arbeitsplätze ermöglichte und massgeblich zum Aufschwung der Betriebe führte.

Von der alten *Spinnerei Wettingen* führt uns der historisch lückenlos dokumentierte Industriekulturpfad durch Mischwälder, unter Autobahnzubringer und über Uferpromenaden zur alten *Lederwarenfabrik Streule*, zur *Armaturenfabrik Oederlin* bis zur *Zwirnerei Stroppel* am Wasserschloss. Und es ist schwierig zu sagen, welcher der Orte einem der liebste wäre, hat man sie alle einmal besucht, kennen und lieben gelernt. Wandervögeln ist der Pfad auf jeden Fall ans Herz gelegt, sportlichen Naturen kann das Joggen oder Mountainbiken empfohlen werden. Pausieren ist ohnehin willkommen: In den umgenutzten Fabrikgebäuden trifft man ausnahmslos auf sympathische Menschen, die Kaffee, Mineralwasser oder anderes offerieren. Und man braucht sich nicht zu scheuen, Künstlerinnen, Musiker, Handwerker, Architekten oder Werber aus ihren Ateliers herauszulocken. Sie lassen sich gerne bei der Arbeit stören und zu einem Schwatz verführen.

Lars Müller, Gestalter,
Alte Spinnerei Wettingen.
(Fotos: Feli Schindler)

Hatice Turkes, Stiftung
Wendepunkt, Alte Spinnerei
Wettingen.

Von Künstlern, Designern und Turi, dem Schwager

Margrit Aschwanden-Häsler ist die Tochter des einstigen Betriebsleiters der 1972 stillgelegten Baumwollspinnerei Wettingen und als Hauswartin würdige Nachfolgerin ihres Vaters *Ernst Häsler.* Sie öffnet Tür und Tore des umgenutzten Areals, rauscht durch sämtliche Räume, lobt die Leute der neu eingerichteten Betriebswirtschaftsschule, verweist stolz auf die topgestylten Büros des *Trigon Filmverleih* («La vida es silbar») und grüsst respektvoll den Designer und Kunstbuchverleger *Lars Müller.* Der Badener Gestalter gehört zu den Schweizer Aushängeschildern der Verlegerszene für das Kunstbuch und doziert an der Hochschule für Gestaltung in Karlsruhe Grafikdesign. Auch *Beat Zoderer,* ein Alteingesessener in der Spinnerei Wettingen, bewegt sich fast ausschliesslich auf internationalem Parkett. Laut erklingende Opernmelodien sind ein untrügliches Zeichen, dass der Künstler in seinem Atelier arbeitet. Die Musik inspiriert ihn und steht ganz im Gegensatz zu seinen streng geometrischen Werkentwürfen, welche für Galerien und öffentliche Gebäude in Basel, Berlin oder New York bestimmt sind. Mit dem trägen Warenlift geht es wieder ins Erdgeschoss. Hier herrscht geschäftiges Gehen und Kommen. Frauen arbeiten an Bügeltischen oder Nähmaschinen, Männer zersägen Holzbretter an Werkbänken, Verwalter rennen durch Büroräume. Die christliche *Stiftung Wendepunkt* beschäftigt in der Spinnerei Wettingen über 50 ausgesteuerte Personen zur Wiedereingliederung in den Arbeitsalltag. «Eine gute Sache», sagt die Hauswartin, «wenn dich au mängmol frögsch ...» Margrit Aschwanden fragt sich nicht weiter und steigt wie ein Wiesel die unzähligen Treppenstufen zum Fabrikschlot hoch. Auf der winzigen Plattform könnte einem schwindlig werden, der Ausblick ist atemberaubend: Schlossberg, Lägern, Limmat, Kreuzliberg, gegen Süden die gläserne Schallschutzwand der A1, welche den Wettinger Hausberg widerspiegelt. Da unten, im einstigen Fabrikantenhaus, wohnt Margrit Aschwanden. In der alten Mühle der Spinnerei ist sie aufgewachsen; dort im seichten Wasser der Limmat haben ihre Kinder das Schwimmen erlernt. Vor dem Glockenhäuschen der Spinnerei sonnt sich *Turi,* der Zürcher Schwager. Margrit Aschwanden pfeift durch die Finger, aber er kann sie nicht hören. Der Lärm der Autobahn schluckt alles. In der alten Schenke der Fabrik, geführt vom rührigen *Gruppo di Alpini,* trifft man sich schliesslich zu Kaffee, Wasser und Käseplättli: Schwiegermutter, Wirtin, Betriebswartin und Schwager, eine verschworene Gemeinschaft von Einheimischen, palavert in Erinnerung an gute alte Zeiten in den Nachmittag hinein.

Franco Pinazza, Architekt,
Alte Ledergerberei Streule
Ennetbaden.

Attila Herendi, Kunstmaler,
Alte Ledergerberei Streule
Ennetbaden.

Was nicht im Baedeker steht
Weiter flussabwärts würde ein beflissener Reiseführer die Fabrikbesucher darauf hinweisen, dass die Badener Jugendherberge – die älteste und schönste der Schweiz – einst Pferdestall der 1904 vollständig abgebrannten Spinnerei Spoerry war. Dass in einem der Kosthäuser die amtierende Einwohnerratspräsidentin von Baden, *Daniela Oehrli*, haust, steht in keinem Baedeker. Und dass eine Vereinigung zur Erhaltung von Schafen am Kanal, *Pro spezie rara* notabene, die Tiere hier weiden lässt, ist ein Badener Kuriosum.

In der nach ökologischen Grundsätzen renovierten Ledergerberei Streule in Ennetbaden stösst die Besucherin auf Festvorbereitungen. *Franco Pinazza* und *Dieter Schwarz,* stolze Architekten des schönen Werkstattgebäudes, verteilen Flyers. Jazz und Kulinarisches stehen für den Abend auf dem Programm, eingeladen sind Gewerbetreibende, Bewohner und Genossenschafter der Fabrikliegenschaft. *Kurt Züllig,* Goldschmied und umtriebiger Badener durch und durch, montiert gerade künstliche Rosen und farbige Lämpchengirlanden im Treppenhaus. Der Heizungskeller, mit Kohlelager und Dampfmaschine im Originalzustand belassen, wirkt solchermassen dekoriert wie ein virtuelles Geisterhaus. Das Gelächter des Goldschmieds und die tiefe Stimme des ihm zur Hand gehenden Werkstattleiters hallen durch die Räume. Der Weg führt unter freiem Himmel weiter an *Attila Herendis* Malatelier vorbei, wo einem das Porträt eines Mädchens aus dem Schaufenster entgegen lacht. Die dynamischen Pinselstriche verraten das Temperament des Malers. Der stadtbekannte Bohémien mit Breitrandhut und mit unverwechselbarem Akzent ist heute nicht in seiner Werkstatt anzutreffen. Die verwinkelten Gänge im Inneren des Hauptgebäudes führen schliesslich zu einer der zahlreichen Einzimmer-Lofts mit hohen Fabrikfenstern. Wer keine Rollos montiert, muss mit Spannern rechnen. Denn gerade bei Nacht und vom gegenüberliegenden Ufer der Limmat zeigt sich das Fabrikareal von seiner schönsten Seite. Die beleuchteten Rundbogenfenster der Wasserwerkstatt, der markante Kamin und das dunkle Hauptgebäude im Hintergrund zaubern ein bisschen (*Little*) *Tate Modern* nach Ennetbaden.

Badener Kulturprominenz und seltsame Zürcher
Spätestens jetzt hat der Naturfreund die Limmatseite gewechselt, wandert durch das Badener Bäderquartier, um flussabwärts die Metallwarenfabrik Oederlin durch üppiges Grün von aussen zu betrachten. Es heisst, der Eisvogel habe sich in dieser Gegend wieder angesiedelt, und drei junge Käuze hätten im Frühsommer ihr Mutternest verlassen. Wer hingegen über die stark befahrene Ennetbadener Kantonsstrasse Richtung Siggenthal fährt, ahnt nicht, wer und was sich hinter den

Eva Nievergelt, Sängerin,
Giesserei Oederlin Rieden.

Kurt Züllig, Goldschmied,
Alte Ledergerberei Streule
Ennetbaden.

unauffälligen Backsteinmauern, den eingeschlagenen Fenstern und den verwinkelten Werkstattgebäuden verborgen hält.

Die Armaturenfabrik wurde 1858 von den Badener Eisenwarenhändlern *Karl und Friedrich Oederlin* aus der Weiten Gasse gegründet. Heute existiert das Unternehmen vor allem als Immobilien AG unter der Leitung des jungen Geschäftsführers *Thomas Schmid,* Sohn des ehemaligen Chefbuchhalters und heutigen Verwaltungsratspräsidenten *Guido Schmid. Thomas Pfau* aus der Gründerfamilie waltet als Haushistoriker in einem bescheidenen Büro neben dem Firmenmuseum. Die kleine Giesserei mit 40 Angestellten, welche im Zentrum des Gebäudekomplexes steht, scheint die Krisen der Zeit überstanden zu haben und produziert immer noch Ersatzteile, hauptsächlich Spezialanfertigungen – Modelle für *Santiago de Calatrava* oder Edelkitsch für den Samschtigjass nicht ausgenommen. *Markus Fritschi,* Mieter der ersten Stunde und mittlerweile Hauswart, Faktotum und Cicerone in Personalunion, führt durch die Fabrikanlage, im Volksmund «das Oedi» genannt. Er sprudelt über von Geschichten über die Familien Oederlin und Pfau, demonstriert die 320-jährige Weinpresse der firmeneigenen Trotte, schwärmt von kunstvollen Armaturenformen und berichtet von Gesprächen mit Denkmalpflege und Umweltschutzverbänden. Seit 1982 besteht ein Überbauungsplan des Areals, welcher aus ökologischen und wirtschaftlichen Gründen bis heute noch nicht umgesetzt worden ist. Zum Glück für die Mieter, denn «das Oedi» ist seit Ende der 80er-Jahre Brutstätte unzähliger Erfindergeister. Badenerinnen und Badener besitzen hier ihre Probelokale und erobern von der Limmat aus die Bretter der Welt: Die bekannte und erfolgreiche Choreographin *Brigitta Luisa Merki* und Lebenspartner *Pit Hartmeier* mit Flamencos en route, die Gitarrenkünstler *Nic Niedermann* und *Toni Donadio* alias Tonic Strings, *Christoph Brunner,* der Erfinder von GNOM (Gruppe für neue Musik), *Eva Nievergelt,* die beeindruckende Sopranistin aus dem Musiktheater «Helvetische Sphinx» oder *Eva Panero-Moneta* (KranTheater), welche mit ihren langen Haaren, an denen sie sich in die Höhe ziehen liess, einst Furore machte. Wer sich in die Gänge der verwinkelten Gebäudeteile verirrt, trifft auch auf prominente Zürcher, die es sich in Baden wohl sein lassen. *Remigius Sep,* vormaliger Chefrestaurator des Landesmuseums, hat nicht nur seinen Namen gewechselt, er ist heute freischaffender und wie es scheint, glücklicher Kunstmaler. Die Teppiche seines Ateliers hat er gleich selber auf den Boden gepinselt und mit witzigen Webfehlern versehen. «Man kann bei mir nichts unter den Teppich wischen», lautet der einleuchtende Kommentar. Gleich neben dem Atelier von Rem Sep haben sich die Zürcher Künstlerin *Margaretha Dubach* und ihr Ehemann, Psychiatrieprofessor und Paartherapeut *Jürg Willi,* eingenistet. Die geborene Luzernerin mit Hang zum Barocken und Skurrilen freut sich über die

Brigitta Luisa Merki, Tänzerin
und Choreographin, Giesserei
Oederlin Rieden.

Christoph Brunner, Musiker,
Giesserei Oederlin Rieden.

Behörden, welche ihre Installationen ohne bürokratische Hindernisse und zu günstigen Konditionen willkommen hiessen. Margaretha Dubach ist die Schöpferin des «Musée bizarre» und des seltsamen *Professors Pilzbarth,* welcher in den Bädern zu Baden gewirkt und mit seinen abstrusen Evolutionslehren Heilung erzielt haben soll. Pilzbarths Theorie besagt nämlich, dass jeder Mensch durch Regression in frühere Daseinsformen (vom Affen über den Fisch bis hin zum Pantoffeltierchen) seine Krankheiten überwinden kann. Dass da manch abstruser Halbmensch – beispielsweise oben Känguruh und unten Trachtenfrau – mit ins «Oedi» eingezogen ist, erschreckt indes die Mieter nicht. Auch der «Magazin»-Journalist *Albert Kuhn* hat in der Oederlin eine Bleibe gefunden. Er kriecht gerade auf allen Vieren, treu bewacht von seinem etwas ratlos dreinschauenden Labrador auf dem Atelierboden herum und versucht, Ordnung ins Chaos seiner Artikel zu bringen. Klangsammler *Erich Albiez* intoniert auf Hunderten von Glocken, Blechtellern, Pfannendeckeln und anderen Instrumenten chromatische Tonleitern. Seine Spezialität: Trommelmassagen! Künstlerin *Sara Rohner* mit Bernerdialekt schätzt ihren Arbeitsplatz, da ihre überdimensionalen Fotoprojektionen nur in Fabrikhallen installiert werden können. Auf Sara Rohner folgt *Mircolo* (Theatermensch), folgt *Oediwood* (Filmstudio), folgt *Kristina Käuferle* (Künstlerin). Der Gang durch das kreative Labyrinth nimmt kein Ende: Über 60 Individualisten arbeiten hier, entwickeln Ideen, profitieren von der Abgeschiedenheit und Inspiration des Ortes. Wer wirklich Ruhe sucht, klettert hinab zum alten Limmatkanal, setzt sich unter einen Ahorn und geniesst das Bild der träg dahinfliessenden Limmat. Das im Hintergrund liegende, kleine Wasserkraftwerk erzeugt neuerdings wieder Strom und wird von der Proma Energie AG, Turgi, betrieben, einer Firma, welche auf die Nutzung erneuerbarer Energie spezialisiert ist. Ihr Hauptsitz, wie könnte es anders sein, befindet sich am Limmatufer, in der ehemaligen Nähfadenfabrik Stroppel. Das Wasserkraftwerk der Zwirnerei ist ein sorgfältig restauriertes Vorzeigeobjekt, welches die mechanische Kraftübertragung an die Fabrik besonders anschaulich demonstriert. Shedhalle, Direktorenvilla, Arbeiterinnenheim und Kraftwerk sind sozusagen komplett erhalten und industriegeschichtlich von grosser Bedeutung. Historiker sprechen gar von einem «Bijou». Romantiker würden der vorgelagerten Insel zwischen Kanal und Fluss den Vorzug und den Preis für das lauschigste Plätzchen der Fabriken am Wasser verleihen. Aber bitte nicht weiter sagen.

Margaretha Dubach,
Künstlerin, Giesserei Oederlin
Rieden.

Markus Fritschi, Vergolder
und Hauswart, Giesserei
Oederlin Rieden.

Literatur

Industriekulturpfad Limmat-Wasserschloss (Hg.):
Führer zum Industriekulturpfad Limmat-Wasserschloss. Baden 1998.

Industriekulturpfad Limmat-Wasserschloss (Hg.):
Der Industriekulturpfad Limmat-Wasserschloss, Dokumentationen 2, 3, 5, 6. Baden 1995–1997.

Mittler, Otto: Geschichte der Stadt Baden. Bd. 2, Aarau 1965.

Pfau, Thomas: E. Oederlin & Co. Die Firmengeschichte in Kurzfassung. Rieden 1998 (unveröffentlicht).

Johanniverein

August Guido Holstein

Es sei unmöglich, am 24. Juni eine Sitzung oder gar eine Veranstaltung in Fislisbach anzusetzen, wurde gesagt, die Hansen feierten da ihren Tag. Früher sei man der Meinung gewesen: Unter jedem rechten Dach lebe ein rechter Hans.

Tatsächlich, am Johannistag feierten sie dieses Jahr das 80-Jahre-Jubiläum; es gab ein Festmenu mit Kalbsgeschnetzeltem und Rösti im regionalen Alterszentrum. Der Verein zählt gegenwärtig 52 Mitglieder; 66 waren gekommen, alles Hansen oder Johannes mit Frau. Drei Johannas gehören seit einiger Zeit – nach der Öffnung des Vereins für Frauen nicht ohne Kämpfe – ebenfalls dazu. Der Sinn und Zweck des Vereins wird mit dem Wort «Geselligkeit» umschrieben. Der Leser weiss, dass aus dieser Geselligkeit praktisch im Leben noch mehr entstehen kann: Gedankenaustausch, Orientierung, Hilfe, Horizonterweiterung zum Beispiel durch die verschiedenen im Verein vertretenen Berufe, Freundschaft. Man war früher stolz auf die eigenen «Versleinmeister». So hörte man etwa bei einer Zusammenkunft:

Im ganze Dörfli Fislisbach
Da wohnt fascht under jedem Dach
E feine, treue, flotte Maa,
Johanni heisst er, gsesch es ihm scho a.

Einige Zeilen weiter unten hiess es dann:
Ja mer, de Hanseklub esch binenand.

Hans und Johannes

Die meisten nannte man wohl Hans. Man spricht vom «Hansenklub», nennt sich aber offiziell «Johanniverein». Hans sei eigentlich kein Name, nur eine Verkürzung von Johannes. In der Aura dieser beiden Namen schwingt ganz Verschiedenes mit an Assoziationen, ja die beiden Namen stehen wie in einer Art Polarität zueinander. «Was Hänschen nicht lernt, lernt Hans nimmer mehr.» Der Name «Hans» drückt weniger intellektuelle Sphäre, dafür Robustheit und Bodenständigkeit aus. Er ist allgemein, weit verbreitet, was die früheren Generationen betrifft. Mit dem Tonfall «Johannes» ist jedoch eine andere Sphäre betreten, die einer gewissen Sensibilität, Weichherzigkeit, einer Männlichkeit unter einem starken Aspekt des Weiblichen, mit allem Träumerischen, aller Engagiertheit, Eindringlichkeit. Johannes, der Lieblingsjünger, Johannes mit dem langen Haar, derweil ein Hans doch früher Bürstenschnitt trug. Da ist der Johannes, diese zähe Gestalt des Busspredigers am Jordan, dessen Kopf die degenerierte Salomé besitzen wollte, den Kopf des Stärksten in der grössten Schwäche. Da ist der Johannes als der Schreiber der Apokalypse. Dann plötzlich aber hüpft diese Ernsthaftigkeit, die dem Namen anhaftet, ins Gegenteil zu «Johann, dem munteren Seifensieder», ja, der Name ist sogar Deckadresse für einen ungenannten Körperteil. Auf ähnlich niederer Ebene schwingt auch sein Gegenüber aus im historischen «Hanswurst». Sebastian Brant soll dieses Wort zum ersten Mal mit dem Ausdruck «hans myst» «verbrochen» haben. Bei Luther lese man: «Trink alzeit for den durst – So tringt dich kain durst – Mein Hans Wurst.» Der Hanswurst – ein eher wohlbeleibter, etwas unbeholfener Mensch, aber zugleich ein Spassmacher, der seine Unbeholfenheit mit Humor ausbalanciert. Dem Namen «Hans» Charakteristiken anzuhängen, scheint beliebt zu sein. Erinnern wir uns ebenfalls an den «Hans im Glück», an den «Hans-Guck-in-die-Luft», an Hans, den Hasenfuss. Man will Hans heissen, wenn man seiner Sache sicher ist. «Jeder Hans findet seine Grete», das ist allgemein so. Der «Hansdampf in allen Gassen» ist geschäftig und weiss Bescheid.

Ein altes Foto

Zurück zum Verein und zu einem alten Foto: Ein Wagen, von Pferden gezogen, mit Tannzweigen und Blumen geschmückt. Die Hansen fahren damit aus. Sie halten ihre Fahnen, die des Aargaus und der Schweiz. Etwas Patriotisches schwingt mit.

Ein Plakat am Wagen, gross geschrieben «Johanniverein Fislisbach». Ein Horn funkelt in der Sonne und mit Tönen. Später sei man mit dem «Autohalter» oder «Autoführer» Zehnder aus Birmenstorf am 24. Juni ausgefahren, und am andern Johannitag, am 27. Dezember – schliesslich gibt es im Kalender Johannes den Täufer und Johannes den Apostel – trifft Hans den Hans zur Feier in der Waldhütte.

Wenn der Schreibende mit seinem Royal-Velo im Royal-Blau daherfährt, wird er hie und da besonders begrüsst. Es sind Männer, die ebenfalls ein Royal-Velo fahren. Eine Gleichheit löst anscheinend eine Sympathie-Welle aus, so die Gleichheit des Namens, die viel eindringlicher ist als etwa eine Velomarke. Selbstverständlich sind die Hansen und Johannes aus verschiedenem Holz geschnitzt, da hinkt der Vergleich mit dem Fahrrad. Einige bringen es vielleicht innerhalb des

Ausfahrt zum Jubiläum
«25 Jahre Johanniverein»,
1945. (Johann Kaufmann,
Niederrohrdorf)

Vereins zu einer gewissen Berühmtheit, wie der Johannes Wettstein zum Beispiel, der viele Jahre Verse gedichtet und ansprechende Berichte über die Vereinsausflüge usw. verfasst hatte, oder etwa der sehr aktive Ludigari Hans, der die Pauke beklopft hatte, die Vereinspräsidenten wie gegenwärtig Hans Kaufmann mit dem Vorstand. Eine solche Vereinigung hängt immer sehr stark von den Personen ab, die sich für sie einsetzen und organisieren, kurz, von den «tragenden Mitgliedern».

Die Zunamen
Geradezu eine Kuriosität besteht aber in dem Umstand, dass in den Listen des Vereins und bei den Adressen stets ein Zuname stehen muss, damit der richtige Hans, der Johann die Post überhaupt erhält, da, wie bekannt, im Dorfe Fislisbach viele Einheimische unter demselben Namen zu finden sind, nämlich unter Peterhans, Heimgartner, Schibli, Haslimeier, Muntwiler, Koller, Wettstein. Erschwerend wirkt, dass zwischen Zunamen und Übernamen streng unterschieden werden muss, weil die Übernamen mit einem Tabu belegt sind, auch wenn sie überhaupt nichts Despektierliches enthalten, zum Beispiel «Waldrandhans». Beim Übername «Sterngucker» befände man sich bereits auf der Kippe, obwohl es sehr heilsam sein kann, die Sterne zu betrachten. Aber das Fazit: Wenn viele den gleichen Namen tragen, dann hebt er sich selber wieder auf, verliert an praktischer Verwendbarkeit als Unterscheidungsmerkmal.

Der Name als Abgrenzung
Eine Differenzierung fand nach aussen statt, indem man früher in Konkurrenz zum «Josefs-Verein», dem «Seppli-Verein», stand. Das war wie bei den Buben vom Unter- gegen das Oberdorf und umgekehrt, Clan gegen Clan. Der «Seppli-Verein» schlitterte in eine Krise, ging unter. Die Josefs vermehrten sich zu wenig, natürlich bei diesem Namen, der ja auch höchstens «Ziehvater» bedeutete, diese Engelreinen. Und sie hatten, wie man so sagt, Krach. In der Hansen-Geselligkeit hiess es darum:

Der einti tätscht im zwöite schwer grad eis ufs Dach.
Und trunke hänz, es isch e grossi Plag.

Das schien notwendig; man wollte bei den Hansen die bessern, tüchtigeren, lebensstarken Mitglieder besitzen. «Mir händ halt dä ... ».

In der Waldhütte
Eigentümlicherweise feiern Mann und Frau am 27. Dezember in der Waldhütte mit Bräteln, Tannenbaum, Kerzen, Weihnachtsliedern, Spiel und Tanz von sechs Uhr

abends bis morgens zwei, drei, mit Handorgelmusik, Schlagzeug, Bauchredner, Conférencier, Fragespielen – ein Anlass mit den Kindern existiert nicht. Die Kinder heissen ja heute anders, nicht wie früher ebenfalls Hans oder Johannes, sondern vielleicht Patrick, Sebastian oder Marc.

Vereinsnachrichten
Der Mitgliederbeitrag betrug im Jahre 1933 Fr. 1.50. Für eine Ausfahrt ins Emmental bezahlten die Mitglieder zusätzlich Fr. 7.50. Ab 1950 stiegen die Fr. 1.50 auf Fr. 10.–, ab 2001 werden sich diese verdoppeln. Der Verein verköstigt sich ebenfalls durch Zuwendungen. Der Vorstand zählt fünf Mitglieder, darunter heute eine Johanna. Selbstverständlich wurde er jeweilen bei den Dorffesten aktiv, etwa mit einer eigenen Festbeiz. Die vom jetzigen Präsidenten Hans Kaufmann initiierte und kreierte «Hansenwurst», von der man an der 800-Jahr-Feier von Fislisbach über 2000 verkauft hatte, ist heute noch in der Dorfmetzgerei erhältlich. «Eine Hanswurscht», besser «eine Johanniwurscht, bitte!»

Der Verein tritt bei grossen Geburtstagen seiner Mitglieder auf. Erstaunlich, wie bei den Beerdigungen meist über die Hälfte der Mitglieder sich versammelt; manchmal finden sich beinahe alle zusammen. Solidarität, Gemeinsamkeit. Doch auch hier entgeht der Verein nicht dem Schicksal unserer Zeit: Vermutlich beträgt das Durchschnittsalter der Mitglieder 63. Jedoch der Vorteil eines solchen Vereins besteht darin, dass man nicht wie etwa im Männerchor zuerst singen muss, bevor man zum angestrebten gemütlichen Teil der Geselligkeit gelangt. Dieses Tor öffnet sich sogleich, das Engagement ist gering, eine gewisse Geborgenheit aber ist gegeben. Allerdings, im Vorstand muss man sich wie in jedem Verein durch Reden, Schreiben, Rechnen weiter entwickeln.

Aus der Geschichte
1920 gegründet, war es der siebte Verein, der in diesem Dorf entstand. 13 Namensvettern hatten sich damals am 20. Juni im Restaurant «Alpenrösli» zusammengefunden, immer unter dem Namen Johann, vom 20. Altersjahr aufwärts. Unter den Zunamen stehen zum Beispiel «Werkmeister», «Schriftsetzer», «Baumeister», «im Feld», «Leodegars». Die Generalversammlung sollte vor dem 24. stattfinden, damit man das «Hochfest» gut vorbereiten konnte. «Was uns bei der Taufe gegeben ist, das feiern wir zur Jahresfrist.» Bei der Polizei hiess es dann jeweilen: «Die Cheibe wänd weder ned hei» – schlecht protokolliert, hiessen sie doch Hans und nicht «Cheibe». Bisher gab es sechs Präsidenten. In den Statuten steht: «Aktivmitglieder können alle werden, die in ihrem Vornamen das Wort ‹Hans› tragen und besondere Beziehungen zur Sitzgemeinde haben, namentlich dort wohnen. Gönner kann werden,

wer dem Verein wohlwollend gesinnt ist.» Es wird aber darauf geachtet, dass die Jahresbeiträge bezahlt werden. Der Verein ist politisch und konfessionell neutral.

Wie war dies wohl noch bei der Gründung? Der Verein basiert ja auf kirchlichen Festen. Von einem Johannisfeuer und anderen nordischen Bräuchen scheint man im Johanniverein hier nichts zu wissen.

Verbreitung solcher Vereine
Der Autor dieser Zeilen rekognoszierte am Zugerberg für einen anderen Text, als ihn ein Wanderer auf dem Weg überholte. Er kam mit ihm ins Gespräch, und es stellte sich heraus, dass er am gleichen Abend noch die Generalversammlung des Aloisius-Vereins mit 80 Mitgliedern vorbereiten sollte, daher ein grösseres Marschtempo angeschlagen hatte. Dieser Verein schien kirchlich abgestützt zu sein, zeigte wohl die Entstehung solcher Vereine auf, hauptsächlich in den katholischen Stammlanden mit ihrer Heiligenverehrung. Auch einen Josefsverein habe es früher in Zug gegeben. In der Region Menzingen hätten verschiedene Namen für die gemeinsame Messe, die Wallfahrt fusioniert, in Zufikon und Lunkhofen gebe es noch den «Seppi-Tag». Der Autor erinnerte sich, dass ebenfalls von einem Emil-Verein die Rede war, den der Pfarrer mit Namen Emil gegründet hatte, und für ihn tauchte wie aus dem Nichts ein neues Geflecht menschlicher Geselligkeit und Vernetzung durch den Vornamen überregional auf. Bleibend, über die Jahre, ist wohl das Bild mit Ross und Wagen.

Aus dem Reisebericht
Im Reisebericht des Johannes Wettstein aus dem Jahr 1945 steht: «Punkt halb zwölf erfolgte die Abfahrt auf dem reich geschmückten Pneuwagen von Hans Schibli, Metzger, Hans Schibli, Maurer, und Hans Haslimeier. Auf dem mittleren Wagen war unsere rassige Ländlermusik plaziert, die die Abfahrt mit einem schmetternden Marsch umrahmte. Die halbe Dorfbevölkerung war auf den Beinen, um den Auszug ihrer schönsten und brävsten Bewohner mit anzusehen.

In flüssiger Fahrt gings Birmenstorf zu, das unter liebevollem Grunzen passiert wurde, um dann kurz nach dreizehn Uhr Brugg, unser erstes Reiseziel, zu erreichen, wobei ein geschäftstüchtiger Fotograf die Gelegenheit benützte, unsere Einfahrt auf den prächtig geschmückten Wagen mit ihrer lieblichen Fracht im Bilde zu verewigen.» Es folgten ein «kühler Trunk», die Weiterfahrt über Umiken, Villnachern, «inmitten der vielen in voller Blüte stehenden Mohnfeldern. ... Doch, was war das? Die vordem noch so strahlende Sonne versteckte sich hinter einem dunstigen Vorhang, und bleigrauschwarz stieg hinter der Staffelegg und dem Linner Horn eine mächtige, gigantische Wolkenwand empor. Sollten wir doch noch die Johannistaufe erhalten, bevor das nächste schützende Ziel, Schinznach-Dorf, erreicht war?»

Zur Restaurierung der Alten Kirche in Wohlenschwil
Ein halbes Jahrhundert Denkmalpflege

Jürg Andrea Bossardt

Als 1953 aus Anlass des Bauernkriegsjubiläums die Alte Kirche in Wohlenschwil renoviert wurde, stand es um ihren Erhaltungszustand nicht zum Besten. Mangelnder Bauunterhalt hatte ebenso wie die verschiedenen Nutzungen als Probelokal, Turnhalle und sogar zum Trocknen der Feuerwehrschläuche seine Spuren hinterlassen, wie die Aufnahmen des Zustandes von 1952 deutlich zeigen. Die Denkmalpflege im Aargau steckte damals noch in den Kinderschuhen und begann sich eben als eigenständiges Amt aus Archäologie und Inventarisation zu entwickeln. Der erste Denkmalpfleger trat 1954 sein Amt an.

Im Unterschied zu heute lag das Schwergewicht damals mehr auf dem Renovieren, dem Erneuern, und damit dem Auswechseln der Substanz durch Kopieren. Man vertraute dabei recht unkritisch dem Fachwissen der Handwerker und operierte grosszügig mit den neu auf dem Markt erschienenen Materialien und Verfahren. Manches Natursteingewände wurde so durch den damals viel billigeren Kunststein ersetzt, manchem Kalkputz folgte nun ein Zementverputz, und von den neuen Aussendispersionen wurde fleissiger Gebrauch gemacht. Dies ist insofern im heutigen Urteil zu relativieren, als nach dem Zweiten Weltkrieg zum ersten Mal eine Flut neuer Produkte und Technologien auf dem Markt erschien, die – mit Ausnahme des Zements als Bindemittel – zum Teil jahrtausendealte Verfahren verdrängte. Die Subventionsmittel des Kantons waren zudem kaum mehr als ein Tropfen auf den heissen Stein.

So mussten vielfach Eingriffe in die Substanz und Veränderungen in Kauf genommen werden, die man heute bedauern mag. Trotz mahnenden Stimmen, wie derjenigen des Denkmaltheoretikers Alois Riegl, versuchte man immer noch, die Denkmäler auf ihren vermeintlichen «Urzustand» zurück zu rekonstruieren. Dies geschah 1953 auch in Wohlenschwil, indem der 1830 von Fidel Kirscher aus Bremgarten errichtete, klassizistische Nadelhelm durch einen frei nachempfundenen Käsbissenabschluss ersetzt wurde, der nicht als Rekonstruktion angesprochen werden kann. Erst damals wurde der eigenartige gedeckte Laubengang auf Konsolen entfernt, durch den man als einzigem Zugang vom ersten Turmgeschoss auf die Kanzel gelangte. Die Kanzel und die von ihren Bildern und Figuren entblössten drei Altarretabel wurden entfernt. Schiff und Turm erhielten einen zeittypischen, zementgebundenen Naturputz. Das Vorzeichen wurde basierend auf den noch vorhandenen Säulenpostamenten und der an der westlichen Aussenwand noch lesbaren Dachlinie rekonstruiert. So war das Bauwerk 1957 für die Aufnahme des Schweizerischen Bauernmuseums, der eigentlichen Urzelle des Freilichtmuseums Ballenberg, gerüstet. Ohne diese Nutzung wäre das weitere Schicksal wohl viel ungewisser gewesen, verfuhr man doch mit funktionslos gewordenen Denkmälern bis in die späten 70er-Jahre weit ungnädiger als heute.

Zu überheblicher Kritik an unsern Vorgängern in der Denkmalpflege wie in der Ausführung besteht allerdings nicht der geringste Anlass. Bessere wirtschaftliche Verhältnisse, grosszügigere Subventionsmittel, neue wissenschaftliche und technologische Erkenntnisse und verfeinerte Untersuchungsmethoden haben zusammen mit dem allgemeinen Wandel der Zeit auch zu neuen Denkansätzen und Vorgehensweisen in der Denkmalpflege beigetragen. Die heutige Denkmalpflegephilosophie lässt sich dabei grob folgendermassen umschreiben: Das Baudenkmal hat im Gegensatz zu bildlichen Darstellungen und bildhauerischen Werken immer einen praktischen Gebrauchsnutzen. Wir kennen deshalb kaum Baudenkmäler, die nicht im Verlauf ihrer Existenz mehr oder weniger dauernd neuem Stilempfinden und gewandelten Nutzansprüchen angepasst worden wären und noch immer werden – auch in Wohlenschwil. Ein so genannter Ursprungszustand lässt sich dabei oft nur hypothetisch erschliessen, nicht aber im Detail zweifelsfrei rekonstruieren. Die Veränderungen sind deshalb nach heutiger Auffassung ebenso Bestandteil des Denkmals und seiner Geschichte, sofern sie nicht zu einer grundlegenden Verfälschung der Denkmalaussage geführt haben. Die Haltung ist also weniger wertend als früher, und man bewahrt – auch zur Überlieferung des Alterungsbildes – lieber eine sich gut integrierende Zutat einer jüngeren Zeit, statt eine so genannte Rekonstruktion zu wagen, die schliesslich bezüglich aller Details frei erfunden werden muss. Pflegen und konservieren des Vorhandenen statt restaurieren und wiederherstellen, und restaurieren statt renovieren liesse sich das heutige Denken kürzest umschreiben. Ziel muss sein, unseren Nachkommen eine möglichst intakte Substanz zu überliefern, die wiederum mit verfeinerten Untersuchungsmethoden direkt befragt werden kann wie eine Urkunde. Der Wert eines Denkmals reduziert sich mit dem Ersetzen durch eine Kopie auf die reine Form. Es kann nicht dasselbe sein, ob man materiell vor genau der Kirchentüre steht, an die Luther seine 95 Thesen angeschlagen hat, oder lediglich vor einer ebenmässigen «schönen» Kopie derselben.

Wohlenschwil, Alte Kirche. Äusseres von Süden im Jahr 1946. (Denkmalpflege des Kantons Aargau)

Wohlenschwil, Alte Kirche. Grundriss mit archäologischem Befund. (Denkmalpflege des Kantons Aargau)

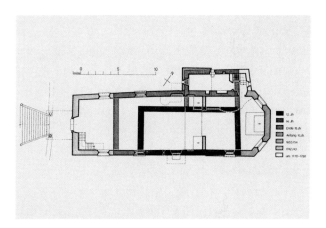

In Wohlenschwil hiess das bei der Inangriffnahme der jetzt abgeschlossenen Arbeiten im Jahr 1996, den Bestand der noch vorhandenen Substanz zu erheben und die Nutzerwünsche und die denkmalpflegerischen Anforderungen mit dem Rahmen der zu Verfügung stehenden Mittel in Übereinstimmung zu bringen. So wurde grösster Wert darauf gelegt, die Stuckdecke in ihrem Bestand zu erhalten und zu reparieren und den über weite Strecken erhaltenen Putz der Innenwände zu konservieren. Die alten, teils gesprungenen, teils etwas ausgelaufenen Bodenplatten konnten belassen werden und sind sprechendes Zeugnis vergangener Jahrhunderte. Vielleicht sind die ausgetretenen Stellen durch die eigenen Vorfahren, die ihre Sorgen und Nöte vor ihre Lieblingsheiligen getragen haben, mitverursacht. Wir müssen es gar nicht so genau wissen, um zu erahnen, wie steril dagegen ein ebenmässiger Plattenbelag wirken würde.

Beim Instandsetzen der Decke fiel zuoberst unter der Hohlkehle ein Stück des Wandputzes herunter und legte ein kleines, etwa handflächengrosses Stück Wandmalerei mit einem kleinen Köpfchen frei. Sondierschnitte brachten vielerorts Farbspuren zutage, aber keine zusammenhängend lesbaren Wandmalereipartien. Es machte daher wenig Sinn, das kleine, vom Boden kaum wahrnehmbare Stückchen Wandmalerei als so genanntes Zeitfenster auf einer tieferliegenden Putzschicht sichtbar zu belassen. Das Fragment, am ehesten einer Ausmalung im Zusammenhang mit den Erneuerungen der dritten und vierten Bauetappe um 1500 herum zuzuordnen, wurde deshalb dokumentiert, konserviert und wieder so zugedeckt, dass eine spätere Freilegung durchaus möglich wäre. In der Denkmalpflege spricht man von einer reversiblen Massnahme.

Bei der Bestandesaufnahme zeigte sich, dass der mit dem Schiff fluchtende Chor noch grösstenteils einen alten Sumpfkalkputz trägt. Vermutlich gehört er zu der nach der Verwüstung im Bauernkrieg erfolgten Instandsetzung und Verlängerung des Chors. Da der Putz am 1741 verlängerten Schiff 1953 ersetzt wurde, konnte aber nicht mehr ermittelt werden, ob die Putzhaut am Chor wirklich von 1653 stammt oder 1741 bei den Bauarbeiten am Schiff ebenfalls erneuert wurde. Die Polygonecken und die Fenstereinfassungen liessen unter der jüngeren weissen Kalktünche feine, eingeritzte Linien erkennen, die einen Eckverband aus Läufern und Bindern, respektive ein die äussere Kante der Chorfensterleibungen über Eck einfassendes Band andeuteten. In meist grau gefasster Form ist diese Dekorationsart durchaus geläufig. Die Untersuchung durch den Restaurator zeigte hier jedoch ein anderes Vorgehen auf. Demnach muss der Chor mit einem glatten Kalkputz überzogen worden sein, in den man im noch feuchten Zustand die feinen Linien einritzte. Beim Tünchen mit Sumpfkalk, der damals fast einzigen Anstrichtechnologie, verfuhr man dergestalt, dass man die Eckquaderung und das Band um die

Wohlenschwil, Alte Kirche.
Inneres gegen die Empore vor
1953. (Denkmalpflege des
Kantons Aargau)

Fenster aussparte und so einen farblich Tuff oder Kalkstein ähnlichen Effekt erzielte. Dieser Zustand ist nun wieder hergestellt, und der Effekt ist, aus nur geringer Distanz – etwa von der Strasse Mägenwil–Mellingen aus – betrachtet, verblüffend. Möglich, dass diese Dekorationsform einst geläufiger war und wissentlich oder unwissentlich bei Erneuerungen verloren gegangen ist. Im Aargau ist jedenfalls nur ein einziges Vergleichsbeispiel am Chor der ehemaligen Kirche in Birmenstorf – heute Friedhofs- oder Freskenkapelle genannt – überliefert.

Neben diesen zwei Beispielen konservierenden Vorgehens seien auch zwei neue Zutaten zum alten Kontext erwähnt. Im Turmerdgeschoss der alten Sakristei wurde in reversibler Art eine Kleinküche für die vielfältigen kulturellen und gesellschaftlichen Veranstaltungen in der Kirche eingerichtet, und im Obergeschoss der Sakristei fand eine geschickt angeordnete Toilette Platz. Der übrige Teil des vordem offenen Dachwerks im Obergeschoss erhielt eine Vertäferung aus einem alten Haus – die Herkunft ist dokumentiert! Dadurch ist eine gemütliche Sitzungstube entstanden.

Das Positivste an der Restaurierung aber ist zweifelsfrei der beispiellose Einsatz von Laien in Fronarbeit. Das Engagement für die Sache war ebenso gross wie das Verständnis für die denkmalpflegerischen Anliegen, ganz zu schweigen von dem, was das von vielen in Frage gestellte, ehrgeizige Vorhaben sozial in den beiden Ortsteilen Wohlenschwil und Büblikon ausgelöst hat. An diesem Ort hat die Denkmalpflege für die ausgezeichnete Zusammenarbeit in mittlerweile freundschaftlicher Verbundenheit zu danken und darf alle Ausführenden, Fachleute wie Laien, zum Vollbrachten beglückwünschen.

Stiftung Alte Kirche Wohlenschwil

Die Kirche wieder ins Dorf gebracht

Hans Oldani

In den letzten Jahren ist die Alte Kirche in grossen Teilen der Wohlenschwiler Bevölkerung zu einem Thema geworden. Zu einem positiven! Dies war beileibe nicht immer so, gab es doch vor wenigen Jahren noch Stimmen im Dorf, welche unverhohlen den Abbruch des denkmalgeschützten Baus forderten! Heute erstrahlt die Kirche in neuem Glanz und dient nicht nur als Kulturzentrum, sondern auch als öffentlicher und privater Treffpunkt für die ganze Bevölkerung.

Vom Gotteshaus zum Probelokal

Die Alte Kirche Wohlenschwil stammt aus dem 12. Jahrhundert und wurde bis Anfang des 16. Jahrhunderts viermal baulich verändert. 1653, als Wohlenschwil ein Schauplatz des Bauernkriegs war, wurde auch die Kirche ein Raub der Flammen. Sie wurde jedoch wieder aufgebaut und besass Mitte des 18. Jahrhunderts nahezu die heutige Gestalt. Nachdem 1907 bis 1909 die neue Pfarrkirche gebaut worden war, hatte die Alte Kirche als Gotteshaus ausgedient. Sie diente nun unter anderem als Probelokal der Musikgesellschaft und ging 1946 in den Besitz einer «Vereinigung zur Erhaltung der Alten Kirche» über. 1952/53 erfuhr die Kirche ihre letzte grosse Renovation. 1957 wurde in der Alten Kirche das Schweizerische Bauernmuseum eröffnet, welches mittlerweile den Anforderungen der Zeit nicht mehr genügen konnte und 1993 aufgehoben wurde. Der geschichtsträchtige Ort, unterdessen im Besitz der Stiftung «Alte Mühle», drohte in Vergessenheit zu geraten.

Glücklicherweise organisiert die örtliche Kulturkommission seit 1980 jährlich mehrere kulturelle Veranstaltungen in der Alten Kirche. Vielen Künstlern, vor allem aus dem Aargau, wird hier Gelegenheit zu Auftritten in einem historischen Raum geboten. So wurde den Wohlenschwilerinnen und Wohlenschwilern immer wieder in Erinnerung gerufen, dass sie über eine historische Begegnungsstätte verfügen, auf die sie stolz sein dürfen.

Demokratische Stiftung

Anfang der 90er-Jahre wurden immer grössere Bevölkerungskreise auf die kulturell-historische Wichtigkeit der Alten Kirche aufmerksam. Vor allem wurde vielen bewusst, dass dem Bauwerk der langsame Zerfall drohte. 1994 bildete der Gemeinderat eine «Kommission zur Erhaltung der Alten Kirche», aus deren Schlussbericht klar hervorging, dass sich eine umfassende Sanierung der Kirche aufdrängte. Ebenso klar war aber auch, dass für die Gemeinde eine Sanierung nicht im Bereich der finanziellen Möglichkeiten lag. Also mussten andere Wege gesucht werden.

Mit der Gründung der «Stiftung Alte Kirche Wohlenschwil» konnten die Initianten 1996 die Kirche samt Umgelände aus der Stiftung «Alte Mühle» herauslösen. Es war dem neuen Stiftungsrat von Anfang an wichtig, in der Bevölkerung breit und demokratisch abgestützt zu sein. Mit der Schaffung einer Stifterversammlung, welche jährlich wie eine Vereinsgeneralversammlung tagt, konnte dieses Ziel erreicht werden. Dem Stiftungsrat war es ein Anliegen, jederzeit offen sowohl über die geplanten Renovationsschritte als auch über die finanzielle Situation der Stiftung zu informieren. Dementsprechend wuchs die Verbundenheit der Bevölkerung mit der Alten Kirche in den letzten Jahren. Dies manifestierte sich nicht nur am ersten «Alt Chilefäscht» 1997, nach welchem der Stiftung ein überwältigender Reingewinn von 50000 Franken blieb. Auch die Anzahl der Stifter stieg kontinuierlich an; heute sind es über 270!

Dank dieser grossen Unterstützung konnten die Renovationsarbeiten seit 1996 in einem nie für möglich gehaltenen Tempo durchgeführt werden. Mit der Sanierung des Kirchendaches wurden die ersten erhaltenden Massnahmen eingeleitet. Nächste Schritte waren die Instandstellung der Umgebungsmauer und der Fundamente. 1998 und 1999 wurden zu den Jahren der Innenrenovation. Dabei kamen bei der Restaurierung der wertvollen Gipsstuckaturen Wandmalereien aus dem 16. Jahrhundert zum Vorschein. Eine vollständige Freilegung der Malereien hätte jedoch die finanziellen Möglichkeiten der Stiftung bei weitem überschritten, so dass man sich darauf beschränken musste, die Malereien zu konservieren.

Anfang 2000 wurden die Aussenrenovationsarbeiten angepackt. Sie konnten bereits vor den Sommerferien abgeschlossen werden, rechtzeitig also zum zweiten «Alt Chilefäscht» im August 2000!

Von der Bevölkerung getragen
Dass sich die Stiftung nach der vollständigen Sanierung der Kirche schuldenfrei präsentiert, erfüllt den Stiftungsrat mit Stolz. Dies wurde nur dank der erwähnten grosszügigen Unterstützung der Bevölkerung, der einheimischen Handwerker und aller Stifter möglich. Die Zuschüsse aus dem Lotteriefonds und der Denkmalpflege, mit der die Zusammenarbeit sehr erspriesslich war, haben das Ihre zur guten finanziellen Situation der Stiftung beigetragen. Für spezielle Anschaffungen wie jene einer neuen Turmglocke, eines Chorleuchters und einer Geschirrwasch-

Alte Kirche Wohlenschwil von Nordosten, vorne das alte Pfarrhaus.

maschine konnten Sponsoren gefunden werden. Dazu kam, und dies darf nicht vergessen werden, dass eine Gruppe von Freiwilligen während der ganzen Bauzeit wertvollen Frondienst geleistet hat. Im Verlauf der zahllosen gemeinsamen Stunden sind über die Jahre wertvolle Freundschaften entstanden.

Niemand hätte Anfang der 90er-Jahre zu träumen gewagt, dass die Alte Kirche in so kurzer Zeit gerettet werden und sich wieder zu einem Dorfmittelpunkt entwickeln könnte! Das gemeinsame Ziel, nämlich der Kirche neues Leben einzuhauchen, hat grosse Teile der Bevölkerung von Wohlenschwil und Büblikon näher zusammenrücken lassen.

Mit dem Abschluss der Aussenrenovationen hat die Stiftung eine grosse Hürde genommen. Es warten aber neue, wichtige Aufgaben. So muss eine zweckmässige Möblierung angeschafft werden, und es sind Räume für das Lagern von Material vonnöten. Die im Historischen Museum Aargau deponierten vier Heiligenfiguren, welche sich im Besitz der Stiftung befinden, warten auf ihre Restaurierung. Und weiter wird der Stiftungsrat ein tragfähiges Nutzungskonzept entwickeln und umsetzen müssen.

Die nahe Zukunft bringt also neue Herausforderungen, welche es den Stiftungsräten nicht erlauben, sich als Chorherren im Chorgestühl zurückzulehnen und unter Denkmalschutz stellen zu lassen!

Kinder- und Jugendtheater Turgi

Doris Janser

Wie es entstand

Seit dem Jahr 1972 bereitete die Leiterin des Kinder- und Jugendtheaters Turgi zu Weihnachten mit einer bunten Kinderschar ein Weihnachtsspiel vor. Wir begannen in den Herbstferien mit den Proben und gingen Anfang Dezember auf Tournee; am Anfang vor allem an die Patientenweihnacht in Königsfelden. Aber bald meldeten Kirchen, Invalidenverbände, Altersheime, ja sogar Schulen ihr Interesse an unserem Weihnachtsspiel an. Jedes Mal kamen mehr Kinder, und jedes Mal Ende Dezember stand die Leiterin da und sagte: «Danke, bis zum nächsten Jahr, ihr habt es gut gemacht, ihr könnt nun gehen.» Aber jedes Mal wurde es ihr schwerer, diese Kinder wegzuschicken, in deren Augen sie den Wunsch las: WIR WOLLEN THEATER MACHEN. Also beschloss sie nach 18 Jahren und vielen Erfolgen mit ihrer Amateurtheatergruppe: Schluss, Ende – KINDER BRAUCHEN THEATER.

Erich Kästner schrieb in einem Artikel in den späten 20er-Jahren, eigentlich müsste jedes professionelle Theater einmal im Jahr den Kindern sein Haus zur Verfügung stellen. Die Kinder würden ein Theater machen, und die Erwachsenen würden helfen. Das Ganze könnte man finanzieren, indem man die Aufführungsrechte von Klassikern, die frei oder sehr niedrig sind, denjenigen moderner Autoren gleichstellt und das Geld in einen Topf für Kindertheater von Kindern fliessen liesse.

Kinder brauchen ein Theater, das sie selber gestalten und miteinander entwickeln dürfen. Die Leiter sollten Impulse geben, Knoten entwirren und helfen bei der Technik oder wenn die Kinder an einen toten Punkt kommen. Kinder wollen Theater machen und nicht nur Theater konsumieren. Wenn sie aber Aufführungen von andern Kindertheatergruppen sehen, sind sie sehr fair in ihrer Kritik, denn sie wissen genau, wie viel Arbeit und Denken hinter jeder Aufführung stehen.

Nun aber zurück zum heutigen K. J. T.

Im Jahr 1990 begannen etwa 20 Kinder, sich einmal wöchentlich zu treffen, um Theater zu machen. Der Grund war eine Einladung aus Deutschland, am Ersten Internationalen Kindertheaterfest in Lingen teilzunehmen. Es wäre doch schade, schrieben sie, wenn aus der Schweiz keine Gruppe vertreten wäre.

Also übten wir ein Singspiel ein: «Im Aargau sind zwöi Liebi». Es gelang, und wir fuhren nach Lingen. Die Eindrücke, die wir von dort mitbrachten, waren überwältigend. So stark, dass wir dank der Hilfe unserer Behörden im Jahr 1991 das Erste Internationale Kindertheaterfest in Turgi durchführen konnten. Es nahm damals aus jeder Sprachregion der Schweiz sowie aus Deutschland, Luxemburg und Litauen eine Gruppe teil.

Aus der ersten Gruppe in Turgi sind nun drei Gruppen geworden: Die *Kleinen,* die am Samstagmorgen trainieren, die *Mittleren,* die am Mittwochabend trainieren, und die *Jugendlichen und jungen Erwachsenen,* die am Donnerstagabend trainieren. Jeden sechsten Samstag haben alle drei Gruppen ein gemeinsames Theatertraining, auf das wir uns ganz besonders freuen. Wenn man sieht, wie ein 20-Jähriger mit einem 7-Jährigen zusammen improvisiert, diskutiert und sie sich gegenseitig respektieren, weiss man: KINDER BRAUCHEN THEATER – und sie machen es auch. Seit 1990 hatten wir folgende Produktionen:

1991 König Johann und die blauen Hühner von P. Steinmann und P. Rüegger
1991 Ein Tag in unserem Leben (Collage, Eigenproduktion), ging nach Litauen zu einem Festival
1992 Der kleine August von Pavel Kohout, ging nach Litauen und Luxemburg an Festivals
1993 Pelusa oder die Strassenkinder von Lateinamerika (Eigenproduktion), ging nach Luxemburg und an die Theatertage Aarau
1994 Die Bremer Stadtmusikanten oder die Reise ins Paradies (Eigenproduktion nach Gebrüder Grimm), ging nach Luxemburg
1995 Herr der Fliegen von William Golding, Dramatisierung von Alex Reuter
1996 Texte gegen Rassismus und Diskriminierung, Zug Festival
1996 Die kleine Hexe nach Otfried Preussler
1997 Eine Ausstellungseröffnung in Teterow, Szenen zu Bildern der Malerin Tana Zamfirescu, ebenfalls in Teterow, Gymnasium: Szenen gegen Rassismus und Diskriminierung
1997 Die Dreigroschenoper von Bertold Brecht, Musik Kurt Weill
1998 Zweites Internationales Jugendtheaterfest in Turgi mit Gruppen aus Deutschland, Frankreich, Luxemburg, Litauen, Tschechien und der Schweiz. Wir spielten: Stück ohne Titel oder die ganze Wahrheit über die Helvetik (Eigenproduktion) und Die Dreigroschenoper
1998 Die Reise hinter die Wand (Mittlere) im April an einem Festival in Litauen

Das Kinder- und Jugendtheater Turgi führt «Pelusa, oder die Strassenkinder von Lateinamerika» auf.

1998 Lieder der Liebe (Jugendliche) im Mai, gemeinsame Produktion mit Litauen
1999 Der kleine König und die Sonne (Kleine)
1999 Der Mikado, Oper für Schauspieler von Gilbert and Sullivan (Jugendliche)
2000 Weiterführung des Projekts Litauen–Schweiz, Lieder der Liebe und Entwicklung Esskultur von der Steinzeit zu McDonalds
2000 Der glückliche Prinz (Märchen von Oscar Wilde), Premiere im November

Wie diese Liste zeigt, ist das K.J.T. sehr produktiv und kreativ. Wir könnten doppelt so viele Kinder haben, aber leider kann eine einzige Leiterin das nicht schaffen. Nun zeigt sich aber ein Lichtblick. Ehemalige Mitglieder des Jugendtheaters haben die Absicht, als zukünftige Leiter einzusteigen. Sie haben auch schon verschiedene Seminare und Workshops besucht. So nehmen wir regelmässig am internationalen «Drama in Education» in Österreich teil. Wir besuchen die Jugendtheater-Konferenz in Wetzlar und hatten Workshops mit Augusto Boal, Ann Dargies, Norman Taylor von Lecoq Paris, Dr. Christel Hoffmann und Hellmut Liske, Berlin.

Eine grosse Freude für uns ist auch, dass sich in der Region ein zweites Kinder- und Jugendtheater gebildet hat, nämlich in Widen. Also besteht berechtigte Hoffnung, dass die Kinder, die Theater machen wollen, dies in Zukunft auch können und zwar in ihrer Freizeit und mit geringen finanziellen Mitteln. Denn wie gesagt: KINDER BRAUCHEN THEATER!

Warum ich ins Theater gehe:
«Man lernt, Aggressionen nicht sofort rauszulassen. Man lernt, mit der Wut im Bauch umzugehen und sie zu bearbeiten, damit man in einer Auseinandersetzung diplomatischer vorgehen kann. Man lernt, nicht immer misstrauisch zu sein, sondern mal jemandem auch zu vertrauen, obwohl man ihn nicht kennt.»

«Ich habe gelernt, mit der Wut gegen Gott und die Welt umzugehen und zu erkennen, dass man nur selbst die Situation ändern kann in der man ist. Für mich ist es die beste Therapie. Das Risiko, mit Drogen in Kontakt zu kommen, ist viel kleiner. Ich kann auch besser NEIN sagen!»

«Einmal hatte ich einen Knopf (im Kopf). Durch das Theater habe ich ihn aufgebracht.»

«Wenn mich jemand neckt, vergesse ich es gleich wieder, weil wir ein Team sind.»

«Ich kann mit andern Kindern zusammen spielen, manchmal machen sie, was ich vorgeschlagen habe, und manchmal das von jemand anderem.»

«Wir bilden ein Team, das miteinander und nicht gegeneinander arbeitet.»

«Für mich ist es das tollste Gefühl, mit meinen Theaterkolleginnen etwas zu erarbeiten und so akzeptiert zu werden, wie ich bin.»

Vereinigung für Heimatkunde des Bezirks Baden

Aus der Tätigkeit der Vereinigung für Heimatkunde

Hans Bolliger

Wir sind ein ganzes Leben lang miteinander unterwegs, in Zeit und Raum. Wir sprechen nicht nur von einem Weltraum, sondern auch von einem Zeitraum. Das heisst: Wir stellen uns die Zeit räumlich vor. Die Zeit «ver-geht». Die Zukunft «kommt». Das Leben wird zum «Lebenslauf» auf einem «Lebensweg». Kurz gesagt: Der Mensch wandert nicht nur von «Zeit zu Zeit», sondern auch «durch die Zeiten».

Der Gedanke, dass des Menschen Leben ein Lebenslauf ist und in einer Lebensreise besteht, ist uns doch vertraut. Eine Vielzahl interessanter Wörter zeugen davon.

Der «bewanderte» Mensch ist ein Mensch, der gelernt hat, mit dem Leben umzugehen, weil er viel «erfahren» und «erlitten», vielleicht auch allerhand «geleistet» und «ersonnen» hat und darum ein besinnlicher Mensch geworden ist. In all diesen Wörtern kommt des Menschen Leben als Lebensweg und Lebenswanderung zur Sprache.

«Erfahren» bedeutet, dass der Mensch sich auf Fahrt begibt, dabei Gefahren erlebt und sie mit Gefährten teilt. «Sinnen» heisst ursprünglich: Ich suche mit meinen Sinnen eine Fährte und schlage eine bestimmte Richtung ein. Das altirische Wort für Weg heisst «set», und senden heisst eigentlich «auf die Reise schicken». Und so wie die Gefahren einer Fahrt die Gefährten teilen, so kommt bei «Sinnen» das Gesinde mit auf den Weg und wird hoffentlich nie zum Gesindel! Auch «leiden» bedeutet ursprünglich reisen; und wenn man an die Beschwerlichkeiten früherer Reisen denkt, begreift man leicht, dass daraus unser Schmerzensbegriff wurde. An die alte Bedeutung erinnert noch immer unser «Leiter». Er ist doch der, der jemanden auf die Reise schickt und ihn damit «reisen» oder eben «leiden» macht.

In den Fremdwörtern «Experiment» und «Experte» lebt das lateinische «periculum» (Gefahr) weiter; gemeint ist, dass man sich (per) dick und dünn einen Weg suchen muss, aber in der Weglosigkeit oft keinen findet. Auch der lateinische «Fuss» (pes) ist in der «Expedition», der «Depesche» und im «Pedal» noch durchaus gut zu Fuss!

Es war eine besondere Gunst der Stunde, mehrere romanische Kirchen in der Auvergne besuchen zu dürfen. Diese schlichten Gotteshäuser, so empfand es der Besucher, durchwehte ein Hauch der Ewigkeit. Auch wer nicht sonderlich gläubig ist, empfindet an solchen erhabenen Stätten den Zwang, ein wenig in sich zu gehen, einzuhalten, sich zu besinnen.

Der mögliche Drang nach Äusserlichkeiten, nach Geld und Besitz, verliert auf einmal an Bedeutung, weil man inne wird, dass es Wichtigeres gibt: Die Menschenwürde setzt ein neues Mass ...

Aus der Hektik des Alltags tritt man in die Gegenwelt der Stille. Wer dergestalt mit sich allein ist, hat sich dann mit keiner irdischen Gesellschaft zu arrangieren und muss sich weder ständig behaupten noch einstecken ... Die Stille wirft ihn auf sich selbst zurück, und dann erweist sich erst, ob einer zum Hohlkörper geworden und ohne Resonanz ist, oder ob er der Herausforderung eines solchen erhabenen romanischen Raumes gewachsen ist. Rastlosigkeit hilft nicht weiter, und kreativ kann ein Mensch nur sein, wenn er sich auch ein wenig Musse gönnt und ästhetische, kulturelle und persönliche Akzente setzt, die für ihn in der jeweiligen Situation stimmen.

Für ein paar Minuten oder Stunden der Alltagsroutine entweichen, über Existenz und den Sinn seines Tuns und Daseins nachdenken: das wäre sicherlich erstrebenswert. Die Frage nach dem Befinden eines Menschen lautet bezeichnenderweise: «Wie geht es dir?» Hoffentlich kann er antworten: «Danke, es geht recht gut, auch wenn nicht alles erwartungsgemäss abläuft.» So geht denn recht und schlecht ein jeder durchs Leben, bis seine «Lebenszeit» vergangen ist.

Der Lebensweg ist dem Menschen so vertraut, dass auch die Religionen und Philosophien immer wieder vom Weg sprechen. Das chinesische Schriftzeichen für «Weg» zeigt bildhaft einen Menschen mit Rückengepäck unterwegs. Tao heisst zugleich eine der ältesten Lehren, eine chinesische Philosophie und Religion – oder vielleicht keines von beiden: eben nur «Weg» – der «östliche Weg».

Bevor die Christen als Anhänger Jesu Christi «Christen» genannt wurden, hiessen sie einfach «die Anhänger des neuen Weges». Weggedanke bedeutet, dass es auch im christlichen Glauben nicht so sehr um eine neue Lebenslehre geht. Vielmehr waren die ersten Christen davon überzeugt, dass dieser Jesus ihnen einen neuen Lebensweg eröffnet habe, den sie sich nun zu gehen bemühten. So ist es wirklich wahr: Der Mensch durchwandert Raum und Zeit. Immer und überall ist er unterwegs. Sollten nicht auch unsere Reiseziele in der Schweiz und in Europa uns dies immer wieder in Erinnerung rufen? Wir wollen miteinander unterwegs bleiben zu immer neuen erfüllenden und sinngebenden Zielen ...

Ein Blick auf die Jahrestätigkeit 1999:

Das Kloster Einsiedeln und Umgebung (verschiedene Referentinnen und Referenten).
Der Basler Zoologische Garten, mit zusätzlichem Besuch des Klosters Olsberg und des Doms von Arlesheim (Albert Zulauf, Nussbaumen).
Kunst und Kultur der Provence: Avignon, Arles, Abtei Sénanque, Camargue, usw. (Walter Karl Walde, Jonen).
Reminiszenzen in und um Rütihof bei Baden (Peter Meier und verschiedene Referentinnen und Referenten).
Freiburg im Breisgau, Breisach und das Kaiserstuhlgebiet (Heinz Eith, Hertenstein).

Der Blumenlehrpfad Hahnenmoos in Adelboden (Helen und Hans Rosewich, Dottikon).
Der Obere Comersee und das Bergell (Dr. Hans Stadler, Attinghausen).
Die Stadt Laufenburg und Umgebung (Erwin Rehmann, Bildhauer, Laufenburg).
Kunstreise Böhmen, Prag und Südmähren (verschiedene Referentinnen und Referenten).
Der südliche Schwarzwald: Säckingen, Rickenbach, Schluchsee (Bea Bolliger).
62. Jahresversammlung in Ennetbaden. Fredi Wildi stellt in Wort und Bild die Gemeinde Ennetbaden vor.

Eine gute Stube einrichten und grosse Bogen schlagen
Zwei neue Dauerausstellungen im Historischen Museum Baden

Barbara Welter

Das Miteinander von altehrwürdigem Landvogteischloss und elegantem Erweiterungsbau gibt dem Historischen Museum Baden sein Gepräge. Schon auf den ersten Blick wird erahnbar, dass dieses Museum kein einseitiges, dogmatisches Geschichtsbild vertritt, sondern vielfältige Blickrichtungen eingenommen werden, um vergangenen Lebenswelten auf die Spur zu kommen, historische Zusammenhänge sichtbar zu machen und den gesellschaftlichen Wandel mit Bezug zur Gegenwart zu thematisieren. Den unterschiedlichen architektonischen Hüllen entsprechend, werden thematisch und gestalterisch abwechslungsreiche Ausstellungen gezeigt, die mannigfaltige Besuchergruppen anzusprechen vermögen. Zwei neue Dauerausstellungen, die im Jahr 2000 realisiert und im Folgenden präsentiert werden, pflegen denn auch genau diese Vielfalt. Bei derjenigen im Landvogteischloss handelt es sich um eine so genannte Rekonstruktion, bei derjenigen im Neubau wird der Ansatz verfolgt, grosse historische Zusammenhänge und deren Bedeutung für die Lebenswege einzelner Menschen sichtbar zu machen.

Eine Wohnung im Stil der 1930er-Jahre
Im vierten Stock des Landvogteischlosses wohnten früher die Schlosswarte des Museums. Für das Anliegen von Museumskommission und Museumsleitung, den Bogen von den bereits musealisierten Wohn- und Arbeitsräumen aus vergangenen Epochen ins 20. Jahrhundert zu schlagen, bildete dies eine attraktive Konstellation. Zwar hinterliessen die Schlosswarte kaum Spuren, aber es sind in den vergangenen Jahren Möbel und Hausrat im Depot des Museums zusammengekommen, die für die Nachbildung einer Wohnung im Stil der 1930er-Jahre sehr geeignet sind. Entstanden ist daraus eine Wohnung (Eröffnung im Juni 2000), die von einer mittelständischen jungen Familie mit Kleinkind hätte bewohnt werden können.

Der Fokus auf die 1930er-Jahre ist besonders lohnenswert, weil in dieser Zeit eine weit reichende Pluralisierung und Modernisierung des Wohnens und Haushaltens einsetzte: Verschiedene Möbelstile und neue technische Geräte standen in

Anlässlich der Eröffnung einer Wohnung im Stil der 1930er-Jahre findet mitten in der Ausstellung eine szenische Lesung statt. Ausschnitte aus Interviews, in denen ältere Menschen ihre Jugend im Baden der 1930er-Jahre erinnern, werden von jungen Leuten kontrastreich zusammengefügt und neu interpretiert.

unterschiedlichen Preislagen und Varianten für Familien- und Einzelhaushalte zur Verfügung. Avantgardistisches Stahlrohr, behäbiger Heimatstil und der «gediegene Stil», der für die Museumswohnung zur Verfügung steht, machen die Spannbreite aus und widerspiegeln unterschiedliche Weltauffassungen. Im Gegensatz zu heute, wo ein Stilmix salonfähig ist, propagierte die Ratgeberliteratur der Zeit Stilreinheit und nahm ausgefeilte Zuschreibungen vor, indem sie die drei genannten Stile in allen möglichen Ausprägungen den verschiedenen Bevölkerungsschichten und -milieus zuordnete und anempfahl. Die Werbung wiederum betonte die Gemeinsamkeiten der verschiedenen Stile: Allesamt wurden sie als schlicht und harmonisch angepriesen.

Die Charakterisierungen in Ratgebern und Werbung können als Reaktion auf wachsende gesellschaftliche Spannungen, auf die «Schattenseiten der Moderne» verstanden werden: Den Annehmlichkeiten und Errungenschaften des modernen Lebens standen Kritik an Technokratie und Entfremdung, an «sinnverwirrender» Hektik und Schmutz entgegen. Eine neuartige Vielfalt der Lebensstile ging einher mit einer Auflösung traditioneller Bindungen. Neue Konsumgüter, für breite Bevölkerungskreise gedacht, wurden in der Wirtschaftskrise bei einer Arbeitslosigkeit von acht Prozent (Schweiz, 1935) zu kaum erreichbaren Luxusgütern. In dieser «Krise der Moderne» erhielten in Europa totalitäre Kräfte Auftrieb, die demokratische Strukturen bedrohten, Juden, Linke und Randgruppen verfolgten und zum Krieg rüsteten. Auch die Schweiz war bekanntlich von diesen Spannungen betroffen. Entweder direkt oder indirekt über Medienberichte, die in die gute Stube drangen. Das Ideal der harmonischen und stilechten Wohnkultur bringt vor diesem Hintergrund das Bedürfnis nach einem sicheren Hafen, einem Ort der Erholung zum Ausdruck.

Die harmonisierende Wohnkultur der 1930er-Jahre ist also im Kontext wachsender gesellschaftlicher Spannungen zu verstehen und widerspiegelt nicht etwa eine friedliche, gemütliche Ära. Um diesen Trugschluss zu vermeiden und die zu zeigende Wohnkultur adäquat zu charakterisieren, hat das Museumsteam den gesellschaftlichen Zusammenhang in die Museumswohnung «eingebaut».

Im Eingangsbereich wird mit Möbelminiaturen, Werbebeispielen und Bildercollagen aus Zeitschriften in die oben umrissenen Zusammenhänge eingeführt. Kontrastierend mit (idyllischen) Bildern an der Wand, werden die Bildercollagen auch im Wohn- und Schlafzimmer fortgesetzt. Dieses Medium wird in Anlehnung an dadaistische und surrealistische Collagen eingesetzt, die gesellschaftskritische Kommentare enthalten: Mit Bildern aus Zeitschriften sollen die widersprüchlichen Lebensrealitäten und die reibungsvollen Leitbilder für Frauen, Männer und Kinder sichtbar gemacht werden, die damals in die gute Schweizer Stube drangen.

Die Möbel und Accessoires, die das Museumsteam vor diesem Hintergrund platziert hat, setzen sich aus einer Wohn- und einer Schlafzimmergarnitur zusammen, die zwei Ausprägungen des gediegenen Stils entsprechen. Dieser weist mit seinen massiven Körpern einerseits Elemente einer konservativ repräsentierenden Wohnkultur auf; die Art-Déco-Elemente und die schlichten Formen bringen aber auch eine moderne Lebensauffassung zum Ausdruck. Während die Garnitur im Wohnzimmer mit ihren konsequent reduzierten Formen und den lebhaften Furnieren modern und elegant ausfällt, wirkt die Ausführung des Schlafzimmers nostalgischer und konventioneller. Bei der Rekonstruktion der Wohnung galt es, diese feinen Unterschiede stets zu beachten: Zeugt zum Beispiel die Couch im Wohnzimmer von einer relativ unkomplizierten Schlaf- und Gastgeberkultur, bringt die aufwändige Art des Bettens im Schlafzimmer eine Sittenstrenge zum Ausdruck, die quasi die Zweideutigkeit des Schlafens zu tilgen sucht ... Werden im Wohnzimmer Vasen aus avantgardistischem Aluminium präsentiert (während der Wirtschaftskrise teilweise im Rahmen von Arbeitslosenprojekten hergestellt), sind es im Schlafzimmer Kristallvasen auf Zierdecken. Dass die ehemaligen Besitzer der Wohnzimmermöbel aus dem so genannten Bildungsbürgertum stammten, während diejenigen der Schlafzimmermöbel aus Handwerkerkreisen kamen, entspricht genau den Zuweisungen in aufliegenden Ratgebern. An demselben Ort, nämlich auf dem Esszimmertisch, liegen aber auch Beispiele aus privaten Fotoalben auf. Sie relativieren den normativen Charakter der Ratgeber, denn sie zeigen, dass sowohl Paare als auch «Singles» ihre Möbel nicht zwingend «milieukonform» kauften und sich auch nicht durchgehend stilrein einrichteten. Dafür mögen einerseits ökonomische Gründe, andererseits persönliche Vorlieben verantwortlich sein.

Einen vertieften Einblick in Lebenszusammenhänge während der 1930er-Jahre bietet eine Hörstation. Wie wirkten sich der soziale Wandel, die Wirtschaftskrise und der Krieg auf das alltägliche Leben in Baden aus? In einem «Oral History»-Projekt befragten junge Historikerinnen und Historiker im Auftrag des Museums ältere Menschen nach ihren Erinnerungen und rückblickenden Interpretationen der damaligen Ereignisse. Versammelt werden in der Hörstation zehn Interviews mit Personen aus jüdischem und christlichem, proletarischem und bürgerlichem Elternhaus. Die Auswahl fördert sowohl gemeinsame Erinnerungen als auch gegensätzliche Erfahrungen und Beurteilungen zutage: Bei manchen der Befragten stehen Erinnerungen an neue Möglichkeiten der Lebensgestaltung im Vordergrund, bei anderen überwiegen Erinnerungen an Entbehrungen. Bei allen Interviews zeigt sich, wie viel Zeit die Haus- und Erwerbsarbeit in Anspruch nahmen und wie wichtig Ausbildung und Arbeit für den Übertritt ins Erwachsenenleben waren. Die knapp bemessene Freizeit wird als erholsam erinnert; das Engagement in einem Verein oder einer Gewerkschaft als prägend, neue Freizeitangebote und eine wachsende Unterhaltungskultur als aufregend beschrieben. Vor dem Hintergrund sozialer und politischer Spannungen stossen Erinnerungen an ein «multikulturelles» Baden und eine milieuübergreifende Solidarität auf Beispiele von Antisemitismus und grossen Differenzen zwischen «Bürgerlichen» und «Sozis». Viele der befragten Frauen erzählen von einer stillen Emanzipation: Sie gehörten zu einer ersten Generation, die mehr oder weniger selbstverständlich einen Beruf erlernte, und zwar nicht mehr nur typische Frauenberufe wie Schneiderin und Primarschullehrerin. Die Arbeitslosigkeit in männlichen Berufsfeldern und die Abwesenheit der Männer während des Kriegs ermöglichte vielen Frauen, berufstätig zu bleiben, konfrontierte sie aber auch mit der Aufforderung, in keinem Fall einen Kollegen zu konkurrenzieren oder ihre «weiblichen Tugenden und Pflichten» im Hause zu vernachlässigen. Die befragten Männer wiederum erzählen von beruflichen Möglichkeiten, die über diejenigen der Frauen hinausreichten, gleichzeitig aber durch Krise und Krieg in Frage gestellt wurden. Viele der Interviewten erzählen von einem Engagement gegen den menschenverachtenden Krieg und für eine demokratische Schweiz. Während humanitäre Projekte vor allem Frauensache waren, betonen die Männer ihren politischen und militärischen Einsatz, wobei manche von ihnen im Rückblick gestehen, die Militarisierung des Lebens sei ihnen unheimlich gewesen.

Frauen- und Männerrollen sind auch in der Küche der Museumswohnung ein Thema. Aus heutiger Sicht mag die Küche nicht sehr modern wirken, vergleicht man sie aber mit der Schlossküche, werden die technischen Neuerungen und die damit einhergehenden Arbeitserleichterungen ersichtlich. Eine Computerpräsentation auf dem Küchentisch liefert abermals den grösseren Zusammenhang. Anhand von Produkten der Badener Firma Merker werden mit einem Augenzwinkern die Verquickung von sozialen und technischen Neuerungen und die Fixierung der Hausfrauenrolle erläutert: Die Abwanderung von Dienstboten in die Industrie förderte Anfang des 20. Jahrhunderts die Entwicklung und Verbreitung neuer Haushaltgeräte, was ein (anspruchsvolles) Haushalten ohne Personal ermöglichte. Theoretisch hätten die technischen Geräte die Hausarbeit auch zur Männersache machen können. Doch das bürgerliche Leitbild der «geborenen Hausfrau» war unumstösslich und neben neuen Hygienevorschriften mitverantwortlich dafür, dass technische Geräte den Hausfrauen nicht mehr freie Zeit brachten, sondern eine Perfektion des Haushaltens und damit mehr Arbeit nach sich zogen.

Historische Zusammenhänge und den gesellschaftlichen Wandel sichtbar machen
Um die Bedeutung von Leitbildern und Normen im Leben von Menschen aller Schichten und Milieus geht es auch in der neuen Dauerausstellung im Erweite-

rungsbau (Eröffnung Dezember 2000). Dem Konzept für die neue Ausstellung liegt eine Frage zugrunde, die Besucherinnen und Besucher sowie Museumsleute gleichermassen fasziniert: Wie hängen grosse historische Prozesse mit individuellen Lebensgeschichten zusammen? Das von Katharina und Wilfrid Steib entworfene Gebäude mit seiner grosszügigen, schwungvollen Raumaufteilung lädt zum wagemutigen Versuch ein, diese Frage zu erörtern, indem «unsichtbare» Zusammenhänge zwischen Individuum und Gesellschaft, zwischen Lebensumständen und Zeitgeist, zwischen strukturellen Veränderungen und sich wandelnden Werten visualisiert und erfahrbar gemacht werden. Es werden also keine Rekonstruktionen historischer Räume angestrebt, sondern es wird inhaltlich, konzeptionell und gestalterisch ein grosser Bogen mit mehreren Ebenen geschlagen.

Der thematische Schwerpunkt liegt bei der Bäder- und Industriegeschichte. Bis heute prägen sie Baden und haben vielfältige Milieus hervorgebracht; gleichzeitig widerspiegeln sie grosse gesellschaftliche Veränderungen. Beide Themen eignen sich dazu, mit reizvollen neuen Ansätzen der Sozial- und Mentalitätsgeschichte und der Objektinterpretation zu arbeiten, zu beiden Themen sind in der Sammlung des Museums beziehungsweise im Stadtarchiv vielfältige Bilder, Pläne, Objekte und schriftliche Quellen vorhanden. Einen wichtigen Beitrag zur Neubewertung der Quellen haben die am Frauenstadtrundgang Baden beteiligten Historikerinnen geleistet, deren Erkenntnisse in den vorliegenden Badener Neujahrsblättern präsentiert werden. Ihre frauenspezifischen und geschlechtergeschichtlichen Recherchen liefern viele Informationen und Anregungen für die neue Dauerausstellung.

Inhalt und Raumaufteilung der neuen Dauerausstellung gliedern sich folgendermassen (siehe Planskizze mit Ziffern, Seite 203): Den grossen Bogen schlagen zwei Stadtmodelle (4) und insbesondere ein Bilderfries (1), der vom Ende des 18. bis in die Mitte des 20. Jahrhunderts reicht. Mittels vielfältiger Darstellungen wird der Wandel der städtischen und gesellschaftlichen Strukturen, der Lebensumstände aufgezeigt. Von der einen Seite des Raumes her wird die Geschichte der Bäder aufgerollt. Zu nennen sind der Wandel der Therapieformen vor dem Hintergrund neuer medizinischer Erkenntnisse und Moralvorstellungen; die Ausdifferenzierung der Kurangebote je nach sozialer Herkunft der Kurgäste; die Kokurrenzierung der Thermen durch Freibäder und private Badezimmer sowie der Einbruch politischer Ereignisse. Hier muss auch der jüdischen Kurgäste aus Deutschland gedacht werden, die von den Nationalsozialisten verfolgt oder ermordet wurden.

Von der anderen Seite her wird die Industriegeschichte aufgerollt: Hier sind der Übergang von der weiblich geprägten Textil- zur männlich geprägten Metallindustrie, die Rationalisierung des Alltags, die Differenzen zwischen Oberschicht und Arbeiterschaft, aber auch die allgemeine Erhöhung des Lebensstandards durch industriell gefertigte Güter zu nennen. Die beiden Bereiche treffen in der Mitte des Raumes beziehungsweise in den 1950er-Jahren aufeinander: Zeugen Elemente der «Belle Epoque» Ende des 19. Jahrhunderts von einem harmonischen Zusammengehen von Bädertourismus und Industrialisierung, stören in den 1950er-Jahren Industrie und Verkehr das Bäderquartier markant.

Anhand von symbolhaften und repräsentativen Objekten thematisiert eine schillernd gestaltete Zwischenebene (2) die Normen und Leitbilder einer umfassenden bürgerlichen Kultur, die sowohl im Wandel der Bäderkultur als auch in der Industriegeschichte zum Ausdruck kommen. Besagte Leitbilder beeinflussten die Lebenswege aller Frauen, Männer und Kinder in Baden, weil sie allen Schichten und Milieus als erstrebenswert vermittelt wurden. Je nach Lebensumständen und Lebenseinstellung mussten sie den einen Menschen aber als unerreichbar erscheinen, während sie von anderen nur partiell als Orientierungshilfen befolgt oder zugunsten von alternativen Werten verworfen wurden.

Dieses Spannungsfeld zwischen idealtypischen oder gar autoritären Vorgaben und individuellen Lebenswegen wird in einer persönlichen, «intimen» Ebene (3) erörtert. Hierzu liefern Briefe, Tagebücher und Erfahrungsberichte im Stadtarchiv sowie die Interviews des bereits genannten «Oral History»-Projektes wertvolle Aussagen. Solche so genannten Selbstzeugnisse sind jedoch nicht von Menschen aller Milieus und Schichten überliefert. Während Kurgäste, Ingenieure, Politiker, Fabrikantengattinnen, Hoteliersfrauen und andere Personen der Mittel- und Oberschicht ihr eigenes Leben zu schildern wussten, hatten Mägde oder Knechte, einheimische und zugewanderte Fabrikarbeiterinnen und -arbeiter kaum beziehungsweise erst in jüngster Vergangenheit die Möglichkeit, über sich zu schreiben. Für lebendige Beispiele oder Aussagen über die Lebensumstände unterprivilegierter Bevölkerungsgruppen ist man oft auf literarische Beschreibungen oder auf – mehr oder weniger einfühlsame – Berichte von Beobachterinnen und Beobachtern angewiesen. Diese Situation hat bei der Konzipierung der Ausstellung den Entschluss reifen lassen, keine realen historischen Personen vorzustellen, sondern mit Spekulationen zu arbeiten: Aus dem Bilderfries (1) herausgelöst werden Darstellungen von (unbekannten) Personen aus allen Schichten und Milieus, um für sie mögliche Biografien zu «konstruieren», die aufgrund der bestehenden Schriften plausibel sind, aber auch fiktive Elemente enthalten. Ausschlaggebend für diesen Entscheid war auch die Tatsache, dass von vielen der reizvollen Objekte in der Sammlung des Historischen Museums Baden nicht genauer bekannt ist, wer sie früher besessen und benutzt hat. Statt also nur die Geschichte realer Personen aus der Mittel- und Oberschicht zu erzählen und Biografien und Objekte krampfhaft und täuschend in

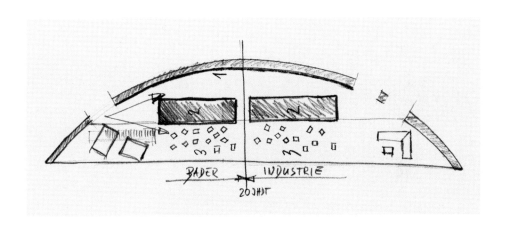

Planskizze zur neuen
Dauerausstellung im Erweiterungsbau des Historischen
Museums Baden. Das Konzept
der Ausstellung wird anhand
der Ziffern im vorliegenden
Beitrag erläutert.
(Skizze: Peter Montalta)

Einklang zu bringen, werden Fakten und Spekulationen spielerisch und offen zu einer Art Puzzles zusammengefügt.

Einen letzten Bereich schliesslich (5), der zum Verweilen und zur weiteren Vertiefung einlädt, bilden eine Hörstation, die unmittelbare Begegnungen mit den genannten Selbstzeugnissen ermöglicht, sowie Dokumentationen neuer Projekte, die im Bäder- und Industriebereich den gesellschaftlichen Wandel bis zum heutigen Tag nachvollziehen lassen.

Ausstellungen

– 10. Dezember 1999 bis 28. Februar 2000: Grenzen – Grenzenlos. Jubiläumsausstellung 100 Jahre Gesellschaft Pro Vindonissa, 50 Jahre Kantonsarchäologie Aargau.
– 10. Dezember 1999 bis 30. April 2000: 4500 Jahre alt. Ein Gemeinschaftsgrab in Spreitenbach.
– 24. März bis 28. Mai 2000: Landschaft in Menschenhand. 150 Jahre Michaeliskarten – Kulturlandschaft Aargau im Wandel.
– 4. Mai bis 27. August 2000: Landschaftsmodelle des Wettinger Modellbauers Peter Krattiger.
– Seit 17. Juni 2000: Eine Wohnung im Stil der 1930er-Jahre.
– Ab Dezember 2000: Krampfen, kurieren, karessieren, disziplinieren, protestieren, promenieren ... Eine neue Dauerausstellung zum Thema Bäder- und Industriegeschichte.

Schenkungen

– zwei Leuchtreklamen der Badener Filialen von Schweizerischem Bankverein und Schweizerischer Bankgesellschaft, bis zu deren Fusion im November 1998 in Gebrauch (UBS AG)
– eine Uniformjacke (Portier), zwei faltbare Kofferstützen, ein Wirtschaftsschild «Zum goldenen Schlüssel», eine Speisekarte für koscher zubereitetes Essen, ein Meldescheinbuch, ein Recettenbuch, zwischen 1820 und 1970 (Limmathof Baden AG)
– Bodenbelag aus Linoleum mit Jugendstilornamenten, um 1910 (B. Fischer, Ennetbaden)
– zwei Damenhandtaschen, ein Elektro-Therapiegerät, zwei Paar Halbschuhe, zwei Lippenstifte, ein Massageroller «Point Roller», ein Paar Sandaletten, ein Paar Spitzenhandschuhe, ein Reisebügeleisen, zwischen 1930 und 1980 (S. Kaysel, Baden)
– ein UV-Strahlen-Therapiegerät, um 1930, zwei Telefone, um 1900 (U. Voegeli, Lumino)
– ein Grossdiaprojektor, ein Fotoalbum, um 1910 (A. und C. Courvoisier, Baden)
– drei Gemälde, einstmals der Sammlung Fritz und Jeanne Streiff zugehörig, zwischen 1920 und 1970 (H. und U. Streiff, Nussbaumen)
– zwei Andachtsbilder (Madonna mit Jesuskind), ein Feldstecher, zwei Plaketten Badenfahrt 1937, ein Schultornister (Werkstatt A. Mühlebach), zwei Strumpfhalter an Westchen befestigt für Kleinkind, zwischen 1920 und 1940 (U. Rubischon, Untersiggenthal)
– zwei Beistelltische, mehrere Dosen und Schalen, eine Verpackung für Panettone, ein Nachthemd aus Rayon, Nähzeug, ein Milchbecken, Monatsbinden aus Baumwollgaze, Puppenhausmöbel und Puppen, eine Schaufensterpuppe u.a., zwischen 1900 und 1980 (L. de Maddalena, Aarau)
– vier Herrenhüte mit Schachteln der Badener Firmen Diebold und Kaufmann, ein Hutputzer, ein Zwicker, zwischen 1900 und 1930 (V. Münzel, Baden)
– Damen- und Herrenkleider aus 20 Kollektionen des Badener Modelabels «Oliverio», 1989 bis 1999 (J. und P. Oliverio)
– Garderobenschrank mit Graffiti verziert, aus der Aktions-Halle 36 Baden, um 1998
– zwei spitzenbesetzte Gileteinsätze, um 1935, eine Botanisierbüchse, um 1880 (Familie Oberle, Ennetbaden)
– eine Dose Schuhputzcreme, Zigarettenhalter (Mundstücke), zwei Rechenschieber, eine Schale aus Aluminium (Arbeitslosenprojekt), eine Schachtel Doppelknöpfe, Stickvorlagen, 1930er-Jahre (Familie Risch, Ennetbaden)

Erwerbungen aus dem Fonds der Ortsbürgergemeinde

– Pharmazeutische Geräte der Firma Treupha

Robert Obrist

1904–1999

Ernst Obrist

Am 27. Mai 1904 wurde Robert Obrist als Sohn des Robert und der Emma Obrist-Marti in Dättwil geboren. Seine Eltern bewirtschafteten einen mittelgrossen landwirtschaftlichen Betrieb. Wie alle in Dättwil wohnhaften Obrist besassen sie das Bürgerrecht von Dättwil und Riniken. Angehörige dieses Geschlechts haben sich nach dem letzten Glaubenskrieg von 1712 im Jahr 1742 als erste reformierte Zuzüger in Dättwil niedergelassen.

Schon als Bauernbub musste der junge Röbi, wie er genannt wurde, auf dem elterlichen Betrieb mithelfen, was ihm sichtlich Freude machte. Er wuchs mit zwei Schwestern auf. In den Jahren 1922 und 1923 besuchte er die landwirtschaftliche Winterschule in Brugg. Er arbeitete danach auf dem elterlichen Betrieb.

Robert Obrist zeigte bald Interesse an der Gemeindepolitik und nahm sich den Geschehnissen im Dorf an. Er wurde dann 1930 als 26-Jähriger in den Gemeinderat von Dättwil gewählt. Dättwil, Rütihof und Münzlishausen bildeten zusammen eine Gemeinde. Zwei Gemeinderäte von Dättwil, zwei von

Rütihof und einer von Münzlishausen bildeten die Dorfregierung. Verschiedene Gemeindeaufgaben wurden gemeinsam wahrgenommen, andere waren nach Ortschaften getrennt, zum Beispiel das Schulwesen. Es gab jährlich zwei Gesamtgemeindeversammlungen, und dann hatte jede der drei Ortschaften etwa zwei Ortsversammlungen, die Robert Obrist in Dättwil leitete.

Im Jahr 1932 verheiratete sich Robert Obrist mit Clara Schibli von Fislisbach. Der Ehe entsprossen eine Tochter und zwei Söhne. Das junge Ehepaar übernahm dann den landwirtschaftlichen Betrieb. Wie es in Dättwil üblich war, betrieben sie nebst Viehhaltung und Ackerbau auch Gemüsebau. Clara und Robert Obrist verkauften ihr Gemüse zweimal wöchentlich auf dem Badener Markt.

Während des Zweiten Weltkriegs musste auch der Gefreite Robert Obrist etliche Monate im Militärdienst verbringen, so dass zeitweise der landwirtschaftliche Betrieb darunter litt. 1944 wurde Robert Obrist an einer Gesamtgemeindeversammlung als Gemeindeammann gewählt, was besonders unser Dorf freute. Es war für ihn keine leichte Aufgabe, das Gemeindeschiff zu lenken. Dättwil und Rütihof waren nicht immer gleicher Meinung. An den Versammlungen gab es oft Misstöne. Der Ammann musste dann versuchen, beiden Meinungen gerecht zu werden, was für ihn nicht immer leicht war. Robert Obrist war auch in verschiedenen Gremien tätig, unter anderem auch etliche Jahre in der reformierten Kirchenpflege Baden.

In den Vereinen, dem Gemischten Chor, den Feldschützen usw., war er ein beliebtes Mitglied, wo man auch seinen Humor zu schätzen wusste. Die Bauern trafen sich monatlich am Abend in einer Wirtschaft zum Milchzahltag, wo es dann manchmal ziemlich spät wurde. Als einmal etliche Überhöckler von der Polizei ertappt wurden, freute man sich, dass auch unser Ammann unter den Sündern war und mit Humor den Fünfliber zahlte.

Wohl die unangenehmste Zeit, die Robert Obrist als Gemeindeammann durchstehen musste, war die Eingemeindung von Dättwil in die Gemeinde Baden. Für die Ortschaft Dättwil war es eine sehr schwierige Phase. Die Einwohner spalteten sich in Gegner und Befürworter. Durch diesen Zwist ist manche Freundschaft in Brüche gegangen. Vor allem die landwirtschaftliche Bevölkerung war gegen die Gemeindeverschmelzung. Erst wusste man nicht so recht, auf welcher Seite unser Ammann stand. Doch bald nahm er klar Stellung für den Anschluss an Baden. Später wurde dann von der Gesamtgemeindeversammlung die Abstimmung durchgeführt, die eindeutig für die Verschmelzung mit Baden ausfiel. Trotz Enttäuschung von Seite der Gegner legten sich die Feindschaften rasch, und man redete wieder miteinander. Als dann Robert Obrist 1962 in den Stadtrat von Baden gewählt wurde, hatten alle Freude, dass wir einen Stadtrat hatten. Dieses Amt übte er von 1962 bis 1973 aus, wobei er sich ausser für Baden auch für die Zukunft von Dättwil einsetzte.

Mit der Landwirtschaft baute er dann später ab und ging einer ruhigeren Zeit entgegen. Leider verstarb seine Frau 1988, mit der er 56 Jahre verheiratet war. Es war für ihn ein schwerer Schlag, lange trauerte er um das Muetti, wie er sie liebevoll genannt hatte. Was man an ihm und seiner Frau sehr schätzte, war, dass sie seine Eltern sowie ihren Vater bis zu deren Tod auch in kranken Tagen daheim bei sich pflegten.

Auch Robert wohnte bis zu seinem Tod am 25. August 1999 im gleichen Haus wie früher, wo er von seiner Tochter und seiner Enkelin unterstützt wurde. Er hat sich 43 Jahre für die Gemeinde Dättwil und später für die Stadt Baden unermüdlich eingesetzt. Er wird allen, die ihn gekannt haben, in dankbarer Erinnerung bleiben.

Alfred Stutz
1923–1999

Fritz Schaufelberger

Ein Mensch wie Alfred Stutz, in dessen Leben das Militärische einen massgebenden Rang einnimmt, gibt sich weniger in seinen Anlagen als in seinem Charakter zu erkennen. Von seinen vielseitigen Talenten her hätten ihm seine Lehrer in Baden wie am Zürcher Literargymnasium ebenso gut die Laufbahn eines Pianisten wie ein Ingenieurstudium, wie eine Beschäftigung mit Philosophie anraten können. Er entschied sich, als er an der ETH das Examen als Bauingenieur erfolgreich hinter sich gebracht hatte, für den Eintritt in das Instruktionskorps der Infanterie.

In dieser Entscheidung setzt sich in dem Lehrerssohn ein Zug zum Erzieherischen, zu Menschenführung und Menschenbildung durch, der sich in seiner humanistischen Tönung deutlich von dem Drang zu weltverändernder Technik abhebt, wie er im Zuge der Zeit lag. Das lässt auch den Begriff des Militärischen nicht unberührt; Soldatsein im Aktivdienst erfüllte sich weniger im Umgang mit Kriegstechnik als in der Heranbildung einer Gesinnung, die der Bedrohung durch totalitäre Ideologien Widerstand entgegenzusetzen versprach: die Gesinnung des Bürgers in Uniform.

Dieses Leitbild entsprach dem Selbstbehauptungswillen seiner Generation; es hat seine Prägekraft bis in das Ende der 60er-Jahre unangefochten bewahrt. Den dann einsetzenden Tendenzen, die einer Berufsarmee das Wort redeten, begegnete er aus seiner Erfahrung als Truppenführer bis zur Regimentsebene mit Zurückhaltung; und auch seine Abkommandierung 1965/66 zur Führungsakademie der deutschen Bundeswehr hat seinem Vertrauen in die Milizarmee nichts genommen. Als Generalstäbler sah er sich nicht veranlasst, sich wegen des steigenden Gewichts der Technik im Kampf in einen technischen Spezialisten zu verwandeln, auf die er in den Stäben zurückgreifen konnte. Er war und blieb Generalist, zog daher auch den Dienst bei der Truppe jeder Bürokarriere entschieden vor. Darin schlug sich letzten Endes seine Auffassung von militärischer Ausbildung nieder, die in der Wirkung des lebendigen Vorbildes erst ihre Erfüllung fand. So hatte er sie erfahren, so wollte er sie weitergeben: als Forderung an den ganzen Menschen.

Von daher lässt sich verstehen, dass er die Krönung seiner Berufslaufbahn nicht sosehr in der Ernennung zum Waffenchef der Genie- und Festungstruppen gesehen hat als in der ihm übertragenen Leitung der Abteilung für Militärwissenschaften an der ETH in den Jahren 1977 bis 1984. Dort war er ganz in seinem Element: als Leiter der Militärschule, wo es um deren Ausbau in Anlehnung an ausländische Militärakademien ging; als Dozent für Taktik und Operationslehre, wo er unmittelbar den Geist des Unternehmens mitgestalten konnte durch den Stil seines Denkens, in dem sich Weite und Offenheit des Blicks mit Strenge und Disziplin des Gedankens vereinigten zu einer Symbiose von militärischer Zucht und weltoffener Bildung, für die er in seiner

Person ein Vorbild abgab. Kein Zufall, dass er nach seinem Abschied von der Armee die Leitung des Vereins Musikschule Baden übernahm, als es darum ging, diesem privater Initiative entstammenden musischen Institut eine seinem Wachstum und seiner Bedeutung entsprechende Struktur und finanzielle Basis in der Region zu sichern. Auch in dieser letzten grösseren Dienstleistung kam sein Charakter zum Ausdruck; sie hat sich nun seit über einem Jahrzehnt bewährt.

Man zögert, bei Alfred Stutz von Karriere zu reden, wo es um ein Bild seiner Wesensart zu tun ist; das würde ein Denken voraussetzen, das den Sinn menschlicher Wirksamkeit mit ihrem Erfolg verwechselte. Ein solches Denken war ihm fremd. Darum ist auch das öffentliche, repräsentative Bild seiner Person nicht das ganze. Es lässt ausser Acht, dass Soldatsein sich nicht im Sieg erfüllt, sondern in Dienstbereitschaft. Gerade sein Nichtangewiesensein auf Erfolg befreite Alfred Stutz von dem Krampf, zu dem ein nur sich selbst gehorchendes Leistungsstreben verführt; es verlieh ihm die gelassene Sicherheit dessen, der mit sich selbst im Reinen ist. Das hat nichts mit Selbstgefälligkeit zu tun, wohl aber mit seiner liebenswürdigen Mitmenschlichkeit, die jeden, mit dem sie in Berührung kam, zu seiner Ungezwungenheit und Freiheit ermächtigte, weil sie selber frei war. Auf diese Weise wurde das Zusammensein mit ihm gerade im privaten Kreis durch seine sich entfaltende weltläufige Liberalität – ein Geschenk seiner Person – zu einem Anlass, über den sich ein Abglanz von Festlichkeit legte.

Paul Boner «Tschumpeler»
1922–1999

Roman Huber

Gerade noch rechtzeitig ist damals dem verstorbenen Paul Boner die ihm gebührende Ehre zuteil geworden: Die Spanischbrödlizunft hatte ihn aufgrund seiner Verdienste um die Badener Fasnacht und für seine Volksverbundenheit anlässlich der Cordulafeier 1998 offiziell geehrt. Als Mitbegründer und Tambourmajor der Badener Bloser-Clique und in manch andern Rollen und Funktionen prägte er jahrzehntelang das Fasnachtsgeschehen. Unvergesslich waren vor allem seine Auftritte als «Tschumpeler», als der er – von Beiz zu Beiz ziehend und jeweils ein Tschumpeli schlürfend – manche Tischrunde mit herzhaftem und spitzem Humor unterhielt. Zur Fasnachtszeit war es allein schon der karrierte Morgenrock oder die violette, elegant frisierte Perücke, die ergötzten. Von Wehmut begleitet, entschloss er sich nach den närrischen Tagen von 1998, diese Utensilien für immer beiseite zu legen und in den fasnächtlichen Ruhestand zu treten. Umso mehr freute es ihn jedoch, als gewissenhafter Juror 1999 nochmals auf den Jurywagen des Badener Fasnachtsumzugs steigen zu dürfen.

Unvergesslich waren seine Kolumnen als «Tschumpeler» oder «Goldwändler». Mit seinen Beiträgen, die er als Berichterstatter und Redaktor des «Badener Tagblatts» und später noch als freier Mitarbeiter der «Aargauer Zeitung» mit viel Gespür verfasste, bewies er abermals seine Volksverbundenheit. Seine journalistische Arbeit führte ihn zu seinen Wurzeln zurück ins Bäderquartier, wo er bis vor wenigen Jahren Wohnsitz hatte. Im alten Staadhof verbrachte Paul Boner seine Kindheit. Er erlernte zuerst den Beruf eines Kaufmanns und arbeitete manche Jahre als Buchhalter in der Druckerei seines Bruders Karl, bis er 1973 in die BT-Redaktion eintrat. Ein schwerer Schicksalsschlag bedeutete für ihn kurz nach der Pensionierung der Tod seiner Ehefrau.

Traditionen wusste Paul Boner nicht nur zu pflegen, sondern auch zu leben. Dazu gehörte die Zeit um den Tag des Sankt Niklaus. Jahr für Jahr schnürte er sich den weissen Bart um, zog die rote Kutte an, schulterte den Jutensack und bereitete vielen Menschen, darunter auch den Bewohnern des Altersheims, viel Freude. Nebst dieser Zeit, der Fasnacht, Badenfahrten oder anderer Volksfeste kannte Paul Boner weitere Vorlieben. Er war Mitbegründer und Vize-«Oberbräusi» der Badener «Bräusivögel», wo er in geselliger Männerrunde unter seinesgleichen die Kochkünste pflegte. Seine Stimme ertönte zudem jahrelang in den Reihen des Gemischten Chors von Ennetbaden.

Da blieben noch zwei weitere Leidenschaften: Die eine galt dem Fussball, insbesondere dem FC Baden, dem er in guten und schlechten Zeiten auf der Tribüne die Treue hielt. Der langjährige Berichterstatter, stets mit dem FCB verbunden, verfasste zu dessen 100. Geburtstag die Jubiläumsschrift, was ihm die Ehrenmitgliedschaft eintrug. Die zweite Leidenschaft gehörte dem Volkssport Nummer eins, dem Jassen. Jeden Dienstag – es war sein «heiliger» Tag –

flogen die Trümpfe von Mittag bis Abend. Es war vierzehn Tage vor seinem Tod sein Wunsch, im «National» mit seinem Jass-Grüppli nochmals eine letzte Runde Karten spielen zu dürfen. Es war nur noch eine kurze Runde, zu mehr reichten die Kräfte nicht mehr. Paul Boner kämpfte lange mit Optimismus und Energie gegen seine Krankheit. Deren endgültigen Verlauf konnte er jedoch bis kurz vor seinem Tod nicht akzeptieren, obschon die Therapien ihm sehr zu schaffen machten und seinen Körper unaufhaltsam schwächten. Wenige Tage bevor er den 77. Geburtstag begangen hätte, am 29. November, ging Paul Boner nach einem erfüllten Leben still und leise von dieser Welt. Ob als Vater, Grossvater oder Kamerad oder als einfacher Volksfreund – er wird manchen Leuten in Erinnerung bleiben.

Uli Münzel

1914–2000

Josef Bürge

«Mein Leben geht langsam zu Ende; aber auch das Alter hat seine Schönheit, eine Schönheit, die uns die Jugend nicht schenkt und die den Alternden für mancherlei entschädigt, was er verloren hat.» Mit diesem Text des betagten italienischen Philosophen Benedetto Croce wandte sich der Mitte Januar 2000 verstorbene Dr. Ulrich Münzel noch im August 1999 an seinen breiten Freundeskreis. Das Zitat stand als Einleitung zum Dankesbrief, den er nach den zahlreichen Gratulationen zu seinem 85. Geburtstag verfasst hatte. Für viele, die Uli Münzel kannten und schätzten, war es seine letzte Botschaft, ein Vermächtnis gewissermassen.

Dr. Ulrich Münzel, der erfolgreiche Apotheker, betätigte sich neben seiner anspruchsvollen beruflichen Tätigkeit mit Kunst, Literatur, Architektur, Geschichte und Musik. Er knüpfte damit ans Wirken seines Vaters, Franz Xaver Münzel, an und entwickelte daraus einen eigenen Schaffenskreis.

Führte ihn sein Tatendrang auch oft durch den ganzen Kontinent, seine grosse Liebe galt der Heimatstadt Baden. Kaum eine Beschreibung noch ein Bild über die Bäderstadt, die nicht in Uli Münzels heimischer Sammlung dokumentiert wären. Seine ganz grosse Zuneigung galt den Thermalbädern, ihrer Geschichte, ihrem Wandel, ihrer Anziehungskraft für Tausende von Gästen aus aller Welt. Viele von ihnen kannte Uli Münzel persönlich und pflegte den Kontakt mit ihnen über Jahre, so mit dem Komponisten Richard Strauss (1864–1949) und mit Hermann Hesse (1877–1962), dessen Erzählung «Kurgast» reizvollen Einblick in die Bäderkur der 1920er-Jahre vermittelt.

Bereits während des Pharmaziestudiums an der ETH in Zürich ging der junge Münzel allen verfügbaren Quellen über die Thermen von Baden nach. Nur folgerichtig, dass er das Badener Thermalwasser zum Thema seiner Dissertation wählte. Seine Studie brachte dem Doktoranden wissenschaftliche Anerkennung, wurde sie doch mit der selten verliehenen ETH-Medaille ausgezeichnet und gilt heute noch als Standardwerk. Als balneologische Monographie 1947 publiziert, vereinigt sie naturwissenschaftliche Forschung und kulturhistorische Quelleninterpretation und zeichnet so den Autor als einen Vorreiter interdisziplinären Denkens aus. Diesen Ansatz zu vertreten, wurde Uli Münzel nicht müde, auch wenn es ihm bisweilen schien, die Komplexität seiner diesbezüglichen Erkenntnisse finde zu wenig Echo.

Grosse Anerkennung erwarb sich Uli Münzel als Publizist und Förderer des kulturellen Erbes in Stadt und Region Baden. Unbekannt ist die Vielzahl seiner Schriften über die Bäder, die Altstadt, die Geschichte und Geschichten seiner Vaterstadt. Prädestiniert dazu, war er über Jahrzehnte als Präsident und Vorstandsmitglied des ehemaligen Kur- und Verkehrsvereins tätig. In diesem Zusammenhang beglückte er Hunderte, wenn nicht Tausende von Badener Gästen mit seinen kompetenten und mit Humor gespickten Stadtführungen. Bis in seine letzten Lebensmonate war er stets bereit, sein Wissen mit den Stadtführerinnen von «Baden Tourismus» zu teilen.

In den 1970er-Jahren leitete Uli Münzel die Geschicke des städtischen Museums im Landvogteischloss. Zwar bedauerte er bisweilen, dass viele Kostbarkeiten aus früheren Jahrhunderten aus der «Untertanenstadt» Baden entwendet worden waren. Mit wachem Geist erkannte er aber auch den Reiz und die Bedeutung der jüngeren Industrie- und Alltagsgeschichte. Zusammen mit seiner Frau Vera und dem jungen Konservator Hugo Doppler erneuerte er die Sammlungstätigkeit des Museums und wirkte an einer modernen Präsentation der Objekte mit. Aber auch das Kirchenschatzmuseum und das Bäderarchiv entstanden auf seine Initiative hin.

Zwar bezeichnete sich Uli Münzel in Kunstbelangen bescheiden und ohne Koketterie als Laie, doch sein Engagement als Mitglied des Stiftungsrates des Wohn- und Impressionistenmuseums Langmatt und seine Neuentdeckung zum Beispiel der Malerin Louise Breslau (1856–1927) zeugen von einem grossen Feinsinn in künstlerischen Belangen. Indem er seine Kräfte über viele Jahre der Orchestergesellschaft als Cellist lieh, konnte er auch seine eigene musische Begabung fruchtbar machen.

Als kleine Anerkennung für die ehrenamtliche, vielseitig segensreiche Tätigkeit im Dienst der Bevölkerung von Stadt und Region Baden ernannte die Ortsbürgergemeinde Baden Uli Münzel 1984 zu ihrem Ehrenbürger. Die Auszeichnung freute ihn zutiefst. Er verstand sie aber keineswegs als Zeichen, die Hände in den Schoss zu legen. Im Gegenteil: Innert weniger Jahre entstanden danach beglückende und arbeitsintensive Schriften, zum Beispiel «Baden und seine Gäste», «Baden in Gedichten und Liedern», «Badener Autoren und Autorinnen aus

500 Jahren», «Daten zur Badener Geschichte» und «Wandlungen des Badener Stadtbildes».

In all diesen Zeugnissen, die die Zuneigung von Dr. Uli Münzel zu seiner Vaterstadt und ihrer Bevölkerung zum Ausdruck bringen, lebt der Verstorbene weiter. Mehr noch in den Herzen und Gedanken all jener, denen es vergönnt war, diesem unverwechselbaren Menschen zu begegnen. Der tiefe Dank von Ortsbürgergemeinde und Stadt Baden ist dem Verstorbenen gewiss.

Willy Hans Rösch
1924–2000

Bruno Meier

Als ich Willy Hans Rösch Ende Januar 2000 den ersten Abzug der Korrekturfahnen für sein Buch über die Geschichte des Künstlerhauses Boswil übergab, hatten wir noch von der Vernissage für das Buch im Mai geredet. Einige Tage später, beim Termin mit der Fotografin, diskutierten wir noch über einige Korrekturen. Eine Woche später bereits lag er im Spitalbett, Ende Februar verstarb er knapp 76-jährig. Nach einem gesundheitlichen Zwischenfall im Dezember war er langsamer geworden, blieb aber hartnäckig an seiner Arbeit. Mit der Gewissheit, dass sein Lebenswerk – das Künstlerhaus Boswil – seine Geschichte definitiv zwischen zwei Buchdeckeln finden würde, konnte er gleichsam loslassen von einem unglaublich dichten Leben, in dem er sich nie geschont hatte, sondern seinem Beruf und dem Künstlerhaus alles, selbst seine Familie, untergeordnet hatte.

Willy Hans Rösch wurde 1924 in eine Badener Schneiderfamilie hinein geboren. Seine Lehre machte er als Beleuchtungszeichner bei der BAG in Turgi, für die er dann auch mehrere Jahre in Zürich tätig war. Der Zeichner, der selbst nie den Sprung zum Künstler wagte, suchte und fand den Kontakt zur Zürcher Kunstszene der Nachkriegszeit. Die häufig erbärmlichen Verhältnisse, in denen zahlreiche Künstlerinnen und Künstler lebten, liessen in einem Kreis von Kunstfreunden die Idee entstehen, ein Asyl für Kunstschaffende zu errichten, in dem sie auch im Alter noch künstlerisch tätig sein und sich austauschen konnten. Mit dem damals geradezu kühnen Ankauf des alten Kirchenbezirks in Boswil wollten sie diese Idee verwirklichen. Mit unglaublicher Hartnäckigkeit und künstlerischer Offenheit konnte Willy Hans Rösch mit seinen Mitstreitern den vorgezeichneten Weg gehen. Mit dem Konzept der honorarfreien Auftritte von weltbekannten Künstlerinnen und Künstlern – zuerst in Zürich und Bern, dann schon bald in der Alten Kirche Boswil – konnten die Mittel beschafft werden, um aus dem heruntergekommenen alten Pfarrhaus ein Künstlerhaus zu bauen, dies nicht nur im wörtlichen, sondern vor allem auch im ideellen Sinn; ein Haus, in dem alternde Künstlerinnen und Künstler nicht nur für sich, sondern auch mit der Öffentlichkeit, mit jungen Kunstschaffenden im Austausch stehen konnten.

Boswil blieb nicht nur ein Künstlerheim, sondern entwickelte sich vor allem ab Ende der 60er-Jahre zu einem eigentlichen Kulturzentrum mit dem Schwerpunkt des zeitgenössischen Musikschaffens. Nach und nach kamen weitere Räume und weitere Künste dazu, Theater und Tanz, Atelierräume für die bildende Kunst. Das Künstlerhaus entwickelte sich zu einer über die Landesgrenzen hinaus anerkannten Institution, war Pionier in der Knüpfung von Kontakten über den Eisernen Vorhang hinweg. Willy Hans Rösch hat bis zu seinem Rücktritt 1991 das Künstlerhaus geführt, geprägt und auch immer wieder am Leben erhalten, um Geld gebeten, Kunstschaffende eingeladen, Symposien angeregt. Mit dem

Ende seiner Tätigkeit ging auch das Konzept des Altersasyls nach und nach verloren. Viele Konstanten der Geschichte von Boswil sind aber auch heute noch in den Tätigkeiten des Künstlerhauses sichtbar.

All diese Arbeit zugunsten der Kunst lief neben seinem Beruf als Lichtplaner. Er hatte sich quasi einen neuen, bisher nicht bekannten Beruf selbst erschaffen, durch Weiterbildung im In- und Ausland und natürlich durch seine ständige Neugier in der Suche nach dem richtigen Inhalt in der richtigen Form. Wenige Jahre nach der tollkühnen Gründung von Boswil machte er sich selbständig. Er wurde zum Spezialisten für die perfekte Beleuchtung von Kirchen und Kathedralen. Seine Arbeiten am Strassburger Münster und in zahlreichen Städten Europas zeugen heute von seiner Arbeit. Noch in den letzten Monaten seines Lebens war er angefragt worden, die Gestaltung der Aussenbeleuchtung des neu-alten Berliner Reichstages zu planen. Einer Anfrage aus Müstair für die Kirche Santa Maria konnte er nicht mehr nachgehen. Seine Kompetenz in der Beherrschung des Lichts war bis zu seinem Tod weit über die Landesgrenzen hinaus gefragt.

Willy Hans Rösch hat neben seiner international gefragten Arbeit und mit seiner grenzenlosen Offenheit als Kunstförderer immer seine Wurzeln in seiner Heimatstadt gepflegt und seine Spuren in und für Baden hinterlassen.

Politische Chronik
Baden im Umbau

Werner Bänziger

Dass hierzulande Wahlen oder Abstimmungen stattfinden, ist wahrlich keine Seltenheit. Selten aber wird von so genannten Entscheidungs- oder Richtungswahlen gesprochen. Für die Nationalratswahlen vom Herbst 1999 hatte das marktschreierische Etikett Berechtigung: Die Schweizerische Volkspartei (SVP) erhöhte die Zahl ihrer Sitze im Nationalrat von 29 auf 44. Der so genannte Zürcher Kurs machte sich bezahlt. Noch nie zuvor hat man im Fernsehen einen so strahlenden Christoph Blocher gesehen wie am 24. Oktober 1999, dem Wahlabend. Sein Kalkül ist voll aufgegangen. Von der Aargauer SVP sind während des Wahlkampfes kaum Impulse ausgegangen. Obwohl die Kantonalpartei immer wieder ihre Unabhängigkeit betont, wurden und werden die Schlagzeilen in Zürich gemacht.

Im Bezirk Baden hat die SVP nun die Spitzenposition erlangt. Sie kam auf satte 26,4% Wähleranteil (1995: 15,5%). Die Werte der anderen Parteien: SPS 19,4% (20,5%), FDP 18,7% (18,3%), CVP 20,4% (17,8%), Grüne 4,7% (4,9%), SD 2,3% (3,8%), EVP 3,3% (2,7%) und LdU 2,8% (3,9%). Die in der Stadt Baden erzielten Resultate erlauben einige Quervergleiche: Der Spitzenplatz wurde von der SPS gehalten, sie erreichte 25,9% (25,5%), darauf folgte die FDP mit 22,1% (22,2%), die CVP mit 20,4% (15,9%) und, erst auf Rang 4, die SVP mit 17,8% (11,1%). Wenngleich der Zuwachs der SVP in der Stadt Baden beachtlich war, erreichte sie die in der Region erzielten Werte bei weitem nicht. Die Schlussfolgerung liegt nahe, dass sich in den städtischen Zahlen auch und gerade eine urban zu nennende politische Kultur spiegelt. Die Berührungsängste gegenüber Neuem sind weniger ausgeprägt als in der Landschaft, entsprechend weniger erfolgreich waren die – alles in allem – rückwärtsgewandten und des öfteren an die Schmerzgrenze gehenden Parolen der SVP.

Die CVP im Aufwind, Stagnation bei FDP und SPS
Ein weiteres Phänomen gilt es fest zu halten. Obwohl sämtliche Prognosen einen Einbruch der CVP zu vermerken schienen, behauptete sich die Partei nicht nur,

sondern sie konnte ihre Stellung ausbauen. Was auch immer den Ausschlag gegeben haben mag: Die Partei hat den wahrscheinlich professionellsten Wahlkampf geführt. Wer ihre Wahlschriften und Broschüren durchblätterte, wurde gewahr, dass sich die CVP endgültig vom Image, allein katholisch und konservativ zu sein, verabschiedet hat. Dass der postulierte Anspruch im politischen Alltag nicht immer eingelöst wird, versteht sich von selbst.

Die SPS profitierte für einmal nicht vom Aufschwung der SVP. Geläufige These unter den Genossen war bis anhin, dass die SPS von der Polarisierung nur profitieren könne, weil sie als einzige Kraft den rechtsbürgerlichen Vormarsch zu stoppen vermöchte. Die erhoffte Zerreibung des Zentrums erwies sich als Fehlkalkulation: Dass sich die SPS innert nützlicher Frist zur Mehrheitspartei durchmausern kann, scheint wenig realistisch, zudem ist ihr mit einer marginalisierten CVP kaum geholfen. Denn allein mit ihrer Hilfe vermag sie sozialpolitischen Anliegen dann und wann zum Durchbruch zu verhelfen.

Der Bezirk Baden entsendet in Zukunft zwei Nationalrätinnen und drei Nationalräte nach Bern: Luzi Stamm (FDP, bisher), Christine Egerszegi (FDP, bisher) Doris Stump (SPS, bisher), Hans Zbinden (SPS, bisher) und Heiner Studer (EVP, neu). Den absoluten Spitzenplatz der Kandidierenden aus dem Bezirk Baden hatte Luzi Stamm mit 46520 Stimmen inne, gefolgt von Christine Egerszegi mit 40092. Ob der Rechtsaussen-Politiker für die richtige Partei kandidierte, ist an dieser Stelle nicht zu beurteilen, die Frage scheint ihn aber, wie ein im Sommer 2000 erschienenes Interview zeigte, selber zu beschäftigen ...

Baden, Gemeinde Europas
Josef Bürge, Badener Stadtammann, schaffte die Wahl in den Nationalrat nicht. Damit erwiesen sich die Spekulationen, wer seine Nachfolge antreten könnte, als hinfällig. Bürge will sein Amt, so liess er verlauten, auch in Zukunft ausüben, ihn reize vorab die Weiterführung des WOV-Projektes (wirkungsorientierte Verwaltungsführung). Obwohl er sich selbst nicht als «Euro-Turbo» versteht, machte er aus seiner prononciert europafreundlichen Haltung kein Geheimnis. «Wir Schweizer gehören zu Europa», war in der «Aargauer Zeitung» zu lesen. So banal die Aussage sachlich sein mag, in der Schweiz heutiger Tage ist mit ihr nur bedingt Applaus zu holen. Die Ortsschilder «Baden, Gemeinde Europas» sind vor einiger Zeit übermalt worden – von unbekannter Hand. An die Stelle der Feindbilder des Kalten Kriegs, die in den 90er-Jahren implodierten, sind neue getreten. Wie ist es rational zu erklären, dass ein Teil der Bevölkerung die Europäische Union nur noch als bürokratisches, monströses, auf jeden Fall aber demokratiefeindliches Gebilde wahrnimmt? Verwundert reibt man sich die Augen.

Allen Unkenrufen zum Trotz hatten die «Bilateralen Verträge» mit der Europäischen Union vor dem Schweizer Volk Bestand. Der Kanton Aargau befürwortete das Vertragswerk am 21. Mai 2000 mit 62% Ja-Stimmen. Damit hat sich das Verhältnis der Schweiz zu Europa fürs Erste geklärt. Mit rekordverdächtigen 78,42% sprachen sich die Badener Stimmbürgerinnen und Stimmbürger für die Bilateralen aus. Dass in dieser Frage vorerst Ruhe einkehren möge, ist ein wohl weit verbreiteter Wunsch.

Noch ein letztes Wahlresultat: Peter Beyeler tritt in die Fussstapfen von Thomas Pfisterer. Damit ist auch der Ostaargau wieder im Regierungsrat vertreten. Nachdem der Rütihöfler Beyeler Christian Stärkle, den SVP-Kandidaten, um rund 12000 Stimmen hinter sich gelassen hatte, war der Ausgang des zweiten Wahlgangs klar. Doch die eigentliche Bewährungsprobe steht dem neuen Regierungsrat noch bevor – der Praxisschock.

Fieberkurve des Wandels

Baden ist im Umbau, allerorten. Bald gibt es keine im Zentrum gelegene Strasse mehr, die im zurückliegenden Berichtsjahr nicht aufgerissen worden wäre. Wer sich im Raum Bruggerstrasse/Haselstrasse oder im Bahnhofbereich bewegte, sah sich, sei es als Fussgänger, sei es als Velo- oder Autofahrer, täglich neuen Herausforderungen gegenüber. «Das Mass ist überschritten», titelte die «Aargauer Zeitung» im Januar 2000, als der Aushub des hinter dem Bahnhof gelegenen «Langhauses» in vollem Gang war. Noch selten zuvor sind so viele Strassenprojekte gleichzeitig verfolgt worden. Spezielle Aufmerksamkeit erregten die Arbeiten an der Siggenthaler Brücke und der Baubeginn am Baregg. Niemand wird zwar ernsthaft erwarten, dass sich die Verkehrsprobleme im Raum Baden nachhaltig lösen lassen. Weil in der Verkehrsplanung das Prinzip Hoffnung gilt, tut man das Mögliche – doch ist es genug? Die Bereitschaft der Verkehrsteilnehmer, Einschränkungen zu akzeptieren, ist bescheiden. Das hat auch der Kanton Aargau erkennen müssen, als er die «Stauwegwoche» durchführte. Regierungsrat Thomas Pfisterer hielt abschliessend fest: «Der Effekt auf der Strasse war bescheiden, man kann aber keine Wunder erwarten.» Wunder aber bräuchte es, sollte der Dauerstau vor dem Baregg zum Verschwinden gebracht werden ...

«Badener Steine» bleiben

Die Initiative zur Aufhebung der Tempo-30-Zonen und zur Entfernung der ästhetisch wenig überzeugenden Würfel – im Volksmund werden sie als «Badener Steine» bezeichnet –, ist im November 1999 mit 2248 gegen 1361 Stimmen abgelehnt worden. Die Verkehrsberuhigung in den Quartieren kann fortgeführt werden. Bemerkenswert die Geschlossenheit der politischen Parteien in dieser Sachfrage: Sämtliche Fraktionen plädierten für Verwerfung. Weniger geschlossen zeigte sich das Stadtparlament, das im Jahr 2000 übrigens erstmals von zwei Frauen, Daniela Oehrli und Ursula Gut, geführt wird, bei zwei anderen Vorhaben: Als die Verselbständigung der Städtischen Werke zur Diskussion stand, wurden altbekannte Fronten manifest. Vorab Sozialdemokraten und Gewerkschafter bekämpften die Privatisierung. Die Angst vor einer Verschlechterung der Arbeitsbedingungen mag einer der Gründe gewesen sein, weshalb die Linke ihr Veto einlegte, angeführt wurde aber auch der Verlust demokratischer Kontrolle. Auf die Einsicht, dass ein staatlicher Regiebetrieb dem liberalisierten Elektrizitätsmarkt nicht mehr gewachsen sei, wartete man vergeblich. Wer Belege für die von der «Neuen Zürcher Zeitung» vertretene These gesucht hätte, die SPS weise sozialkonservative Tendenzen auf, wäre im Abstimmungskampf mehrfach fündig geworden. Mit 2720 Ja zu 1402 Nein wurde die Änderung im Sommer 1999 gutgeheissen. Privatisiert werden auch die Regionalen Verkehrsbetriebe Baden-Wettingen. Mit 39 zu 4 Stimmen unterstützte das Stadtparlament im Juli 1999 das Vorhaben. Und bereits ein halbes Jahr später wurde die den Verkehrsbetrieb tragende AG gegründet.

Dienen und verdienen

Der Steuerfuss, das Dauerthema in den Kommunen, wurde von 105% auf 100% gesenkt. Noch einmal war eine epische Diskussion zu verfolgen. Die Sozialdemokraten bemängelten in erster Linie, dass die Steuersenkung nur den gut Verdienenden nütze. Der Gedanke ist so abwegig nicht, er lässt sich mit Beispielen leicht untermauern, die implizite Annahme jedoch, eine Gemeinde mit höherem Steuerfuss sei eine sozialere Gemeinde, irritiert. Das ist – mit Verlaub – naiv.

Vor Naivität war auch der Stadtrat nicht gefeit, als er auf den Rücktritt René Bernhards, des Feuerwehrkommandanten, mit der Ernennung eines wenig abgestützten Kandidaten reagierte – ohne Anhörung der Feuerwehrkommission. Darauf war Feuer im Dach. Die am Ende getroffene Lösung scheint indes salomonisch: Die Geschäftsleitung liegt in Zukunft bei Martin Zulauf, Toni Suter und Rolf Moser, einem Dreierteam. Die Feuerwehr hat ihre «Unabhängigkeit» erfolgreich verteidigt, sie bleibt, was sie schon immer war: ein Instrument zur Brandbekämpfung und ein Soziotop mit männerbündlerischen Tendenzen.

Martin Zulauf, der Kommandant der Badener Polizei, erregte noch in einem anderen Zusammenhang Aufsehen. Im Februar 2000 überwies er als Leiter der Zivilschutzorganisation 1200 Zivildienstpflichtige der Reserve – sehr zur Verärgerung von Martin Vögtli, Chef Abteilung Zivile Verteidigung. Als besonders stossend empfand der kantonale Chefbeamte, dass die Reservisten nach Badener

Modell keine Grundausbildung mehr zu absolvieren haben. Wer diese Ausbildung erschöpfend kennen gelernt hat, vernimmt mit Vergnügen, dass sie Hunderten von Menschen in Zukunft erspart bleiben wird ...

Wirtschaftschronik
Erfolgreicher Start ins 2000

Ruedi Bürki

Aufschwung bereits 1999
Die schweizerische Wirtschaft meldet sich im weltweiten Wettbewerb um Wachstum und Standortvorteile zurück. Zwar ist sie von der amerikanischen Wachstumsdynamik noch weit entfernt, hält aber neuerdings mit der europäischen Konjunktur Schritt. Das war seit langem nicht mehr der Fall. In den 90er-Jahren nahm das reale Bruttoinlandprodukt um durchschnittlich 1 Prozent, in der Europäischen Union um 2 Prozent und in den Vereinigten Staaten um 3 Prozent pro Jahr zu. Die Schweiz hatte den Anschluss an den internationalen Wirtschaftsrhythmus verloren.

Seit 1997 setzte die schweizerische Konjunktur zu einer spürbaren, von den Exporten getriebenen Erholung an, die allerdings durch die Asienkrise und ihre Folgen vorübergehend unterbrochen wurde. Im Einklang mit dem internationalen Konjunkturtrend geriet die Schweizer Wirtschaft im zweiten Halbjahr 1999 wieder in Fahrt. Der Start ins neue Jahrzehnt ist ihr mehr als gelungen.

Stärkstes Konjunkturjahr seit 1990 erwartet
Heute geht es der Schweizer Wirtschaft gut. Mit einem realen Bruttoinlandprodukt von mindestens 3 Prozent wird 2000 das stärkste Konjunkturjahr seit 1990 sein. Sowohl die inländische Nachfrage als auch das Exportvolumen sind sehr robust. Der private Konsum zeigt keine Ermüdungserscheinungen. Die Haushalte beurteilen die Arbeitsmarkt- und Einkommensperspektiven zu Recht als so gut wie seit zehn Jahren nicht mehr. Die Konsumentinnen und Konsumenten verhalten sich aber nicht euphorisch, sondern sachlich und nüchtern.

Die vorlaufenden Konjunkturindikatoren deuten auf eine Fortsetzung des Aufschwungs hin. Damit wird aber auch die Knappheit an Arbeitskräften akzentuiert. Heute sind nicht mehr nur Spezialisten in einzelnen Branchen knapp. Personalengpässe haben eine Vielzahl von Wirtschaftszweigen erfasst. Deshalb wird sich der Lohndruck verschärfen. Höhere Löhne sprechen aber nicht unbedingt für eine höhere Teuerung. Lohnzuwächse sind inflationsneutral, wenn sie dem Produktivitätsfortschritt entsprechen.

Weiterer Anstieg der Teuerung absehbar
Vielmehr sind die importierte Inflation wegen der Dollarstärke und der erneute Anstieg des Ölpreises Risikofaktoren. Die Schweizerische Nationalbank hat diesen Risiken bereits Rechnung getragen. Seit Anfang 2000 erhöhte sie das Zielband für die Drei-Monats-Euro-Franken-Zinsen in drei Schritten um insgesamt 1,75 Prozent auf 3 bis 4 Prozent. Insgesamt war somit die Nationalbank im ersten Halbjahr deutlich restriktiver als die Europäische Zentralbank.

Die Währungshüter können mit diesen Zinsschritten den Gang der Konjunktur in der zweiten Hälfte dieses Jahres beobachten und allenfalls gegen Ende Jahr weitere Massnahmen treffen. Im November werden mit der Berechnung der Teuerungszahlen die Mietpreise neu erhoben. Infolge der gestiegenen Hypothekarzinsen ist deshalb davon auszugehen, dass die Inflationsrate Anfang 2001 auf über 2 Prozent steigen wird. Weder auf den Geld- noch auf den Kapitalmärkten scheint somit der Zinserhöhungszyklus abgeschlossen zu sein. Wenn nicht alles täuscht, liegt aber der grössere Teil des Zinsanstieges hinter uns. Wir können davon ausgehen, dass im Zwölf-Monats-Horizont mit einem Anstieg der Drei-Monats-Euro-Franken-Zinsen um rund 0,5 Prozent zu rechnen ist. Nach dem Jahr 2001 dürften die Zinsen dann wieder sinken.

Wirtschaftsindikatoren Schweiz

	1999	2000	2001
Wachstum real	1,7%	2,8%	2,5%
Teuerung	0,8%	1,5%	1,7%
Arbeitslosenquote	2,7%	1,9%	1,9%

(Quelle: Credit Suisse, Economic Research, Juli 2000)

Finanzmarktprognosen Schweiz

	21. Juni 2000	Prognose 3 Monate	Prognose 12 Monate
USD/CHF	1,64	1,60–1,63	1,52–1,57
EUR/CHF	1,55	1,56–1,59	1,57–1,62
Zinssatz 3 Monate	3,45%	3,3–3,5%	3,5–3,8%
Rendite 10 Jahre	3,94%	4,1–4,3%	4,1–4,3%
Börse SMI	7769		8200–8300

(Quelle: Credit Suisse, Economic Research, Juli 2000)

Kräftiges Wachstum im Kanton Aargau

Rund 640 Unternehmen haben der Aargauischen Industrie- und Handelskammer (AIHK) Aufschluss über ihre konjunkturelle Situation und die Erwartungen für das Jahr 2000 mitgeteilt. Das Geschäftsjahr 1999 wurde von 52 Prozent (Vorjahr 45 Prozent) als gut taxiert, weitere 37 Prozent (Vorjahr 43 Prozent) zeigten sich immerhin befriedigt.

Erfreulich präsentiert sich auch das Prognosebild in der Mehrzahl der Branchen für das Jahr 2000: 48 Prozent der befragten Unternehmen rechnen mit einem noch besseren Geschäftsgang als im Vorjahr, weitere 44 Prozent erwarten zumindest eine vergleichbare Entwicklung. Überdurchschnittlich präsentieren sich die Banken: neun von zehn Unternehmen qualifizierten das Geschäftsjahr 1999 als besser, jedes zweite hat Stellen geschaffen.

Rund die Hälfte aller Unternehmen, die sich an der Umfrage beteiligt haben, geben an, über einen guten Auftragsbestand zu verfügen. Weitere 40 Prozent sind in dieser Hinsicht zumindest zufrieden.

Trendwende im Bau ...

Von einer Trendwende zum Besseren kann laut Umfrage der AIHK, die im Januar 2000 durchgeführt worden ist, mit Bezug auf die Bauwirtschaft gesprochen werden. Ende 1999 wurde der Auftragsbestand von knapp 90 Prozent der Firmen als befriedigend bis gut eingestuft. Zudem war die Auslastung der Produktionskapazität von 84 Prozent auf 87 Prozent gesteigert worden. Die durchschnittliche Auslastung der Fertigungskapazität der Industrie- und Baufirmen wurde mit gut 85 Prozent angegeben; der Höchstwert im 90er-Jahrzehnt ist 1990 mit 90 Prozent verzeichnet worden, während 1993 mit 80 Prozent den Tiefststand markiert hatte.

... Verschlechterung bei der Energie- und Wasserversorgung

Ein Sonderfall stellt der Bereich Energie- und Wasserversorgung dar. Hier steht dem Urteil 1999 (gut) die Prognose 2000 (Verschlechterung bei sinkenden Umsätzen) gegenüber: Die AIHK schreibt diesen Umstand der bevorstehenden Liberalisierung im Elektrizitätsmarkt zu. Mit zur Vorbereitung auf die Liberalisierung gehörten beschleunigte Abschreibungen. Ausserdem würden an industrielle Grosskunden «zunehmend substantielle Rabatte» gewährt, mit dem Ziel, die Abnehmer bereits vor der Öffnung an die heutigen Verteiler zu binden.

Region Baden

An der oben beschriebenen Umfrage haben sich aus der Region Baden 123 Unternehmen beteiligt. 46 Prozent erwarten das Jahr 2000 besser als das Vorjahr, 44 Prozent erwarten das Jahr gleich, 10 Prozent erwarten ein schlechteres Jahr.

Betrachtet man die grossen Bauvorhaben (Limmatbrücke Nussbaumen, Bahnhof, Metro-Shop, Erweiterung Bareggtunnel), so darf man ohne weiteres optimistisch über unsere Region urteilen. Insbesondere wenn man in Betracht zieht, dass nach Vollendung dieser Projekte, weitere realisiert werden sollen: etwa die Umfahrung des Ennetbadener Bäderquartiers oder die Neugestaltung des Theaterplatzes. Solange auch in unserer Region der Konsument, beschäftigt in einem dieser äusserst grossen Bauprojekte, sachlich und nüchtern bleibt, darf getrost von einer länger anhaltenden, konjunkturellen Belebung in Baden ausgegangen werden.

Kulturchronik

Baden baut

François Ruedin

« Und wissen Sie, früher war ich stolz auf unsere Stadt, früher konnte ich noch Freunde nach Baden einladen!» Die ältere Frau hustet aufgeregt. Die junge Apothekerhelferin hinter dem Ladentisch nickt verständnisvoll. «Aber heute, nein, glauben Sie mir, man müsste den Politikern dieser Stadt gehörig den Kopf waschen!» Die Apothekerhelferin blickt nervös in die Runde. Uff, scheint sie zu überlegen, kein Politiker hat heute Apothekenbedürfnisse. «Beim Bahnhof fängt es an: Es ist für uns Normalsterbliche schier unmöglich, sich zu orientieren. Man steigt irgendwo in einen frisch betonierten Schacht, umgeben von Verbots- und Hinweistafeln, und schon versinkt man in düsteren Katakomben.» Die ältere Frau senkt die Stimme und streckt ihr Gesicht über den Ladentisch. «Ich sage Ihnen, nicht selten denke ich dann, ich sei in Zürich, oder, noch schlimmer, irgendwo in einem baufälligen Keller des Ostens!»

Tatsächlich, es ist so weit. Das Schlagwort «Baden baut» kann endlich auch im Kulturbereich platziert werden. Veränderungen deuten an, dass Generationenwechsel, Modeströmungen und Stadtentwicklung nicht spurlos vorbeigehuscht sind am Badener Filz – und Baden kann stolz sein auf die hier geltende positive Wertung dieses ansonsten negativ angehauchten Ausdrucks.

Am Bahnhof?

Die Apotheke zeigt soziales Verständnis. Eine zweite Angestellte ist aus dem Backoffice an den Ladentisch geeilt, um den soeben hereingetretenen Kunden zu bedienen. Die erleichterte erste Angestellte kann sich ganz ihrer in Fahrt geratenen Kundin widmen. «Wissen Sie, der Trudel würde sich im Grab umdrehen, wenn er wüsste, was sie mit seinem Ikarus angestellt haben!» Wieder nickt ihr Gegenüber. Der neue Kunde, ein Herr mittleren Alters, der Kopfschmerzen hat, schielt zur gestikulierenden Referentin hinüber. «Hinter Bauplanken, zwischen Kranenmasten und Betonmischer haben sie ihn verbannt!»

«Infolge» ist ein Kunst-am-Bau-Projekt, welches den Um- und Neubau des ältesten Bahnhofs der Schweiz zu einem neu strukturierten Knotenpunkt des öffentlichen Verkehrs kulturell begleitet. Das langfristig angelegte Projekt des Künstlers Daniel Robert Hunziker, der sein Werk in Zusammenarbeit mit den Kunsthistorikern Sarah Zürcher und Oliver Kielmayer sowie der Künstlerin Christina Hemauer auf dem Areal des Bahnhof Badens umsetzt, unterscheidet sich dadurch von den übrigen Projekten des Studienwettbewerbs, zu dem die Stadt Baden im Herbst 1998 fünf Künstler(teams) eingeladen hatte, dass nicht eine abschliessende künstlerische Gestaltung des Areals im Vordergrund steht, sondern eine kontinuierliche, diskursive Auseinandersetzung mit Kunst im öffentlichen Raum erzielt wird. In regelmässigen Abständen werden während dreier Jahre Künstler und Künstlerinnen eingeladen, die für soziale, ästhetische und politische Konflikte sorgenden Schnittflächen am Ort des Umbaus zu beleuchten. Dadurch wird das Verkommen der Grossbaustelle zu einer unter vielen, was zurzeit in Baden keine Zauberei wäre, umgangen. Bereits zwei Interventionen, beide zeitlich befristet, wurden durchgeführt: Im April 2000 ragte der Basler Künstler Heinrich Lüber schwebend aus der Fassade des EPA-Gebäudes auf den Bahnhofplatz, und im Juni liess der Künstler Peter Regli Hans Trudels auf dem Theaterplatz unglücklich platzierten Flieger direkt auf die Baubaracken am vorderen Bahnhofplatz versetzen. Dort erwartet er starr, für Apothekengespräche sorgend, seine in den Händen der Kunstkommission liegende Zukunft.

Und in den Strassen?
«Ja, aber das ist noch heilig», mischt sich nun der Kopfwehmann ein, «sind Sie schon einmal durch die Badstrasse spaziert, ohne mit dem Kopf an eine Plakatwand zu stossen?» Die junge Apothekerhelferin nickt, möchte mit einer Handbewegung den Blick ihrer Kunden durch das Schaufenster auf die Plakatständer an der Strasse lenken. Die ältere Frau kommt ihr zuvor: «Genau, genau, sie haben Recht. Immer und überall diese Werbung». «Und für so etwas bezahlen wir Steuern!», fügt der Herr hinzu, «ein Affront!»

Bereits zum dritten Mal konnte die Aargauische Kantonalbank für ein Jahr als Sponsor der bei Kulturschaffenden und Kulturinteressierten stets an Beliebtheit gewinnenden Kulturplakate gewonnen werden. Die Umbauten am Bahnhof und die temporäre Umplatzierung der Metroshop-Geschäfte verminderten die versprochenen 54 Plakatstellen auf 40. Es konnte aber eine Lösung mit mobilen Ständern gefunden werden, so dass weder die informationssüchtigen Kulturgeniesser noch die auf Werbung angewiesenen Kulturinstitutionen massgebliche Einbussen einstecken müssen. Für die Gestaltung des Veranstaltungskalenders entschied sich das zuständige Projektteam nach Lars Müller und Florian Molinari für den Badener visuellen Gestalter Julien Gründisch. In Zusammenarbeit mit dem Maler Jürg

Niederberger hat er eine Reihe von Plakaten entworfen, die durch ihre typografische Komposition der Veranstaltungssparten und die digitale Umsetzung von gemalten Farbflächen im Hintergrund zu jeder Jahreszeit die aktuelle Stimmung im Stadtbild angenehm untermalen, ohne den informativen Charakter zu vernachlässigen. Bleibt zu hoffen, dass sich der verantwortliche Koordinator der Abteilung Planung und Bau nach Fertigstellung der Umbauarbeiten in Baden Nord und am Bahnhof durchzusetzen vermag, damit die unschönen mobilen Stellen durch fixe Ständer an möglichst wirksamen und architektonisch ästhetischen Plätzen ersetzt werden und eine Regelung für das wilde Aufstellen von kommerziellen und Flanierende nur verwirrenden Werbeplakatständern vor Apotheken und anderen Geschäften initiiert wird.

Und in der Medienlandschaft?
«Wenn die als Kultur angepriesenen Plakate wenigstens einen kulturellen Wert hätten», ereifert sich nun die ältere Frau wieder, «aber ... raten Sie mal, was ich an einer Plakatwand am Schlossbergplatz entdeckt habe?» Der ältere Mann hat den Grund seines Auftauchens in der Apotheke auf einmal ganz vergessen und blickt die ältere Frau, völlig kopfschmerzenlos, mit angespannt erwartungsvoller Körperhaltung an. «Ein riesiges Frauengesicht – und ich sage ihnen, kein schönes – mit spitzen Vampirzähnen und einem von Blut durchtränkten Kinn, als hätte sie eine rohe Blutwurst verspiesen! Ja, das habe ich gesehen!» Sie bekräftigt ihr Statement mit einem Klopfen auf den Ladentisch. «Ein Affront!», wiederholt der Herr.

Die Jugendzeitschrift Keks wurde 1995 ins Leben gerufen – das Ergebnis einer Bedürfnisabklärung unter Jugendlichen und des daraus hervorgegangenen Jugendleitbilds der Stadt Baden. Die in den ersten Jahren ihrem Namen treu gehorchend in quadratischem Sesame-Street-Keks-Format erscheinende Publikation durchlebte Hochs und Tiefs. Die Grundsätze – hochwertige und sorgfältig recherchierte Texte, qualitativ gute Bilder und eine gepflegte Gestaltung der Zeitschrift – konnten gleichwohl stets gewährleistet werden, so dass die Medienlandschaft Baden und Region nebst der proprietären Aargauer Zeitung und nach dem Untergang des RIFF's Keks sei Dank 1996 in einen neuen Frühling steigen konnte. Doch wird Keks von einer Schar ehrenamtlich tätiger junger Menschen konzipiert und hergestellt. Es ist nahe liegend, dass auch sie irgendwann Verpflichtungen in Studium und Beruf gegenüberstehen, die ihre leidenschaftliche Gratisarbeit stocken lassen. Obwohl das Redaktionsteam, durch diese Umstände bedingt, die Zeit um den Milleniumswechsel herum nur mit Motivationsschwächen überstehen konnte, liessen es und seine weiteren Mitarbeiter sich vom Bauboom der Stadt anstecken und lancierten im Frühling 2000 ein neues Design für ihr aus der Badener Kulturlandschaft nicht mehr wegzudenkendes Produkt. Eine Plakatserie unterstützte die Bekanntmachung des neuen Erscheinungsbildes und verfrachtete mit hervorragenden Schlagzeilen und überzeugendem Design die Welt der Plakatständer in neue Dimensionen. Und ehrlich, wo sonst kann sich ein Jugendlicher im Gegensatz zu den seichten Beiträgen der Kioskjugendzeitschriften sachliche und fachkompetente Informationen über Themen wie «Es wäre schon geiler ohne Mens» oder «Warum Schwule nicht Blut spenden dürfen» holen?

Und im Bereich der Jugendkultur?
Die Apothekerhelferin zupft an ihrem weissen Schurz, fasst all ihren Mut zusammen und wagt den Schritt in die Diskussion: «Aber das ist das Plakat der Jugendzeitschrift Keks ...» «Jugend! Ja, die heutige Jugend», unterbricht sie die Kundin mit einem schallenden, künstlich wirkenden Lachen, «entschuldigen Sie, Fräulein, aber da kann ich nur den Kopf schütteln. Jeden Abend lässt ein Dröhnen, welches nicht einmal im entferntesten Sinn etwas mit Musik zu tun hat, jegliches Gespräch im Umfeld der Halle 36 im Keim ersticken.» «Dort, wo früher Arbeiter für das Wohl unserer Gesellschaft ehrliche Arbeit verrichteten», fügt der Herr belehrend hinzu.

Mit der Zusage von Peter Sterk für einen Kinokomplex in den Trafohallen 36 bis 38 fiel auch das endgültige «Aus» für das Musical Space Dream und die Halle 36. Während Space Dream sich offenbar auf die Suche nach neuen Räumlichkeiten fern von Baden gemacht hat, wurde für den Betrieb der Halle 36 im neu entstehenden Unterwerk an der Römerstrasse ein Provisorium geplant, so dass ab Herbst 2000 wieder Events, Konzerte und Partys veranstaltet werden können. Das politische Baden hat das Bedürfnis einer Aktionshalle erkannt und den entsprechenden Kredit im April 2000 bewilligt. Um Kontinuität und den guten Namen Badens im Partybereich der Jugendkultur zu behalten, werden am neuen Ort Logo und Namen des pausierenden Betriebs übernommen. Ein Blick auf die Homepage der Halle 36 beweist, dass die Stadt Baden mit ihrer Politik im Bereich Jugendkultur auf die richtige Karte setzt. Welche andere Stadt kann sich mit gerechtfertigten Slogans wie «Welcome to the Homepage of Halle 36 in Baden (AG), one of Switzerlands busiest concert halls and party locations» oder mit dem Ausspruch «Wir danken den VolksvertreterInnen der Stadt Baden für ihre einmütige Unterstützung», der aus der Feder der Jugend stammt, schmücken?

Problembehafteter ist die Zukunft des Vereins Ikuzeba. Zwar setzten die wenigen noch aktiven Mitglieder des Vereins Ende August 1999 mit der «Kulturkur», einem Mix aus Konzerten, Veranstaltungen und einem musikalischen Exkurs namens Stadtbeschallung, bei der jeder und jede das eine Melodienfragment (in minutiöser Vorarbeit über Internet und Werbung an alle Interessierten in Midi-,

Wav- oder Notenformat verteilt) interpretieren konnten, ein Zeichen für einen neuen Aufbruch. Doch ein Jahr später muss eine nüchterne Betrachtung der Situation zum Schluss führen, dass offensichtlich neue Formen im innovativen, experimentellen und leicht rebellischen Sektor der Jugendkultur gefunden werden müssen. Eingesehen haben dies auch die letzten Kubaner, die schwanger, bereits zu Eltern avanciert oder wie Markus Widmer, der in Eigenregie das Restaurant Seerose übernommen hat, andere Zukunftspläne verfolgen.

Und in der Musik?
«Recht haben Sie», unterstützt ihn die Kundin. «Bumm, bumm und pfusch, pfusch», fährt der etwas gewichtige Herr weiter, «das ist alles, was diese Poper, Hiper und Jazzer können!» Die ebenfalls korpulente ältere Frau scheint zu überlegen. «Also, wenn Jazz das ist, was der Herr Regierungsratskandidat – wie hiess er nun schon wieder? Ist ja egal, was der jedenfalls vor seiner Wahl zum Regierungsrat in unseren Strassen zusammen mit diesen aufgestellten Männern zum Besten gab, wenn das Jazz ist, dann ist diese Musik schon in Ordnung. Er war ja so ‹schnusig› und hat mich sogar angelächelt!» Nun ist ihr Gesprächspartner auch ins Grübeln verfallen: «Jazz, hm.» Er wendet sich an die abrupt ihr Gähnen unterbrechende Angestellte: «Wissen Sie vielleicht, ob das Jazz war, was der Herr Regierungsrat spielte?»

Jazz hat in Baden Tradition. Ob alte Grössen im Rahmen der Veranstaltungen «Jazz in der Aula» den Swing wieder aufleben lassen oder sich die Gebrüder Baumann im Kurtheater mit klassischem Orchester, Chor und Jazzmusikern an die symphonische Salsa heranwagen, Baden ist eine für alle Jazzrichtungen offene Stadt. Eindeutig kam dies im «Indian summer 99» anlässlich des Badener Jazzweekends zum Vorschein. Beim lauschigen Spaziergang vom Inox über den Subtonkeller bis hin zu einer Openair-Bühne auf dem Cordulaplatz boten während vierer Tage in angenehmer Abwechslung lokale Jazzgrössen musikalische Höhenflüge, die problemlos an internationalen Perlen hätten gemessen werden können. Die Veranstaltung kann als wegweisender Indikator der Badener Kulturszene angesehen werden, denn Musik, insbesondere die der Jungen, sofern Jazz auch als junge Musik eingestuft wird, scheint dem bis anhin als Theaterstadt bekannten Nur-noch-am-Rande-Kurort ernsthaft das kleine Attribut vor dem Stadtnamen streitig zu machen. Während sich die Theater mit allgemeinen Motivationsstörungen und Lethargien in der Programmierung herumschlagen, die wahrscheinlich nicht aus demselben Grund entstanden sind wie beim literarischen Guetzli, und ein im Vergleich zu vergangenen Saisons eher mässiges Angebot präsentierten, kann von einem regelrechten Musikbeizenboom die Rede sein. Zwar ist die Tatsache, dass Hendrix in Schnäggli Seerose ein Teilpensum als Servierjunge hat, eher in der unmusikalischen Klatschspalte anzusiedeln, doch bieten nun Lokale wie der Subton, die Eintracht oder das unter neuer Leitung sogar dank Bio-Suisse-Zertifizierung zur Bio-Beiz aufgestiegene Metropol an der Schartenstrasse neu ein breit gefächertes Angebot an musikalischen Delikatessen. Besonders hervorzuheben sind die Anstrengungen Toni Donadios und Nic Niedermanns im Bereich der Förderung junger Musiker. Das Prinzip ist klar: Einerseits holt Nic Niedermann talentierte und experimentierbereite Musiker bereits an der Basis, also während der Schulzeit, ab und gibt ihnen die Möglichkeit, ein Jahr lang in einem überregionalen Jazz-Funk-Workshop unter musikalisch und pädagogisch professioneller Leitung ihr Know-how und ihre Virtuosität zu schulen und dann an öffentlichen Konzerten einem breiteren Publikum vorzuführen. Parallel dazu veranstaltet Donadio – nebenbei erwähnt Bandkollege Niedermanns im Gitarrenduo Tonic Strings – die Reihe «Musik in Baden», welche es sich im Restaurant Eintracht zum Prinzip gemacht hat, keine bestehenden Formationen einzukaufen, sondern eine enge, projektbezogene Zusammenarbeit verschiedener Musiker und Formationen jeweils speziell für ein Konzert zu erarbeiten. Donadio deckt somit ein oft vernachlässigtes Segment der Förderung der Musikkultur Badens ab und bietet Musikern aus allen Facetten der jungen Musik die Möglichkeit, die in der Branche so wichtige Vernetzung zu praktizieren.

Und in der Kulturpolitik?
Die Apothekerhelferin weiss es nicht. Sie befürchtet nun, noch mehr von ihrer Akzeptanz als gleichwertige Diskussionspartnerin verloren zu haben, und macht einen Schritt in eine andere Richtung: «Sie meinen Herrn Binder, den Stadtpräsidenten, nicht?» Ihre älteren Gesprächspartner blicken sich stumm an. Der Mann, der nun wieder langsam Kopfschmerzen zu bekommen scheint, kann ein leichtes Räuspern nicht verklemmen. Die zweite Angestellte, immer noch eine Packung Tabletten gegen Kopfschmerzen in der Hand haltend, spürt wieder das Pulsieren ihrer sozialen Ader. Elegant stellt sie die Packung auf den Ladentisch und wendet sich, mit der klaren Absicht, ihrer tief in der Patsche sitzenden jüngeren Kollegin zu helfen, ihrem Kunden zu: «Apropos Kultur und Politik, haben Sie schon vom neuen Kulturbericht gehört?»

Am 20. Juni 2000 hat der Einwohnerrat den neuen Bericht zur städtischen Kulturförderung genehmigt. Dank einer breiten Abstützung bei den Kulturschaffenden und durch den Miteinbezug einer einwohnerrätlichen Spezialkommission konnte mit einem lauwarmen Bericht ein alle Betroffenen zufrieden stellendes Instrument geschaffen werden, welches für die Zukunft so manches offen lässt und auf Kommunikation setzt. Der Bericht fordert eine Kulturkommission, die neu mit

Fachleuten aus Kunst und Kultur, Medien, Wirtschaft und Wissenschaft ohne Parteienvertretung sowie einer Vertretung des Stadtrates und der ortsbürgerlichen Finanzkommission bestückt ist. Der Stadtrat benahm sich wie immer treu seinem Vorgehen in Sachen Kulturgeschäfte als Fahne im Wind: Trotz anders lautenden Aussagen des Stadtammanns an einer vorangegangenen Einwohnerratssitzung schickte der Stadtrat abrupt pflichtbeflissen der bestehenden Kulturkommission den blauen Brief. Die kommissionslose Kulturförderung wird nun mit der Aufgabe konfrontiert, nach der Bestellung des neuen Gremiums «Kulturdelegation der Strategiekommission des Einwohnerrates» und der Neuwahl einer dem Anforderungsprofil angepassten Kulturkommission die inhaltliche Diskussion anzukurbeln. Zu diesem Zweck wurde im Bericht neu die «Kulturkonferenz» definiert, ein Kommunikationsinstrument, bei dem sich Badens ebenfalls neu definierter Kulturkuchen – bestehend aus der Kulturdelegation des Einwohnerrates, einer Vertretung des Stadtrates, der Kulturkommission, dem Ressort Kultur inklusive städtische Kulturbetriebe, einer Delegation der ortsbürgerlichen Finanzkommission und dem «KulturTisch» – zweimal im Jahr zu einer Standortbestimmung trifft. Hier sollen Aussagen bezüglich Schwerpunkten und Finanzen determiniert werden, um anschliessend von der Kulturförderungsstelle umgesetzt werden zu können. «Il y a du pain sur la planche et personne est à la maison», oder wie erklärt man sich sonst dieses von Tisch zu Tisch Hin- und Herschieben der Verantwortung bezüglich Finanzrahmen und Schwerpunktsetzungen der Badener Kulturpolitik, als handle es sich um Magen belastende Kopfschmerztabletten?

« Tja, Kultur», lächelt der ältere Herr, «da kommt mir der Grund für meinen Besuch in den Sinn.» Er wendet sich der mit einem süffisanten Lächeln den Preis der Tabletten eintippenden Apothekenhelferin zu. Ihre jüngere Kollegin ist voller Bewunderung. Auch ihre Kundin will zahlen, einfach so, plötzlich. «Also dann, einen schönen Tag», verabschiedet sich der ältere Herr. «Ja, gleichfalls», murmelt die ältere Frau und verlässt ebenfalls die Apotheke. «Siehst du», die erfahrenere Angestellte lächelt immer noch, «es gibt Themen, mit denen man Kunden los wird. Kulturpolitik ist eines davon. Das musst du noch lernen.»

Wetterchronik

War dies das Wetter der Zukunft?

Nick Marolf

Allen unheilverkündenden Wetterboten – Lawinen, Überschwemmungen und Sonnenfinsternis – zum Trotz blieb am «Jahrtausendwechsel» der Weltuntergang aus. Mit Erleichterung können wir also die Wetterchronik im neuen Jahr fortsetzen. Die letztjährige Chronik präsentierte einen Rückblick auf die Witterung der vergangenen tausend Jahre. Diesmal richten wir den Blick nach vorn und versuchen, in der Witterung der letzten zwölf Monate Anzeichen für das Wetter der Zukunft auszumachen. Können wir jetzt schon abschätzen, wie sich das Klima in den nächsten Jahrzehnten entwickeln wird?

Nach Anlaufschwierigkeiten prächtiger Spätsommer
Unsere Beobachtungsperiode begann mit einem kurzen sommerlichen Höhenflug Anfang Juli 1999. Doch bereits nach einer Woche setzten heftige Hagelgewitter dem Sommer ein vorzeitiges Ende. Bis in die letzte Juli-Woche verdarb nasskaltes Bisenwetter die Sommerstimmung. Eine darauf folgende Wetterbesserung schürte die Hoffnung, die Sonnenfinsternis am 11. August bei klarem Himmel beobachten zu können. Leider liess am lange erwarteten Tag wechselhafte Bewölkung nur zeitweise den Blick auf die Sonne frei.

Der Sommer erholte sich nochmals und hielt bis Mitte September durch. Dieses Muster des «Spätzünder-Sommers», in welchem ein mittelmässiger Juli durch einen hochsommerlichen August und September wettgemacht wird, war in den letzten Jahren immer häufiger zu erkennen. Der Juli scheint tendenziell kein verlässlicher Sommermonat mehr zu sein. Ob wir es mit einer neuen Entwicklung oder einer Zufälligkeit zu tun haben, werden erst die nächsten Jahre zeigen.

Trüber Herbst, frühe Schneefälle
Ende September wurde der Altweibersommer innert kürzester Zeit weggefegt. Die Temperatur setzte zu einem steilen Sinkflug in den Winter an; schon Mitte Oktober gabs die ersten Nachtfröste. Eine Ladung warmer Sahara-Luft brachte

Ende Monat für wenige Tage den Spätsommer zurück, bevor im November endgültig der Winter Einzug hielt. Schon am 17. November fiel der erste Schnee auf unsere Region. Nach mehreren schneearmen oder gar schneefreien Jahren erstaunte die immerhin bis zu zwanzig Zentimeter mächtige Schneedecke zu dieser frühen Jahreszeit. Erst in der ersten Dezemberwoche schmolz der letzte Rest des Schnees.

Bis zum Jahresende blieb die Witterung sehr wechselhaft und feucht. Bei teils Regen, teils Schnee pendelte die Temperatur zwischen −7 und +10 Grad hin und her. Zahlreiche verheerende Stürme zogen im Verlauf des Dezembers quer über Europa; glücklicherweise verfehlte einer nach dem Anderen die Schweiz. Der Letzte aber traf leider ...

Das katastrophale Ende eines Unwetterjahres

Als man das Unwetterjahr 1999 schon ausgestanden und das alte Jahrtausend abgeschlossen wähnte, fegte am Morgen des Stephanstages unverhofft der Wintersturm «Lothar» als katastrophales Schlussbouquet über die Schweiz hinweg. Die traurige Bilanz des einstündigen Sturmes: dreizehn Tote, fünfzehn Millionen umgelegte Bäume und gewaltige Schäden an Gebäuden und Verkehrswegen. Ganze Wälder wurden weggefegt, das Mehrfache der jährlichen Holzernte auf einen Schlag zerstört. Der ganze Badener Wald wurde durch «Lothar» in Mitleidenschaft gezogen, wobei die Verwüstung auf dem Baldegg-Plateau am schlimmsten war. Die Narben werden noch jahrzehntelang sichtbar bleiben.

Das Sturmtief «Lothar» war die Ausgeburt eines extremen Druckgefälles in nord-südlicher Richtung. Aufgebaut wurde dieses Gefälle durch aussergewöhnlich grosse Temperaturgegensätze zwischen dem Mittelmeerraum und dem hohen Norden.

Ein Jahrzehnt der Unwetterkatastrophen

Mit dem verheerenden Wintersturm «Lothar» fand nicht nur ein Jahr, sondern ein Jahrzehnt der Unwetter seinen passenden Abschluss. Gegenüber den 80er-Jahren stieg in den Neunzigern die Schadenssumme der Naturkatastrophen weltweit um beinahe das Vierfache an. Diese Zunahme ist nicht nur auf unsere erhöhte Anfälligkeit gegenüber Naturkatastrophen infolge Bevölkerungszunahme und Verbauung der Landschaft zurückzuführen, sondern auch auf die markante Zunahme der Unwetter. Wurden in den 50er-Jahren noch 20 grosse Naturkatastrophen registriert, so waren es im letzten Jahrzehnt 82. Diese Zunahme der Sturmtätigkeit deckt sich auch mit den Prognosen der Klimaforscher. Steigt die globale Temperatur nämlich wie erwartet an, verdunstet mehr Wasser. Die zunehmend schwüle, energiereiche Luft bietet ideale Bedingungen für heftige Unwetter.

Apropos Erwärmung: Das Jahr 1999 war zwar nicht mehr so warm wie die Vorjahre, zählte aber dennoch zum wärmsten Dutzend in den letzten hundert Jahren. Angesichts der Lawinen und Überschwemmungen im ersten Halbjahr erstaunt die überdurchschnittliche Niederschlagssumme kaum.

Milder Neuanfang

Nach dem katastrophalen Wintersturm zeigte sich das Wetter zum Jahresanfang wieder versöhnlicher und ausgesprochen mild. Der Winter kehrte nur noch zweimal für eintägige Stippvisiten zurück. Nach dem ersten dieser Wintereinbrüche Mitte Januar schnellte das Thermometer innerhalb weniger Tage von –12 auf nicht weniger als +12 Grad an. Der zweite Rückfall am 16. Februar wurde sogar von einem – für die Jahreszeit untypischen – frühmorgendlichen Gewitter eingeleitet.

In den Monaten Februar, März und April blieb die Witterung eher unspektakulär. Es regnete zwar häufig, aber jeweils nur wenig. Die Temperatur stieg kontinuierlich und – im Vergleich zu den Vorjahren – überdurchschnittlich stark an. Jeder einzelne Monat im ersten Halbjahr 2000 schnitt denn auch deutlich zu warm ab.

Der Hochsommer im Mai

Ungewohnt sommerlich war es zwischen dem 20. April und dem 17. Mai. An zehn Tagen kletterte das Thermometer auf über 25 Grad, so dass diese Tage nach klimatologischer Definition als Sommertage gelten. Der Wärmeüberschuss betrug in der ganzen Schweiz zwischen vier und sechs Grad. In Baden war die erste Maihälfte sogar ein Grad wärmer als der ganze nachfolgende, verregnete Juli.

Die Wärmeperiode erlitt in der zweiten Maihälfte durch die Eisheiligen zwar einen Dämpfer, doch Anfang Juni fand die Temperatur wieder zur alten Höchstform zurück. Es folgten drei Wochen schönsten Sommerwetters; die Tourismusbranche frohlockte. Mehrere ungewöhnlich heftige Gewitter richteten in einigen Landesteilen Verwüstungen an. Zum Ende der Beobachtungsperiode brachte eine verspätete Schafskälte wieder feuchtkalte Luft.

Das erste Halbjahr des neuen Jahrtausends startete also extrem warm und eher trocken. Die Vegetation hatte Ende Juni einen Vorsprung von rund einem Monat gegenüber den Vorjahren.

Hat der Klimawandel schon begonnen?

Die herausragenden Merkmale der diesjährigen Wetterchronik waren die Unwetter und die erhöhte Temperatur – beides Erscheinungen, welche mit den Prognosen einer Klimaveränderung übereinstimmen. War dies erst der Anfang; müssen wir in den kommenden Jahrzehnten mit noch mehr Unwettern und weiter steigenden Temperaturen rechnen?

Die einzige relativ sichere Klimaprognose lautet, dass die Temperatur als Folge des Treibhauseffektes in den nächsten fünfzig Jahren weltweit um rund ein Grad ansteigen wird. Die Erwärmung hat schon begonnen; im vergangenen Jahrzehnt schnellte die Temperatur wie noch nie in die Höhe. Unsicher sind aber die regionalen und jahreszeitlichen Ausprägungen der Klimaveränderung. Treffen die Klimamodelle zu, so werden sich die nördlicheren Breiten stärker erwärmen als die Tro-

pen. Als indirekte Konsequenz davon würde sich der Durchzug von Hoch- und Tiefdruckgebieten über Europa verlangsamen. Die Folge: das Wetter wird extremer. Bleibt ein Tief über uns stationär, regnet es länger und intensiver. Kommt ein Hoch nicht vom Fleck, bleibt das Wetter länger sonnig und warm (oder im Winter hochneblig).

Zurzeit gibt es so viele verschiedene Prognosen, wie es Klimamodelle gibt; die Entwicklung ist sehr unsicher. Die Ursache für eine Klimaveränderung muss dabei nicht einmal unbedingt beim Menschen gesucht werden. Ein grosser Vulkanausbruch auf einem fernen Kontinent, Turbulenzen auf der Sonne, eine Veränderung der Meeresströmung im Atlantik – alle drei Ereignisse könnten unser Klima in kurzer Zeit massiv ändern. Wir lassen uns überraschen und gehen der Zukunft der Witterung in kleinen Schritten entgegen: in Fünftages-Wetterprognosen.

Neue Durchsichten vom Müserenplateau zu Lägern, Baldegg und Schwabenberg im Rundumblick, 2. März 2000. (Foto: Nick Marolf)

Autorinnen und Autoren

Dr. Werner Bänziger unterrichtet an der Kantonsschule in Wettingen. Er lebt in Baden.
Astrid Baldinger ist Historikerin und wohnt in Brugg.
Barbara Baldinger Hartmann unterrichtet an der Bezirksschule in Turgi und lebt in Untersiggenthal.
Katja Bianchi ist Geschichts- und Italienischlehrerin an der Kantonsschule Limmattal in Urdorf und wohnt in Ennetbaden.
Hans Bolliger ist Bezirkslehrer und Präsident der Vereinigung für Heimatkunde des Bezirks Baden. Er wohnt in Ennetbaden.
Jürg Andrea Bossardt ist Denkmalpfleger des Kantons Aargau und lebt in Oberwil/BL.
Sarah Brian ist Historikerin und lebt in Wettingen.
Josef Bürge ist Stadtammann von Baden.
Ruedi Bürki ist Mitglied des Kaders und Leiter des Individualkundengeschäfts bei der Credit Suisse in Baden. Er wohnt in Baden.
August Guido Holstein ist pensionierter Bezirkslehrer. Er arbeitet als freier Schriftsteller und wohnt in Fislisbach.
Roman Huber ist Redaktor bei der Aargauer Zeitung und wohnt in Untersiggenthal.
Ursula Huber ist Historikerin und lebt in Aarau.
Doris Janser ist Leiterin des Kinder- und Jugendtheaters Turgi. Sie wohnt in Turgi.
Nick Marolf wohnt in Baden-Rütihof und bietet Monatsbulletins über das Wetter, die Natur und den Sternenhimmel an.

Dr. Bruno Meier ist freiberuflicher Historiker und lebt in Baden.
Dr. Rolf Meier ist Geografielehrer an der Kantonsschule Baden und wohnt in Ennetbaden.
Dr. Rudolf Meier, Physiker, war Stellvertretender Direktor des Forschungszentrums BBC/ABB und lebt in Wettingen.
Ernst Obrist ist Landwirt und wohnt in Dättwil.
Hans Oldani ist Lehrer und Präsident des Stiftungsrates der Alten Kirche Wohlenschwil. Er lebt in Wohlenschwil.
Heidi Pechlaner studiert Geschichte und wohnt in Ennetbaden.
Flavia Restaino Strickler ist Historikerin und lebt in Brugg.
François Ruedin ist Kultursekretär der Stadt Baden und lebt in Freienwil.
Dr. Fritz Schaufelberger, Germanist, war Gründungsrektor der Kantonsschule Baden und lebt in Wettingen.
Feli Schindler ist Romanistin/Germanistin und Journalistin. Sie wohnt in Oberrohrdorf.
Silvia Siegenthaler ist Kunsthistorikerin/Historikerin und wohnt in Gebenstorf.
Andreas Steigmeier lebt und arbeitet als freiberuflicher Historiker in Baden-Dättwil.
Barbara Welter ist Leiterin des Historischen Museums Baden und wohnt in Zürich.

Noch erhältliche Jahrgänge

vergriffen
1925/26, 1929/30, 1933,
1935–1947, 1949, 1958,
1960–1962, 1965, 1969

noch wenige Exemplare
1927, 1951, 1953/54, 1963,
1964, 1967, 1974, 1977,
1978, 1990, 1991, 1999,
2000

noch genügend Exemplare
1928, 1931/32, 1934, 1948,
1950, 1952, 1955–1957,
1959, 1966, 1968,
1970–1973, 1975, 1976,
1979–1989, 1992–1998,
Register 1925–1975, Register
1976–1990

alle Jahrgänge vor 1980:
Fr. 5.–
Jahrgänge 1980 bis 1990
Fr. 10.–
Jahrgänge 1991–1998
Fr. 15.–
Jahrgänge 1999–2001
Fr. 25.–

erhältlich im Historischen
Museum Baden,
Jahrgänge seit 1999 auch
im Buchhandel

Gönner

Die Herausgabe der «Badener
Neujahrsblätter» wird in ver-
dankenswerter Weise unterstützt von folgenden Behörden,
öffentlichen Institutionen,
Firmen und Privatpersonen:

Einwohnergemeinde Baden
Ortsbürgergemeinde Baden
Gemeinde Ennetbaden
Gemeinde Fislisbach
Gemeinde Obersiggenthal
Gemeinde Turgi
Gemeinde Wettingen

Aargauische Kantonalbank,
Baden
Asea Brown Boveri AG, Baden
Baden Tourismus, Baden
Binder Rechtsanwälte, Baden
Conrad, Höchli, Kink &
Pilgrim, Baden
Credit Suisse, Baden
Egli + Rohr Architekten,
Baden
Form + Wohnen, Baden
Fueter & Halder, Baden
Gebr. Demuth & Co., Baden
Hächler AG, Wettingen
Kovats zum scharfen Aug,
Baden
Küng & Metzler
Rechtsanwältinnen, Baden
Laube & Gsell, Baden

E. Ledergerber & Co. AG,
Baden
Lüscher Wohnkonzeption,
Baden
MC Management AG, Baden
Merker Liegenschaften AG,
Baden
Moser's Backparadies, Baden
Nordostschweizerische
Kraftwerke AG, Baden
Dr. Christian Notter, Baden
Oederlin AG, Baden
Oederlin Giesserei AG, Baden
Schoop + Co AG, Baden-
Dättwil
Regionalwerke Baden AG
Dr. Erich Stieger, Baden
Treupha Finanz AG, Baden
Twerenbold AG, Baden
UBS, Baden
Dr. Peter Voser, Baden
Voser, Kocher, Funk, Baden
Hubert Willi, Baden
Maler Zünd AG, Baden

Redaktion:
Silvia Siegenthaler, Gebenstorf; Barbara Welter, Zürich; Dr. Bruno Meier, Baden; Andreas Steigmeier, Baden-Dättwil

Erarbeitung des Schwerpunktthemas:
Verein Querblicke. Frauen- und Geschlechtergeschichte im Aargau

Redaktionskommission:
Dr. Beatrice Trummer, Hugo W. Doppler, August Guido Holstein, Peter Imholz, Christof Neumann, Max Rastberger

Redaktionsadresse:
Historisches Museum Baden
Postfach, 5401 Baden

Gesetzt nach einem Konzept von Lars Müller, Baden
Printed in Switzerland
© 2000 hier + jetzt, Verlag für Kultur und Geschichte GmbH, Baden

Die Deutsche Bibliothek – CIP-Einheitsaufnahme
Badener Neujahrsblätter .../Hrsg: Literarische Gesellschaft Baden ; Vereinigung für Heimatkunde des Bezirks Baden. – [1. 1925]–. – Baden : hier und jetzt, 2000
ISBN 3-906419-18-5